하느님의 생명

하느님의 생명
서공석 복음 묵상집 1 (마태오복음서·마르코복음서)

2019년 4월 5일 교회 인가
2019년 4월 30일 초판 1쇄
2023년 4월 30일 초판 2쇄

지은이   서공석
펴낸이   박현동
펴낸곳   성 베네딕도회 왜관수도원 ⓒ 분도출판사
찍은곳   분도인쇄소

등록   1962년 5월 7일 라15호
주소   04606 서울 중구 장충단로 188 분도빌딩 102호(분도출판사 편집부)
            39889 경북 칠곡군 왜관읍 관문로 61(분도인쇄소)
전화   02-2266-3605(분도출판사)·054-970-2400(분도인쇄소)
팩스   02-2271-3605(분도출판사)·054-971-0179(분도인쇄소)
홈페이지   www.bundobook.co.kr

ISBN 978-89-419-1907-0   04230
ISBN 978-89-419-1950-6   (세트)

하느님의 생명

마태오복음서
마르코복음서

◆

서공석 복음 묵상집 1

분도출판사

차례

머리말 • 9

마태오복음서

─────

예수 그리스도의 탄생 인간과 세상을 보는 새로운 시선 • 13

동방박사들의 아기 예수 경배 하느님을 향한 여정 • 19

이집트 피신과 나자렛 정착 하느님을 중심으로 감행하는 모험 • 25

세례 하느님에 대한 새로운 자각과 실천 • 32

유혹 자기중심적으로 살고 싶은 마음 • 38

행복 선언 1 인류 역사의 통념을 깨는 선언 • 44

행복 선언 2 하느님의 세계를 향한 근본적 선택 • 51

세상의 소금과 빛 스스로를 내어 주고 쏟는 사람 • 57

예수와 율법 함께 계시는 하느님의 시선으로 • 63

원수도 사랑하라 하느님으로 말미암아 발생하는 새로운 실천 • 70

자선과 단식에 대한 가르침 예수님의 숨결이 우리 안에 살아 계시도록 • 76

하늘의 새와 들의 백합꽃 목숨을 보존하는 일보다 더 중요한 것 • 84

아버지의 뜻을 행하는 사람 선한 실천 안에서 확인되는 하느님의 모습 • 90

박해를 각오하라 스스로 죽어서 다른 사람을 살리는 질서 • 97

제자가 되는 길 하느님으로 말미암아 열리는 넓은 시야 안에서 • 103

요한 세례자와 예수 중요하고 큰 인물 • 109

수고하고 짐 진 자들은 내게로 오시오 인과응보의 논리를 넘어서 • 115

씨 뿌리는 사람 비유 은혜로우신 하느님에 대한 신뢰 • 120

밀과 가라지 비유 우리 생명이 지닌 양면성 • 127

밭에 숨겨진 보물 우리 삶 깊은 곳에 감춰진 베푸심 • 132

오천 명을 먹이시다 인간의 정의를 넘어서는 베풂 • 137

물 위를 걸으시다 신앙인의 불안과 공포 • 143

가나안 부인의 딸을 고치시다 신앙인이 차별과 적대감을 느낄 때 • 148

베드로의 고백 초기 신앙 공동체의 믿음 • 154

수난과 부활에 대한 첫 번째 예고 스스로를 내주고 하느님 안에 살아 계신 분 • 159

어린이처럼 자신을 낮추시오 하느님의 자녀가 누리는 평화와 자유 • 164

형제를 바로잡아 주시오 교회, 이웃을 사랑하고 용서하며 섬기는 이들의 모임 • 170

몇 번이든 용서하시오 자비와 용서를 위한 힘든 노력 • 175

무자비한 종 비유 하느님으로부터 흐르는 자비를 차단한 사람 • 181

선한 포도원 주인 비유 하느님은 어떤 분이신가 • 187

두 아들 비유 죄인들의 자비로운 실천 • 194

악한 포도원 소작인들 우화 끝없이 새로워져야 하는 교회 • 199

혼인 잔치 비유 하느님으로부터 초대받은 생명 • 206

황제의 것은 황제에게, 하느님의 것은 하느님에게 모든 것이 하느님의 것이다 • 212

하느님 사랑과 이웃 사랑 계명을 넘어서 • 218

율사와 바리사이들을 나무라시다 강자로 군림하지 않으시는 하느님 • 223

등불과 열 처녀 하느님의 뜻을 행하는 슬기로운 사람 • 230

탈렌트 비유 하느님의 베풂과 축복의 결과인 우리의 생명 • 237

최후 심판 연민과 보살핌 안에서 • 243

예수, 십자가에서 돌아가시다 하느님의 자비와 사랑 • 250

세상 종말까지 여러분과 함께 섬기는 실천 속에 함께 계시는 분 • 265

제자들을 파견하시다 복음화, 이웃을 위한 배려와 보살핌 • 270

마르코복음서

요한 세례자의 활약 새로운 삶, 새로운 생명의 탄생 • 277

세례를 받으시다 하느님의 자녀가 되어 그분의 생명을 살겠다는 약속 • 283

갈릴래아 전도를 시작하시다 함께 계시는 하느님과 더불어 사는 삶 • 288

네 어부를 제자로 삼으시다 제자의 자비로운 실천 안에 있는 하느님 나라 • 294

회당에서 미친 사람을 고치시다 더러운 영이 물러나는 곳에 • 299

시몬의 장모를 고치시고 회당에서 복음을 선포하시다 고치시고 살리시는 분 • 305

나병환자를 고치시다 관계 회복 • 311

중풍병자를 고치시다 살리고 용서하시는 분 • 318

저절로 자라는 씨, 겨자씨 비유 하느님 나라의 씨앗 • 324

풍랑을 가라앉히시다 세상의 질서와 자비의 질서 • 330

야이로의 딸을 되살리고 하혈하는 부인을 고치시다 예수님의 시선 • 337

나자렛에서 배척당하시다 선입견을 벗어난 새로운 시야 • 344

열두 제자를 파견하시다 단순하고 유연한 길 • 349

조상 전통 논쟁 욕망의 성취와 하느님의 축복 • 355

귀먹은 반벙어리를 고치시다 예수님 안에서 체험하는 해방과 구원 • 362

베드로의 메시아 고백 복음 때문에 제 목숨을 소모하는 세계 • 367

영광스러운 변모 돌보고 가엾이 여기시는 분 • 374

수난과 부활에 대한 두 번째 예고 인간은 사후의 일을 모른다 • 379

이혼 논쟁, 어린이를 사랑하시다 사람을 살리는 하느님의 일 • 386

부자 청년이 떠나가다 무엇이 우리에게 힘을 주는가 • 393

예수를 따른다는 것 베풂과 섬김의 손길 • 399

예리코의 소경을 고치시다 하느님의 자비를 부르는 사람 • 406

가난한 과부의 헌금 생명의 원천이신 분이 우리 안에 살아 계시려면 • 410

무화과나무 비유 조금 더 선한 시선과 몸짓으로 • 417

깨어 지키시오 이해타산을 벗어나 • 422

최후 만찬 내어 주고 쏟는 사람 • 427

예수, 십자가에 달리시다 하느님의 생명이 발생시킨 삶 • 433

예수, 부활하시다 생명의 순리 • 440

예수, 하느님 오른편에 앉으시다 함께 계시는 분이 여는 새로운 지평 • 446

도판 목록 • 452
편집 후기 • 455

일러두기

성경 본문은 『200주년 신약성서』(분도출판사)를 사용했으나 인지명과 일부 용어는 『성경』(한국천주교주교회의)을 따랐다.

머리말

사람들이 하느님에 대해 생각하는 것은 시대에 따라 달랐습니다. 플라톤 사상이 지배하던 시대에는 물질계를 지배하는 최고 관념인 신神을 상상하였고, 황제가 제국을 통치하던 시대에는 이 세상을 통치하는 하느님을 상상하였습니다. 예수 그리스도로 말미암아 발생한 그리스도 신앙언어도 그 시대에 통용되던 관념으로 표현되고, 그 관념들이 허용하던 상상으로 윤색되었습니다. 그래서 하느님 아버지는 전능하시고 전지하시며 모든 곳에 계시는 분으로 표현되었습니다. 황제가 신하와 백성을 심판하듯, 당연히 하느님도 인간을 심판할 것이라고 여겼습니다.

그러나 그리스도 신앙이 알리는 하느님은 사랑하고 자비롭고 용서하는 분이십니다. 그 사랑과 자비를 알아들으려면, 어머니를 생각해 보라는 말이 있습니다. 어머니가 자녀를 키우면서 쏟는 그 사랑, 그 자비를 상상하여 하느님이 어떤 사랑이신지를 알아들으라는 말입니다.

지금은 형이상학적으로 사고하는 시대가 아닙니다. 이제 신앙인도 그런 과거의 언어를 극복하고 현대인이 이해할 수 있는 신앙언어를 말할 수 있어야 합니다. 듣는 사람들이 살고 있는 삶의 자리를 외면한 언어는 독백입니다. 신앙언어가 독백이 되고 그 독백을 신의 이름으로 포장하면 독선이 됩니다. 복음은 교회 구성원 모두에게 주어졌지만 일부 계층의 사람들에게 하느님이 위탁하신 것처럼 되어 버렸습니다. 본디 기쁜 소식이었던 복음이 이제는 부담스러운 소식이 되었습니다.

그리스도 신앙은 예수로 말미암아 역사 안에 발생한 삶의 실천입니다. 신앙인이 신앙을 전승하는 것은 새로운 삶, 새로운 실천을 발생시키면서 가능한 일입니다. 복음서들은 이 실천이 어떤 실천인지 우리에게 알려 줍니다. 이것이 우리가 복음서를 읽는 중요한 이유 중 하나입니다. 우리는 각자 자기 삶으로 복음을 새롭게 연주해야 합니다. 복음은 과거의 언어와 삶을 반복하는 데에 구원이 있다고 주장하지 않으며, 새롭게 생각하고 새롭게 말하고 새롭게 행동하라고 요청합니다.

그리스도인들에게 신앙인으로 사는 데에 조금이라도 도움이 된다면 영광으로 생각하겠습니다. 책이 되어 나올 수 있도록 애를 쓴 모든 분들에게 진심으로 감사드립니다.

서공석

마태오복음서

예수 그리스도의 탄생

인간과 세상을 보는 새로운 시선

예수 그리스도의 탄생은 이러했다. 그의 어머니 마리아는 요셉과 정혼했는데 그들이 동거하기 전에 몸 가진 사실이 드러났다. 성령으로 말미암은 것이었다. 마리아의 남편 요셉은 의롭고 또한 마리아의 일을 폭로하고 싶지 않았으므로 남몰래 그를 소박하기로 작정하였다. 요셉이 이런 속셈을 하고 있을 무렵 마침 꿈에 주님의 천사가 나타나서 그에게 말했다. "다윗의 자손 요셉! 마리아를 당신 아내로 데려오는 것을 두려워하지 마시오. 사실 그 몸에 수태된 아기는 성령으로 말미암은 것입니다. 그가 아들을 낳을 터이니 당신은 그 이름을 예수라 부르시오. 사실 그는 자기 백성을 그 죄에서 구원할 것입니다." 이 모든 일이 일어난 것은 주님께서 예언자를 시켜 하신 말씀이 이루어지게 하려는 것이었으니, 이르기를 "보라, 동정녀가 몸 가져 아들을 낳으리니 그 이름을 임마누엘이라 부르리라" 하였다. 이는 번역하면 '하느님께서 우리와 함께 계시다'는 뜻이다. 요셉은 잠에서 깨어나자, 주님의 천사가 그에게 지시한 대로 자기 아내를 데려왔다. (마태 1,18-24)

마태오복음서가 전하는 예수 탄생 이야기입니다. 복음서는 과거에 일어난 사실을 정확하게 보도하는 문서가 아니라, 초기 신앙인들이 예수로 말미암아 깨달은 신앙을 사람들에게 알리기 위해 기록한 문서입니다. 복음은 요셉과 마리아가 약혼한 사이이고, 두 사람이 동거하기 전에 마리아가 잉태한 사실이 드러났다고 말합니다. 물론 이 말은 수사기관의 기록도 아니고 역사학적으로 고증된 사실도 아닙니다. 복음은 "보라, 동정녀가 몸 가져 아들을 낳으리니 그 이름을 임마누엘이라 부르리라"는 이사야서(7,14)의 말씀이 이루어졌다고 말하기 위해, "그들이 동거하기 전에 몸 가진 사실이 드러났다"고 말하는 것뿐입니다. 복음서는 히브리어 단어 임마누엘도 설명합니다. "임마누엘은 번역하면 하느님께서 우리와 함께 계시다는 뜻이다."

　신앙은 믿기지 않는 일을 사실이라고 믿는 데 있지 않습니다. 마리아가 요셉과 동거하기 전에 예수를 잉태한 사실을 믿으라는 것이 아닙니다. '동정녀' 혹은 '처녀'라는 말은 구약성서를 그리스어로 번역하는 과정에서 발생한 단어입니다. 기원전 2세기 지중해 연안의 여러 나라들이 그리스어를 사용할 때, 히브리어로 기록된 구약성서가 그리스어로 번역되었습니다. 그때 번역하는 사람들이 이사야서 히브리어 원본에 있던 '젊은 여인'이라는 단어를 그리스어 '처녀'라는 단어로 번역하였습니다. 그리고 오늘 우리가 들은 마태오복음서는 그 그리스어 번역본을 그대로 인용하여 '동정녀가 잉태하여 아들을 낳을 것'이라고 말하였습니다.

신앙은 인간과 세상을 보는 새로운 시선을 제공합니다. 신앙은 하느님이 우리와 함께 계시다는 사실을 믿고, 그분과의 연대성을 기반으로 인간과 세상을 새롭게 볼 것을 요구합니다. 예수님은 그 연대성을 철저히 사신 분이었습니다. 그리스도 신앙인은 예수님에게 그 연대성을 배워 사는 사람입니다. 예수님의 말씀과 실천 안에 나타나는 하느님은 인류가 상상하던 것과는 달랐습니다. 신앙인은 예수님이 행하신 기적에 놀라서 전능하신 하느님을 믿는 사람이 아닙니다. 그리스도인은 예수님이 실천하신 '불쌍히 여김', '가엾이 여김', '측은히 여김'을 보고 그것이 하느님과의 연대성을 사는 길이라는 사실을 받아들인 사람입니다. 예수님은 유다교가 죄인이라고 버린 사람들, 경건하지 못하다고 외면한 사람들과 어울리고 그들을 불쌍히 여겼습니다. 가난한 사람, 굶주리는 사람, 천한 사람들을 가엾이 여겼습니다. 예수님의 그 행위들 안에서 하느님이 하시는 일을 보는 사람이 그리스도 신앙인입니다. 예수님은 하느님을 당신의 아버지라 부르면서 아버지의 일을 행하는 아들이라고 스스로 주장했습니다. 그리고 예수님이 하신 일이 과연 하느님의 일이었다는 사실을 입증한 것이 그분의 부활 사건입니다.

위대한 사람을 존경하고 따르는 것은 정직한 인간이 하는 일입니다. 강한 사람에게 의지하는 것은 이 세상을 살아가는 데 도움이 되는 일입니다. 재물을 많이 가진 사람과 친분을 갖는 것은 물질적 이득을 추구하는 사람의 생활 방식입니다. 예수님 안에서 우리가 읽을 수 있는 삶은 그런 우리 이야기와는 다른 것이었습니다. 위대하고 강하고 많이 가진 생명이라서 소중한 것이 아니라, 하느님이 베풀어 주신 생명이라서 그것을 은혜롭게 생각하고, 하느님의 뜻을 받들어서 그분과 연대하여 살겠다는 사람이 예수님을 따르는 신앙인입니다. 그 연대성은 우리 주변의 어떤 인간 생명도 외면하거나 버리지 말라고 요구합니다. 예수님이 살고 소중히 생각하신 연대성입니다. 하느님은 모든 생명을 베푸셨고 아끼십니다. 따라서 그리스도 신앙인은 하느님과의 연대성 안에서 다른 생명들을 보고 소중히 생각합니다.

성탄은 그런 삶을 산 예수님이 이 세상에 출생한 사실을 기념하는 축일입니다. 복음은 "그 몸에 수태된 아기는 성령으로 말미암은 것입니다"라고 말합니다. 예수님의 출현이, 하느님이 행하신 새로운 일이었다는 초기 신앙인들의 믿음을 담아 알리는 말입니다. 예수님은 본인의 삶 안에 하느님이 함께 계시게 살았고, 그 삶을 배워 실천하는 우리들 안에도 하느님이 살아 계신다고 믿었습니다.

그리스도 신앙은 하느님이 우리와 함께 계신다고 말합니다. 물질의 풍요에 마음을 빼앗기고 권력의 화려함에 심취한 나머지, 허장성세虛張聲勢라는 거품을 좇아 사는 인간의 삶 안에는 물질과 권력은 있어도 하느님은 계시지 않습니다. 예수님은 권위라는 허세도 없이, 물질의 풍요라는 허풍도 없이, 약자의 초라함과 서민의 애환을 당신 것으로 받아들이면서 인류 역사 안에 나타나셨습니다. 그분은 우리에게 아무것도 강요하지 않으셨습니다. 예수님은 사람들을 불쌍히 여기고 돌보아 주면서, 아버지이신 하느님과 연대성 안에 살아간다고 믿었습니다. 그리고 그분은 당신을 따르는 사람들에게도 하느님을 아버지라 부르며 같은 연대성을 살도록 가르쳤습니다.

사람들은 막강한 하느님을 찾았습니다. 권력을 가진 사람은 자기가 휘두르는 권력이 하느님으로부터 주어졌다고 믿었습니다. 싸움에 이긴 사람은 하느님이 주신 승리라고 믿었습니다. 재물을 가진 사람은 하느님이 주신 재물이라 생각하였습니다. 높은 지위를 얻은 사람은 하느님이 자기와 함께 계신다고 믿었습니다. 그들에게 하느님은 높고, 강하고, 승리하고, 재물을 주는 분이었습니다.

예수님이 믿고 가르친 하느님은 달랐습니다. 예수님은 하느님에 대해 양보하지 않았습니다. 예수님은 당신이 아버지라 부르던 하느님을 버리고, 사람들이 상상하던 하느님을 택하지 않았습니다. 하느님은 강하고, 승리하고, 재물과 권력을 주는 분이라고 고집하던 사람들의 위협에도 예수님은 굴하지 않으셨습니다. 그들에게 생명을 잃으면서까지도 예수님은 굽히지 않으셨습니다. 그분을 처형한 사람들은 그분을 십자가에 달아 놓고는, 내려오는 기적을 행해 보라고 조롱하였습니다. 예수님은 그들을 용서하시라고 하느님에게 기도하면서 죽어 가셨습니다. 하느님은 강자와도, 승리자와도 함께 계시지 않았습니다. 하느님은 스스로를 내어 주고 쏟으면서 하느님이 하시는 일을 실천한 예수님과 함께 계셨습니다. 하느님은 불쌍히 여기고 용서하는 우리의 노력들 안에, 사람들의 불행과 고통을 퇴치하기 위해 봉사하는 우리의 노력들 안에 살아 계십니다.

성탄이 다가왔습니다. 그 옛날 베들레헴의 구유에 누우셨던 그 생명이 우리 삶 안에 살아 계시도록 기도합시다. 측은히 여기고, 이웃을 돌보며 섬기는 우리의 보잘것없는 실천들 안에 하느님이 함께 계십니다.

마태오복음서

동방박사들의 아기 예수 경배
하느님을 향한 여정

예수께서 헤로데왕 때에 유다 베들레헴에 태어나셨는데 마침 동방에
서 박사들이 예루살렘에 와서 "유다인들의 왕으로 나신 분이 어디 계
십니까? 우리는 동방에서 그분의 별을 보고 그분께 경배하러 왔습니
다" 하고 말하였다. 그 말을 듣고 헤로데왕은 물론 그와 함께 온 예루
살렘이 술렁거렸다. 헤로데는 백성의 대제관들과 율사들을 모두 모
아 놓고 그리스도가 어디에서 태어나실지 캐어물었다. 그들은 이렇
게 말하였다. "유다 베들레헴입니다. 사실 예언자의 글에 이렇게 기
록되어 있습니다. '너, 유다의 땅 베들레헴아, 결코 너는 유다의 요지
가운데서 가장 작은 고장이 아니다. 네게서 영도자가 나와서 나의 백

성 이스라엘을 양 치듯 돌보리라.'" 그때에 헤로데는 박사들을 몰래 불러 별이 나타난 때를 정확히 알아보고 그들을 베들레헴으로 보내면서 "가서 그 아기를 잘 찾아보시오. 찾거든 내게도 알려 주시오. 그러면 나도 가서 그분께 경배하겠소" 하고 말했다. 그들은 왕의 말을 듣고 떠나갔다. 그런데 마침 동방에서 본 별이 그들을 앞서 가다가 드디어 아기가 있는 곳 위에 이르러 멈추어 섰다. 그들은 별을 보자 기쁨에 넘쳐 대단히 반가워했다. 그 집에 들어가 아기가 어머니 마리아와 함께 있는 것을 보고 엎드려 절하였다. 그리고 그들의 보물 상자를 열어 그분에게 황금과 유향과 몰약을 예물로 드렸다. 그들은 꿈에 헤로데에게로 돌아가지 말라는 지시를 받고 다른 길로 자기들의 지방으로 떠나갔다. (마태 2,1-12)

성탄 축일에 우리는 한 어린 생명이 이 세상에 태어났다는 사실을 기념합니다. 그 생명은 자라서 하느님을 '아빠'라 부르며, 하느님이 어떤 분이시고 우리의 구원이 무엇인지 보여 주었습니다. 주님 공현 대축일은 이 세상에 오신 그 생명을 영접하기 위해 길을 떠난 사람들이 있었다는 사실을 기념하는 날입니다. 우리가 들은 마태오복음서의 이야기는 역사적으로 고증하여 확인된 사실을 보도하는 기록이 아닙니다. 동방에서 박사들이 베들레헴에 왔다는 말은, 하느님에 대해 알려 줄 예수님이 이스라엘 백성에게 오셨지만, 이스라엘은 그분을 외면하고 먼 이역에서 사람들이 찾아와 그분을 영접했다는 말입니다. 예수님은 이스라엘 민족을 위해 활동하셨지만, 이스라엘은 그분을 배척하고 십자가에 못 박아 돌아가시게 했습니다. 그 후 그분의 가르침은 이스라엘 민족의 테두리를 넘어 이방인들에게 더 큰 호응을 받았습니다.

복음은 박사라는 사람들이 해 뜨는 동방에서 왔다고 말합니다. 그러나 그들이 무엇 하는 사람들인지, 몇 명이며 어디서 왔는지, 베들레헴에 왔다가 어디로 갔는지, 후에 신앙인이 되었는지 등, 우리가 궁금해할 것은 어느 하나도 정확히 말해 주지 않습니다. 복음의 박사들은 잠시 무대에 나타나서 자기 배역을 마치고 사라지는 배우들과 같습니다. 그들이 세 명이라는 말은 복음서에 나오는 예물이 셋이라서 기원후 500년경에 생겨난 전설입니다.

그들이 나타나자 "헤로데왕은 물론 그와 함께 온 예루살렘이 술렁거렸다"고 복음서는 말합니다. 이스라엘을 대표하는 헤로데왕과 이스라엘의 수도 예루살렘에 사는 사람들은 예수님의 탄생 이야기를 듣자마자 놀라고 그분에 대해 적의를 품었다는 말입니다. 헤로데는 아기를 찾거든 자기에게도 알려 달라는 주문을 하면서 그 박사들을 베들레헴으로 보냅니다. 그들은 길을 떠나 베들레헴에서 결국 아기를 찾아 경배하였습니다. 말씀이 이스라엘 안에 주어졌지만, 길을 묻고 찾는 사람만이 말씀을 만난다고 말하려는 마태오복음서의 의도가 엿보입니다.

우리도 모두 길을 가는 사람들입니다. 태어나 철이 들면서부터 우리는 길을 가고 있습니다. 어디로 가든, 우리는 모두 가고 있습니다. 사랑하기도 하고, 환상을 좇기도 하면서 길을 갑니다. 돈과 권력을 좇아, 때로는 비굴하기도 하고, 거짓을 말하고 행하기도 하면서 우리는 길을 가고 있습니다. 나 혼자 잘났다고 착각하기도 하고, 이웃을 무시하기도 하면서 우리는 길을 가고 있습니다.

우리는 알고 있습니다, 하느님이 우리의 생명을 주셨다는 것을. 창세기는 하느님이 인간을 창조하실 때, 진흙으로 인간의 모상을 빚어 놓고 당신의 숨결을 불어넣으시자 살아 있는 존재가 되었다고 말합니다. 인간 생명은 하느님의 숨결, 곧 그분의 생명과 연대해 있습니다. 우리 안에 그 숨결이 살아 있으면 우리는 진흙, 곧 허무로 돌아가지 않습니다. 인간은 자기중심적으로 살도록 태어나지 않았습니다. 하느님의 숨결이 살아 계시게 살아야 하는 인간입니다.

오늘 베들레헴의 구유를 향해 길을 떠난 박사들의 여행은 말씀을 찾아 나선 신앙인들의 여정을 말해 줍니다. 그들은 별을 보고 인간에게 주어진 구원의 말씀을 찾아 떠났습니다. 그들이 알고 있는 것은 별 하나입니다. 밤하늘에 흔하디흔한 별들 중 하나입니다. 그들은 정든 삶의 온상溫床을 버리고 떠났습니다. 그 옛날 아브라함이 자기 고향을 버리고 길을 떠났듯이 그들도 떠났습니다. 그것은 쉬운 일이 아닙니다. 과거의 편안함이 그립기도 하고, 회의에 빠져 마음이 어둡기만 한 때도 있었습니다. 그들은 헤로데왕에게 길을 묻기도 하고 그의 간교한 주문을 받기도 합니다. 그러나 그런 것이 하느님을 향한 그들의 발걸음을 막지는 못했습니다. 드디어 그들은 하느님의 말씀을 만나 그들이 준비한 정성을 바치고, 우리의 시야에서 사라집니다. 성서는 그들에 대해 더 말하지 않습니다. 그들은 제 역할을 하고 무대에서 사라졌습니다.

우리도 하느님의 말씀을 찾아야 합니다. 찾겠다는 마음과 그것을 좇아 떠나겠다는 용기도 있어야 합니다. 길을 떠나는 것은 지금까지 살았던 삶의 온상을 떠나는 것입니다. 재물이나 지위가 꾸며 주는 온상에는 하느님의 별이 보이지 않습니다. 다른 사람들보다 더 많이 갖고 더 나은 지위를 얻어, 우월감을 가지고 살겠다는 마음에는 말씀의 별이 보이지 않습니다. 그런 온상을 떠나서 만나는 것이 말씀입니다. 말씀은 초라한 구유에 연약한 아기 모습으로 누워 있습니다. "너희가 이 지극히 작은 내 형제들 가운데 하나에게 해 주었을 때마다 나에게 해 준 것이다"(마태 25,40)라는 복음서의 말씀이 생각납니다. 하느님의 말씀을 찾아 길을 가는 우리가 마음을 어디에 두어야 하는지 알려 주는 말씀입니다. 초라하고 고통당하는 약한 이웃을 외면하면, 말씀으로 인도하는 별은 보이지 않습니다. 초라한 사람들이 있고, 고통을 당하는 사람들이 있는 곳이 우리 세상입니다. 그들을 위해 무언가 해야겠다는 보살핌의 마음이 있을 때, 별이 보이고 말씀이 들립니다. 우리의 보살핌과 섬김 안에, 하느님의 숨결이 살아 계시기 때문입니다.

별은 우리에게도 주어졌습니다. 이기심과 헛된 망상의 구름이 걷히면 하느님 말씀의 별은 보입니다. 초라하고 고통스러워하는 약자들은 하늘의 별처럼 우리 주변에 얼마든지 있습니다. 그들을 향해 우리가 움직여야 합니다. 그러면 우리를 인도하는 별이 빛을 발할 것입니다. 헤로데와 율사들처럼 오늘의 종교 지도자나 정치 지도자들이 요구하는 엉뚱한 주문도, 이 나라에 정의를 구현하겠다는 한 맺힌 부르짖음도 말씀을 찾아가는 우리의 발길을 막지는 못합니다. 말씀을 향해 조금씩 움직이는 우리의 삶 안에 하느님은 그 삶의 숨결로 계십니다.

하느님을 향해 떠나야 합니다. 우리의 이기심과 무관심의 온상을 뒤로하고 떠나야 합니다. 우리의 죄도, 우리가 받은 상처도 모두 잊어버려야 합니다. 하느님은 그런 것들 안에 계시지 않습니다. 하느님은 우리 과거를 가지고 시비하지 않으십니다. 하느님은 우리가 그분을 향해 길을 떠나면 별이 되어 우리를 인도하십니다. 우리가 이웃을 측은히 여기고 보살필 때 하느님은 우리 생명의 숨결로 살아 계십니다. 그분은 우리 생명의 원천이십니다. 그래서 우리는 그분을 아버지라 부릅니다. 하느님이 없어도 우리 세상은 잘 돌아갑니다. 그러나 신앙인은 그런 삶 안에서 '흙과 먼지'의 허무를 봅니다. 신앙인은 하느님의 숨결이 자신 안에 살아 계시게 하며 살아갑니다. 말씀과 숨결이 우리 안에 살아 계시고 우리를 움직여야 합니다. 하느님은 우리 삶의 기원, 곧 아버지십니다.

이집트 피신과 나자렛 정착
하느님을 중심으로 감행하는 모험

박사들이 떠나간 뒤에 마침 꿈에 주님의 천사가 요셉에게 나타나서 "일어나 아기와 그 어머니를 데리고 이집트로 피신하여 내가 당신에게 일러 줄 때까지 거기 있으시오. 헤로데가 아기를 없애려고 그를 찾을 것입니다" 하고 말하였다. 요셉은 일어나 밤에 아기와 그 어머니를 데리고 이집트로 떠나가서 헤로데가 죽을 때까지 거기에 있었으니, 주님께서 예언자를 시켜 "내가 내 아들을 이집트에서 불러내었다"고 하신 말씀이 이루어졌다. 헤로데가 죽은 뒤에 마침 꿈에 주님의 천사가 이집트에 있는 요셉에게 나타나서 "일어나 아기와 그 어머니를 데리고 이스라엘 땅으로 가시오. 아기의 목숨을 노리던 자들이 죽었습니다" 하고 말하였다. 요셉은 일어나서 아기와 그 어머니를 데리고 이스라엘 땅으로 들어갔다. 그러나 아르켈라오스가 자기 아버지 헤로데에 이어 유다를 다스린다는 말을 듣고 그리로 가기를 두려워했다. 그러다가 꿈에 지시를 받고 갈릴래아 지방으로 떠나갔다. 나자렛이라 하는 마을로 가서 살았으니 예언자들을 시켜 "그는 나자렛 사람이라 불리리라"고 하신 말씀이 이루어졌다. (마태 2,13-15.19-23)

요셉이 마리아와 예수를 데리고 이집트로 갔고, 또 이집트에서 돌아온 이야기를 들려줍니다. 이 이야기 역시 역사적 사실 보도가 아닙니다. 예수님이 돌아가시고 부활하신 다음, 초기 신앙 공동체가 구약성서의 언어를 빌려서 예수님에 대한 믿음을 표현하는 과정에서 발생한 이야기입니다. 예수님은 구약성서가 약속한 인물이었다는 마태오복음서의 말씀입니다. 이 복음서는 유다교 출신 그리스도인 공동체가 기록했습니다. 그들에게 구약성서의 가치는 절대적이었고, 예수님은 구약성서가 이미 예고한 인물이었다고 믿었습니다. 그들은 구약성서가 구세주에 대해 한 약속들이, 예수님 안에서 모두 이루어졌다고 생각했습니다. 이스라엘은 예전에 이집트를 탈출하면서 그들과 함께 계시는 하느님을 믿는 신앙 공동체가 되었습니다. 그래서 마태오복음서 공동체는 예수님이 이스라엘의 운명을 요약하는 분이라고 말하고자, 예수님 탄생 후 곧바로 이집트를 다녀오게 만들었습니다.

복음은 천사가 요셉의 꿈에 세 번 나타났다고 말합니다. 구약성서에서 천사와 꿈은 하느님이 인간에게 말씀하실 때 등장합니다. 천사와 꿈은 하느님과 인간 사이의 통신 수단이라 말할 수 있습니다. 천사가 시키는 대로 요셉이 즉시 행동하는 것은 우리에게 상기시켜 주는 바가 있습니다. 창세기 12장에 나오는 아브라함 이야기입니다. 하느님이 아브라함에게 말씀하십니다. "네 고향과 친척과 아비의 집을 떠나 내가 장차 보여 줄 땅으로 가거라." 아브라함은 이 말씀을 듣자마자 행동합니다. 창세기는 인류 역사의 시작에 아담과 하와가 하느님의 말씀을 따르지 않았다는 사실을 보도합니다. 이어서 카인의 살인, 노아 시대의 타락한 생활, 바벨탑을 짓는 인간의 방자함 등, 인류는 생하자마자 하느님의 말씀을 따르지 않고 죄의 역사를 시작하였습니다. 그러나 아브라함은 하느님의 말씀을 따르는 역사를 시작한 인물입니다.

마태오복음서는 요셉이 천사의 말씀을 따랐다고 반복하면서, 아브라함이 말씀을 따른 사실을 상기시킵니다. 아브라함은 하느님의 말씀만 믿고 길을 떠나서 이스라엘의 아버지가 되었습니다. 요셉은 천사의 말을 듣고 길을 떠나 아기 예수의 생명을 보호하고 키우는 아버지가 됩니다. 이스라엘 역사가 시작되는 순간에 아브라함의 순종이 있었듯이, 예수님으로 말미암은 그리스도 신앙 역사가 시작하는 순간에 요셉이 순종했다는 것입니다. 신앙인은 하느님을 신뢰하고 따르는 사람입니다. 신앙인은 자기 힘으로 자기 미래를 보장하려 하지 않습니다. 순종은 높은 사람이 시키는 대로 따라 하는 피동성을 의미하지 않습니다. 순종은 하느님을 영접하고 하느님을 중심으로 세상과 자신을 보면서 감행하는 하나의 모험입니다. 하느님이 자비로우셔서 우리도 자비롭고, 하느님이 사랑하셔서 우리도 사랑하는 노력을 하는 모험입니다. 그것이 모험인 것은 그 결과도 그 대가도 보장된 것이 아니기 때문입니다.

하느님께 순종하는 것은 주인 눈치를 보면서 처신하는 노예의 비굴함이 아닙니다. 순종은 인간이 하느님께 초능력을 얻어 자신을 더 훌륭하게 만드는 작전이 아닙니다. 복음에서 요셉은 천사의 말을 듣고는, 곧 예수와 마리아를 데리고 길을 떠납니다. 그는 하느님의 말씀을 영접하여 새 출발을 하였습니다. 아브라함이 하느님께 순종하여 새 삶의 터전을 후손들에게 제공하였듯이, 요셉은 순종하여 하느님이 베푸신 생명을 영접하고 자라게 하여, 예수가 하느님의 생명을 마음껏 살아 보이는 계기를 마련하였습니다. 인간이 하느님께 순종하는 것은 하느님의 자비와 사랑을 영접하여, 이웃에게 베풀고 나누며 사랑하는 삶이라는 하나의 모험을 감행하는 것입니다.

성가정 축일은 1920년에 처음 제정되었습니다. 현대 산업사회의 출현과 더불어 가정의 존엄성이 훼손되었습니다. 과거 농경사회에서는 가정이 소중했지만, 근대 기술산업사회는 가정의 존엄성을 훼손했습니다. 그래서 교회는 가정의 중요성을 환기시키기 위하여 이 축일을 제정 공포하였습니다. 예수님도 요셉을 아버지로, 마리아를 어머니로 둔 하나의 가정에서 자랐습니다. 생명이 태어나 성장하면서 사랑과 섬김을 배우는 곳이 가정입니다. 하느님의 말씀을 영접하여 마리아와 예수를 데리고 길을 떠난 요셉과 같이, 우리 가정도 말씀을 영접하여 함께 길을 떠나는 곳이 되도록 하자는 축일입니다. 어린 예수가 요셉과 마리아의 보호를 받으면서 하느님의 말씀을 영접하고 그 말씀 따라 길을 떠나는 방식을 배웠듯이, 우리 가정에서도 자녀들

렘브란트 「이집트 피신」 1627년, 프랑스 투르, 투르 미술관

이 말씀을 영접하고 그 말씀 따라 길을 떠나는 방식을 배우게 하자는 뜻이 담긴 축일입니다.

다들 저 혼자만 잘되려고 노심초사하는 세상입니다. 자신의 중요성만 알고, 주변 사람들의 필요와 그들의 고통을 외면하는 것이 우리의 세상입니다. 하느님의 말씀을 멀리서 찾을 필요가 없습니다. 가족 구성원들이 서로 이해하고 사랑하고 용서할 때, 그 말씀을 듣는 것입니다. 한 가정이 어려움을 겪는 이웃을 불쌍히 여기고 도울 때, 그 가정의 자녀들이 하느님의 말씀을 듣는 방식을 배웁니다. 결손 가정인 이웃, 가장이 실직하여 어려움을 겪는 이웃, 집안에 장애인이나 환자가 있는 이웃을 위해 우리가 무엇인가 해야 한다는 사실을 자녀들이 깨달을 때, 그 가정에는 하느님의 말씀을 듣고 배우는 생명이 자라는 것입니다. 자녀들이 말씀을 듣고 길을 떠나는 가정이 되어야 합니다.

우리 주변에는 경제적 여유가 없으면서도, 어려운 이웃을 위해 가진 것을 나누고 희생적으로 봉사하는 이들이 있습니다. 어려운 이들을 온 가족이 함께 찾아보고, 외로운 이를 집에 초대하여 위로하는 이웃들도 봅니다. 하느님의 사랑과 자비를 가르치고 배우는 가정들입니다. 가정은 그런 나눔과 섬김을 배우는 장소가 되어야 합니다. 자칫 자녀들을 욕심과 허세만을 위해 살도록 키우거나 공부 잘하라고만 다그치며 키울 수도 있습니다.

하느님의 말씀을 자기 주변에서 들을 줄 알아야 합니다. 가정은 자녀들이 말씀을 듣고 배우는 장소입니다. 성가정 축일은 자녀들을 아침저녁 강제로 기도하게 하는 날이 아닙니다. 가난하고 외롭고 고통당하는 이웃을 위해 우리가 실천해야 할 하느님의 일을 깨닫고 인

마태오복음서

생길을 떠나는 자녀를 키우는 가정이 되도록 하자는 축일입니다. 하느님의 일은 이웃을 사랑하고 섬기는 데 있습니다. 예수님을 듣고 배워서 사랑하고 섬길 줄 아는 생명이 자라는 가정이라야 합니다.

세례
하느님에 대한 새로운 자각과 실천

그때에 예수께서는 요한에게 세례를 받으시려고 갈릴래아로부터 요르단강으로 요한을 찾아오셨다. 그러나 요한은 그분을 말리며 "제가 당신에게 세례를 받아야 할 터인데 당신이 제게로 오시다니오?" 하고 말했다. 예수께서 대답하여 "지금은 이대로 하시오. 이렇게 해서 우리는 마땅히 모든 의로움을 이루어야 합니다" 하고 그에게 이르셨다. 그제서야 요한은 그분 뜻대로 하였다. 예수께서 세례를 받고 즉시 물에서 올라오시니 마침 [당신에게] 하늘이 열리고 또한 그분이 보시니 하느님의 영이 비둘기처럼 내려와 당신 위에 이르렀다. 이때 하늘에서 소리가 울려 "이는 내 사랑하는 아들이니, 나는 그를 어여삐

여겼노라" 하였다. (마태 3,13-17)

복음은 예수님이 요한으로부터 세례를 받으셨다고 말합니다. 요한은 예수님에게 세례 주기를 사양하고, 예수님은 하느님의 뜻을 내세워 세례를 요구하십니다. 모든 복음서는 예수님이 세례 받은 사실을 보도합니다. 그러나 세례 받은 예수님보다 세례를 준 요한을 더 훌륭한 인물이라고 사람들이 생각할 것을 두려워한 나머지, 복음서들은 각각 여러 장치를 둡니다. 마태오복음서에서 예수님은 세례를 요구하고 요한은 사양하는 것처럼 말하는 것도 그런 장치의 하나입니다.

　복음은 예수님이 세례를 받고 물에서 올라오시자, 하늘이 열리고 성령이 내려오셨다고 말합니다. 이때 하늘에서 "이는 내 사랑하는 아들이니, 나는 그를 어여삐 여겼노라"는 소리가 들려왔다고 합니다. '내 사랑하는 아들'이라는 표현은 왕으로 군림하는 메시아를 노래하는 시편(2장)에서 가져온 것입니다. 예수님은 우리를 구원하시는 메시아라는 말입니다. '어여삐 여겼다'는 표현은 이사야서(42장)에 나오는 야훼의 종에 대한 노래에서 가져왔습니다. 초기 신앙 공동체는 이 구절에서 예수의 죽음을 이해하였습니다. 예수님은 이스라엘이 기대하던 구원자이지만, 이사야서가 노래한 고통당하는 야훼의 종과 같이, 하느님을 알리다가 고통당하고 돌아가신 분이라는 것입니다.

　예수님 시대 팔레스티나에는 다양한 세례 운동이 있었고, 그중 하나가 세례자 요한의 것입니다. 그 시대 세례 운동들은 흐르는 물에 몸을 잠기게 하여 죄를 씻는, 일종의 정화 의례였습니다. 이 운동은

자코포 틴토레토 「그리스도의 세례」 16세기 중엽, 스페인 마드리드 프라도 미술관

마태오복음서

율법을 제대로 지키지 못하거나 성전에 제물 봉헌을 하지 못하여 죄인이 된 서민들에게, 죄를 씻어 주고 정화되었다는 체험을 하게 해 주는 의례였습니다.

당시 모든 세례 운동은 필요에 따라 언제든 몇 번이나, 죄를 씻기 위해 받는 정화 의례였습니다. 그러나 요한의 세례는 회개할 것을 약속하면서 일생에 단 한 번만 받을 수 있는 것이었습니다. 요한으로부터 시작하여 예수님에게 이어진 이 회개 운동은 그 시대 유다교가 요구하던 것과는 거리가 멀었습니다. 유다교는 율법 준수와 성전의 제물 봉헌에 충실할 것을 요구하였습니다. 지키고 바칠 것을 요구하면서 그 시대 유다교는 이스라엘 신앙의 근본인 함께 계시는 하느님에 대해 잊어버렸습니다. 요한은 사람들에게 회개하라고 가르치면서 심판하실 하느님을 상기시켰습니다. 후에 예수님이 하느님에 대해 가르쳤지만, 그 하느님은 자비하신 아버지십니다. 하느님의 자비를 몸으로 실천하여 그분의 자녀가 되는 것이 예수님의 가르침입니다.

요한의 세례 운동은 유다교가 율법과 제물 봉헌을 강요하면서 대량으로 발생시킨 죄인들에게 하느님이 용서하신다는 사실을 가르쳤고, 유다교의 민족적 배타성을 배제하였습니다. 요한은 "하느님은 이 돌에서도 아브라함의 자손을 일으키실 수 있다"(루카 3,8)고 말합니다. 이스라엘이 아브라함 후손이라는 사실을 내세워 타민족 앞에서 우월감을 갖는 관행을 비판하는 말입니다. 타민족에 대한 이스라엘의 우월감은 그 민족 집단에서 지도 역할을 하는 유다교 지도자들의 우월감으로 연결되었습니다. 율법을 가르치는 율사와 성전에서 봉사하는 사제들의 권위를 과장하면서, 유다교는 하느님이 자비하시고 용서하신다는 사실을 잊어버렸습니다.

예수님은 요한의 세례 운동에 일시 가담했다가 후에 독자적 노선을 걸으신 것으로 보입니다. 예수님은 요한이 요구하던 바를 더 발전시켜 몸소 실천하셨습니다. 예수님은 요한과 같이 물로 씻는 의례에 얽매이지 않고, 사람들의 죄를 직접 용서하는 실천을 하셨습니다. 예수님은 "나는 의인들을 부르러 온 것이 아니라 죄인들을 부르러 왔습니다"(마르 2,17)라고 주장하셨습니다. 예수님은 유다교가 절대화하여 강요하던 안식일 계명에 대해서도 가히 혁명적인 말씀을 하셨습니다. "안식일이 사람을 위해서 생겼지, 사람이 안식일을 위해서 생기지는 않았습니다"(마르 2,27). 유다교가 죄의 대가라고 가르치던 질병들을 예수님은 고쳐 주시면서, 병고가 하느님이 주신 벌이 아니라는 것도 보여 주셨습니다.

복음서들은 예수님의 죽음을 '세례'라고 말합니다. "내가 받을 세례가 있습니다"(루카 12,50) 혹은 "내가 받는 세례를 받을 수 있습니까?"(마르 10,38) 하신 것처럼 예수님은 당신의 죽음을 세례로 부르셨습니다. 하느님에 대한 예수님의 깨달음과 실천은 그분을 죽음으로 인도하였습니다. 요한이 세례로 사람들에게 일으킨 운동은 하느님에 대한 새로운 자각과 실천입니다. 예수님이 요한에게 세례를 받았다는 사실은, 그분이 요한의 세례 운동에 가담하면서 그것이 요구하던 바를 당신 삶으로 실천하셨다는 뜻입니다. 예수님은 하느님이 우리 죄에 대해 보복하지 않고 용서하신다는 사실을 당신의 실천으로 보여 주셨습니다. 효도가 이론이 아니라 실천이듯이, 하느님을 믿는 것도 이론이 아니라 몸으로 실천해야 하는 일입니다. 예수님은 그 실천에 충실하셨습니다. 그분의 실천이 유다교 지도자들의 가르침을 정면으로 거부하는 것처럼 보였기에, 그분은 죽임을 당하셨습니다. 악화가 양화를 구축하는 우리의 세상입니다. 그러나 예수님은 하느님의 일을 실천하셨기에 하느님 안에 살아 계신다는 믿음이 부활 신앙입니다.

그리스도인이 받는 세례는 예수님의 실천 안으로 들어가는 입문 의례입니다. 결혼식이 결혼 생활을 시작하는 의례이듯이, 세례는 예수 그리스도로 말미암아 발생한 삶을 시작하는 의례입니다. 세상은 용서하기보다는 인과응보를 말하면서 잘못에 대한 대가를 치르게 합니다. 그러나 예수님이 믿고 계신 하느님은 용서하고 살리는 분입니다. 세상은 가진 자와 못 가진 자를 차별하고, 높은 자와 낮은 자를 차별합니다. 그리고 높은 자와 가진 자 편에 서는 것이 현명하다고 가르칩니다. 그러나 예수님은 갖지 못한 자와 낮은 자도 행복해야 한다고 믿었습니다. 그래서 그분은 가난한 자와 우는 자도 행복해야 한다고 선언하셨습니다. 예수님께 배워 살아가는 신앙인은 그것을 위해 노력합니다. 그리고 그 노력의 대가가 십자가가 되어 돌아오더라도 하느님을 희망하면서 그것을 감수합니다. 세례를 받은 신앙인은 하느님의 자비와 용서를 실천하며 아버지의 일이 땅에서도 이루어지고 아버지의 나라가 오실 것을 빕니다.

유혹

자기중심적으로 살고 싶은 마음

그때에 예수께서는 영에 의해 광야로 인도되어 악마에게 유혹을 받으셨다. 그리하여 밤낮 사십 일을 단식하시니 마침내 허기지셨다. 그러자 유혹하는 자가 다가와서 예수께 "당신이 하느님의 아들이거든 이 돌들이 빵이 되라고 해 보시오" 하고 말했다. 예수께서 대답하여 "성경에 '사람이 빵으로만 살지 못하고 하느님의 입에서 나오는 모든 말씀으로 살리라'고 기록되어 있다" 하고 말씀하셨다. 그때에 악마는 그분을 거룩한 도시로 데리고 가서 그분을 성전 꼭대기에 세우고 말했다. "당신이 하느님의 아들이거든 아래로 몸을 던지시오. '하느님께서 그대를 위해 당신 천사들에게 명하시리라' 또한 '그들은 손으로 그대를 받들어 그대의 발이 돌에 다치지 않게 하리라'고 기록되어 있소." 예수께서 악마에게 말씀하셨다. "'너의 하느님이신 주님을 떠보지 말라'고도 기록되어 있다." 악마는 다시 예수를 매우 높은 산으로 데리고 가서 세상의 모든 나라와 그 영광을 그분에게 보여 주며 이렇게 말했다. "당신이 내게 엎드려 절하면 이 모든 것을 당신에게 주겠소." 그때에 예수께서 그에게 말씀하셨다. "물러가라, 사탄아! '너의 하느님이신 주님에게 엎드려 절하고 오직 그분만을 섬겨라'라고 기록되어 있다." 이에 악마는 그분을 떠나가고 천사들이 다가와서 그분의 시중을 들고 있었다. (마태 4,1-11)

예수님의 죽음과 부활을 기념하기 전 40일 동안을 교회는 사순 시기라 부르며, 예수님의 수난과 죽음을 특별히 기억합니다. 사순 시기는 교회가 로마제국으로부터 신앙의 자유를 얻은 4세기부터 시작된 관행입니다. 창세기(3장)는 태초에 인간이 유혹에 빠졌다는 이야기를 전하며, 복음서는 예수님이 광야에서 40일 동안 단식하고 마귀로부터 유혹을 받았다는 이야기를 들려줍니다. 창세기와 복음서가 전하는 이 두 이야기는 물론 실제 일어난 사실을 보도하는 것이 아니고, 인간이 무엇이며 구원이 무엇인지 알리기 위해 다채롭게 꾸며진 이야기들입니다.

창세기에 따르면, 하느님이 세상과 인간 생명을 창조하셨습니다. 인류 역사 안에 불행이 있는 것은 하느님을 중심으로 선과 악을 생각하지 않고, 인간이 자신을 중심으로 판단하고 행동하였기 때문이라고 말합니다. 창세기는 그 사실을 말하기 위해 인간이 '선과 악을 알게 하는 나무 열매'를 먹는 유혹에 빠졌다고 표현합니다. 인간은 그것이 '먹음직하고 탐스럽고 사람을 영리하게 해 줄 것' 같아서 먹었습니다. 인간은 처음부터 자기를 중심으로 판단하고, 무엇이라도 자기에게 이로울 것 같으면 실행해 버리는 비극적 존재라는 것입니다. 하느님은 인간을 창조하신 후에 모든 것을 허용하셨지만, 선과 악을 알게 하는 나무 열매만은 먹지 말라고 말씀하셨습니다. 선과 악의 기준을 자기 안에 두고 자기중심적으로 행동하지 말라는 말씀입니다. 그러나 인간은 실제로 자기를 중심으로 선과 악을 판단하였고, 그 결과 '자기들이 알몸인 것을' 알았다고 창세기는 말합니다. 인간은 자기를 기준으로 선과 악을 판단하고 행동하면서, 하느님과 동료 인간 앞에 부끄러운 존재가 되었다는 말입니다.

복음은 예수님이 광야에서 유혹받은 이야기를 들려줍니다. 유혹하는 자가 예수님에게 권하는 것은 '탐스럽고 자기를 영리하게 해 주는' 길을 택하라는 것입니다. 돌을 빵으로 바꾸는 기적을 행하여 모든 사람이 자기를 따르게 하라는 유혹입니다. 먹고사는 데 큰 도움을 주는 길을 사람들에게 가르쳐서, 환영받는 인물이 되라는 것입니다. 예수님은 그 유혹을 거절하십니다. 사람은 하느님의 말씀으로 살아야 한다고 말씀하십니다. 사람은 하느님의 말씀을 듣고 그 말씀을 따라 사는 것이지, 먹고사는 데 도움이 되자고 하느님을 찾는 것이 아니라는 말씀입니다.

성전 꼭대기에서 뛰어내려 보라는 두 번째 유혹은 사람들의 시선을 끌 만한 일을 하라는 말입니다. 예나 오늘이나 신앙인들이 쉽게 받는 유혹입니다. 기적이 일어났다고 소문을 내면, 사람들은 많이 몰려듭니다. 가톨릭교회 안이든 밖이든 그런 현상들이 있습니다. 사람의 능력을 넘어서는 기적은 모든 사람의 시선을 끌 수 있습니다. 복음의 예수님은 기적을 일으켜 보라는 유혹도 거절하십니다. "하느님을 떠보지 말라"(신명 6,16)는 구약성서 말씀을 인용하여 거절하십니다. 이 세상은 하느님이 우리의 생활공간으로 주신 것입니다. 인간은 그 공간이 주는 제약을 넘어서 마음대로 살기 위해 하느님을 찾는 것이 아닙니다. 하느님 덕분에 다른 사람들이 지니지 못한 초능력을 얻어서 더 뽐내며 살려 한다면 신앙인이 아닙니다. 신앙인은 다른 사람들과 같이 인간으로서의 한계를 지니고 그들과 더불어 삽니다. 하느님이 선하고 자비하시므로 신앙인도 선하고 자비로운 실천을 하며 다른 사람들과 함께 삽니다.

예수님이 받으신 세 번째 유혹은 부귀영화를 주겠다는 약속입니다. 모든 사람은 부귀영화를 누리고 싶어 합니다. 예수님은 그 유혹도 한마디로 거절하십니다. "하느님을 경배하고 그분만을 섬겨라"라는 신명기(6,13) 구절을 인용하셨습니다. 그리스도 신앙인은 하느님을 이용하여 의식주를 해결하고, 하느님을 이용하여 초능력을 발휘하며, 하느님을 이용하여 부귀영화를 누리는 사람이 아닙니다. 인간에게 필요한 의식주는 스스로 노력해서 해결해야 하는 것입니다. 신앙인에게 약속된 부귀영화가 따로 있지 않습니다. 하느님을 아버지라 부르며, 그분의 선하심과 자비를 살려고 노력하는 그리스도 신앙인은 주변의 모든 사람을 형제자매로 생각합니다. 형제자매 앞에서 인간은 자기의 우월함을 드러내고 그들을 압도하지 않습니다. 형제자매는 우리가 위해 주고 도와주면서 더불어 살아야 하는 사람들입니다. '탐스럽고 우리를 영리하게 해 줄 것 같은 것에' 마음을 빼앗기면, 형제자매는 우리의 경쟁 상대로 보일 것입니다. 우리가 쉽게 빠지는 유혹입니다.

예수님이 광야에서 겪으셨다는 유혹은 우리가 일상생활에서 겪는 것들입니다. 재물을 탐하고, 남의 시선을 끌 수 있는 초능력을 탐하고, 부귀영화를 꿈꾸는 우리들입니다. 성서가 유혹이라고 말할 때는 하느님이 계시지 않는 듯이 자기중심적으로 살고 싶은 순간을 의미합니다. 복음이 말하는 유혹들은 하느님이 계시지 않는 듯이 살고자 하는 사람이 가지는 마음입니다. 빵만 탐하고, 사람들의 시선을 끌기 위한 궁리만 하고, 부귀영화만 쫓아가는 마음입니다. 선과 악의 기준을 자기 안에 둔 사람이 찾는 것들입니다.

마태오복음서는 예수님이 세례 받으신 이야기 다음에 바로 유혹 이야기를 합니다. 신앙인은 재물이나 기적이나 부귀영화에 마음을 빼앗겨 살지 않는다는 말입니다. 예수님도 그러지 않으셨습니다. 그런 것을 얻어 내기 위한 신앙이 아닙니다. 하느님의 자녀로 사는 사람은 하느님을 이용하여 자기의 환상을 실현하려 하지 않고, 인간의 한계를 받아들이며, 하느님의 다른 자녀들인 형제자매를 섬깁니다. 그것이 하느님을 아버지로 모신 그리스도인이 하는 일이라고 복음은 말합니다.

우리에게는 광야에 홀로 버려진 듯한 삶의 순간들이 있습니다. 가까웠던 사람의 배신, 감수할 수밖에 없는 각종 실패와 병고, 사랑하는 사람을 잃은 고독 등이 우리가 겪는 광야입니다. 우리가 의지하여 편하게 살 수 있다고 생각했던 것이 무너지고 사라진 상실의 순간들입니다. 광야에서 40일을 단식하신 예수님과 같이 우리에게도 기진하여 허덕이는 광야의 순간들이 있습니다. 그때도 빵과 기적과 부귀영화를 꿈꾸지 않고, 하느님을 택하는 사람이 하느님의 자녀입니다. 하느님을 아버지로 부르는 자녀는 그분이 선하고 자비로우시다는 사실을 믿고 그것을 실천합니다. 우리는 자신이 가진 재물, 능력, 부귀영화도 언젠가는 결정적으로 버리고 하느님에게 가야 하는 사람들입니다.

행복 선언 1

인류 역사의 통념을 깨는 선언

예수께서는 군중들을 보시고 산에 올라가셨다. 그분이 앉으시자 제자들이 그분께 다가왔다. 그러자 그분은 입을 여시고 그들을 가르쳐 이렇게 말씀하셨다. "복되어라, 영으로 가난한 사람들! 하늘나라가 그들의 것이니. 복되어라, 슬퍼하는 사람들! 그들은 위로를 받으리니. 복되어라, 온유한 사람들! 그들은 땅을 상속받으리니. 복되어라, 의로움에 굶주리고 목마른 사람들! 그들은 배부르게 되리니. 복되어라, 자비를 베푸는 사람들! 그들은 자비를 받으리니. 복되어라, 마음이 깨끗한 사람들! 그들은 하느님을 뵙게 되리니. 복되어라, 평화를 이룩하는 사람들! 그들은 하느님의 아들들이라 일컬어지리니. 복되

마태오복음서

어라, 의로움 때문에 박해를 받는 사람들! 하늘나라가 그들의 것이니. 그대들은 복되도다, 사람들이 나 때문에 그대들을 모욕하고 박해하며 그대들을 반대하여 [거짓으로] 온갖 사악한 말을 하면! 그대들은 기뻐하고 신명 내시오. 그대들이 받을 상이 하늘에는 많습니다. 사실 그들은 그대들에 앞서간 예언자들도 그렇게 박해했습니다."(마태 5,1-12)

마태오복음서가 전하는 행복 선언입니다. 루카복음서에도 같은 행복 선언이 있습니다. 루카복음서의 것은 짧고 간결하지만, 마태오복음서의 것은 더 길게 발전되어 있습니다. 마태오복음서 공동체는 예수님이 선포하신 행복 선언을 더 쉽게 풀어서 기록했습니다. 성서학자들은 루카복음서의 행복 선언이 원형에 더 가깝다고 말합니다. 마태오복음서는 행복한 사람들을 여덟 가지로 나누어서 말하지만, 루카복음서는 세 부류 사람들을 행복하다고 말합니다. 가난한 사람, 지금 굶주리는 사람, 지금 우는 사람입니다.

행복 선언은 하나의 예언이고 축복입니다. 하느님이 함께 계시기에 비록 지금 가난해도, 비록 지금 굶주려도, 또 지금 울어도 하느님을 향한 우리 열망은 성취된다는 예언자적 선언입니다. 예언자는 미래 일을 미리 알려 주는 사람이 아니라, 함께 계시는 하느님의 시선에서 현실을 보고 말하는 사람입니다. 예언자는 세상의 통념에 따라 말하지 않습니다. 부자와 권력자를 기쁘게 하여 그들과 잘 지내겠다는 의도로도 말하지 않습니다. 예언자는 강자의 횡포를 비판하고, 약자

케테 콜비츠 「직조공들의 행진」 1897년, 독일 쾰른 케테 콜비츠 미술관

마태오복음서

의 권익을 보호하기 위해 말합니다. 예언자는 권위를 가진 사람의 오만과 독선을 지적합니다. 예언자는 재물과 권력을 가진 사람에게 하느님의 자비를 실천하라고 촉구합니다. 예언자는 자기 말에 동의하지 않는 사람들로부터 불이익을 당할 수 있다는 사실에 구애받지 않습니다. 예수님도 유다교 기득권자들의 주장과 다른 말씀을 하다가 그 대가로 목숨을 잃었습니다. 초기 신앙 공동체는 예수님의 입을 빌려 다음 말을 남겼습니다. "누가 내 뒤를 따르려면 자기 자신을 버리고 제 십자가를 지고 나를 따라야 합니다"(마르 8,34). 예수님은 예언자의 삶을 살다가 그 대가로 십자가를 지셨고, 그분의 제자들도 같은 자세로 살아야 한다는 말입니다.

그리스도 신앙인은 예수님이 보여 준 가치관을 따라 살기 위해 인류 역사가 당연시하는 일을 수정합니다. "가난한 사람이 행복하다"는 예수님의 선언은 많이 가진 자가 행복하다는 인류 역사의 통념을 깨는 말입니다. 하느님을 아버지라 부르며, 그분의 생명을 살겠다는 신앙인에게는 재물만이 삶의 보람일 수 없다는 말입니다. "굶주리는 사람이 행복하다"는 선언은 먹고 마시는 일에서 자기 삶의 보람을 보지 말라는 말입니다. 비록 현재 굶주려도, 인간이자 하느님의 자녀로서 보람 있는 삶이 있다는 말입니다. "지금 우는 사람이 행복하다"는 선언은 기쁘고 즐거운 것만 찾아 살 수 없는 것이 인생이라는 말입니다. 어떤 작가의 말입니다. "기쁨과 즐거움은 타 버린 재만 남기나, 우리가 겪는 비극과 함께하는 아픔은 우리 삶의 진실을 보게 한다." 자기가 겪는 고통을 감수할 뿐 아니라 이웃의 고통에도 참여하면서 이웃과 더불어 살 때, 인생의 진실을 본다는 말입니다. 그 진실은 하느님의 시선이 우리 안에 살아 있을 때 보입니다.

그리스도 신앙은 예수님이 가졌던 하느님의 시선으로 우리 삶을 보게 합니다. 예수님은 재물의 많고 적음, 배부름과 배고픔, 기쁨과 슬픔을 넘어서 하느님과 함께 살아야 한다고 가르칩니다. 유다교는 재물을 가진 자, 배부른 자, 웃는 자가 모두 하느님의 축복을 받은 자라고 가르쳤습니다. 유다교는 가난한 이, 굶주리는 이, 우는 이는 하느님이 버린 결과로 비참하게 되었다고 가르쳤습니다.

행복 선언은 하느님이 우리의 염원을 곧 이루어 주신다는 축복의 말씀이자 예수님의 삶을 요약하는 말씀입니다. 하느님은 가난한 이, 굶주리는 이, 우는 이도 축복하신다는 말씀입니다. 이 세상의 통념에서 그들은 불행한 이들이기에, 하느님이 그들을 축복하지 않으셨다고 생각할 수 있습니다. 그러면서 우리도 그들을 외면합니다. 그들은 우리 삶에 도움이 되지 않는 이들입니다. 예수님의 행복 선언에 따르면 하느님은 그들과도 함께 계십니다. 사람은 그들을 외면하고 버려도, 하느님은 그들을 버리지 않으신다는 선언입니다. 예수님은 하느님을 아버지라 즐겨 부르셨고, 우리에게도 하느님을 아버지로 부르며 기도하라고 가르치셨습니다. 부모는 자녀가 가난하다고 버리지 않습니다. 굶는다고, 고통당한다고 외면하지 않습니다. 하느님을 아버지라 부르는 것은 우리가 어떤 처지에 있든, 그분이 우리를 버리지 않으신다는 사실을 기억하게 합니다.

부요한 사람과 가난한 사람이 있는 것은 하느님이 원하신 일이 아닙니다. 빈부 격차는 인간이 만드는 일입니다. 19세기 유럽에 산업 혁명이 일어났을 때, 사람들은 산업만 발달하면 하느님도 해결하지

마태오복음서

못한 기근을 퇴치할 수 있다고 호언장담했습니다. 그러나 산업이 고도로 발달한 오늘도 세상의 빈부 격차는 사라지지 않고, 오히려 더 심화되었습니다. 한편에서는 영양 과다 섭취로 병들어 가고, 다른 한편에서는 굶주려 죽는 일이 지구상에서 벌어집니다. 인간이 추구하는 발전에는 소외당하고 피해 입는 사람들이 생겨납니다. 그러나 하느님은 어떤 사람도 외면하지 않으십니다. 하느님은 온갖 불행에 처한 사람을 축복하시고 불쌍히 여기신다는 것이 예수님의 가르침입니다.

이 복음 말씀을 듣고, 가난과 굶주림의 영적 의미, 슬픔과 아픔의 영적 의미에 대한 이론을 찾을 필요가 없습니다. 그 불행한 사람들에게 하느님이 주시는 축복을 설명하려고 애쓸 필요도 없습니다. 우리 통념으로 하느님을 설명하지 말아야 합니다. 우리가 합리적으로 납득할 수 있는 하느님의 축복이 아닙니다. 행복 선언은 선언이자 축복의 말씀입니다. 하느님이 축복하시기에, 하느님의 자녀인 우리도 축복해야 한다는 말씀입니다. 가난한 이, 굶주리는 이, 우는 이에게 무엇이 축복인지 우리는 잘 알고 있습니다. 그들이 은혜롭게 받아들일 수 있는 일을 하라는 것입니다. 그것이 우리 눈에 근본적 해결책이 아니더라도, 우리가 할 수 있는 축복을 하라는 말씀입니다.

그리스도 신앙인은 자기를 중심으로 생각하지 않습니다. 자기를 위한 이해타산을 앞세우지 않습니다. 이 세상에는 가난도 있고, 굶주림도 있으며, 슬픔과 아픔도 있습니다. 우리의 통념은 그것을 자업자득이라 말하며 외면하게 합니다. 그러나 행복 선언을 들은 신앙인에게, 그들은 우리 축복을 기다리는 이들입니다. 하느님이 우리와 함께 계시다는 사실을 믿는 우리는, 하느님의 축복을 그들에게 실천합니다. 그리스도 신앙인은 자기의 소원 성취를 하느님에게 빌지 않고, 축복을 필요로 하는 이들에게 그것을 실천합니다.

행복 선언 2

하느님의 세계를 향한 근본적 선택

예수께서는 군중들을 보시고 산에 올라가셨다. 그분이 앉으시자 제자들이 그분께 다가왔다. 그러자 그분은 입을 여시고 그들을 가르쳐 이렇게 말씀하셨다. "복되어라, 영으로 가난한 사람들! 하늘나라가 그들의 것이니. 복되어라, 슬퍼하는 사람들! 그들은 위로를 받으리니. 복되어라, 온유한 사람들! 그들은 땅을 상속받으리니. 복되어라, 의로움에 굶주리고 목마른 사람들! 그들은 배부르게 되리니. 복되어라, 자비를 베푸는 사람들! 그들은 자비를 받으리니. 복되어라, 마음이 깨끗한 사람들! 그들은 하느님을 뵙게 되리니. 복되어라, 평화를 이룩하는 사람들! 그들은 하느님의 아들들이라 일컬어지리니. 복되어라, 의로움 때문에 박해를 받는 사람들! 하늘나라가 그들의 것이니. 그대들은 복되도다, 사람들이 나 때문에 그대들을 모욕하고 박해하며 그대들을 반대하여 [거짓으로] 온갖 사악한 말을 하면! 그대들은 기뻐하고 신명 내시오. 그대들이 받을 상이 하늘에는 많습니다. 사실 그들은 그대들에 앞서간 예언자들도 그렇게 박해했습니다.”(마태 5,1-12)

역사에 이름도 남기지 않고 세상을 떠나가신 모든 성인을 기념하는 축일입니다. 성인들에 대한 공경은 예수님 시대 유다교에도 있었습니다. 예루살렘성 밖 키드론 골짜기에 예언자들의 무덤이 단장되어 있었습니다. 예수님이 율사와 바리사이들을 비난하면서 “너희는 예언자들의 묘소를 만들고 의인들의 무덤을 꾸민다”(마태 23,29)고 말씀하셨습니다.

초기 그리스도 신앙인들이 성인이라고 기억한 분들은 먼저 박해로 목숨을 잃은 순교자들이었습니다. 또한 순교를 하지 않았어도 하느님에 대한 신뢰를 간직하고 죽어 간 모든 이를 성인으로 불렀습니다. 신앙인들은 그들의 무덤에 꽃과 향료를 가져가 고인을 기리고, 그곳에서 함께 식사를 하기도 했습니다. 모든 성인을 기념하는 축일은 4세기 말 안티오키아 교회의 달력에 나타나 있습니다. 그때도 날짜는 11월 1일입니다. 그렇게 보면, 이 축일은 4세기부터 기념해 온 것입니다.

오늘 가톨릭교회에서 성인聖人이라면, 시복과 시성의 복잡한 절

차를 거쳐 로마교황청이 성인으로 선포한 분들을 뜻합니다. 그 절차
는 20세기 초에 「교회법전」이 반포되면서 생겼습니다. 로마교황청
의 허락을 받아서 성인들을 공경하라는 교황청의 지시는 12세기 초
(1171)에 이미 내려졌습니다. 그때까지는 각 지역 신앙 공동체가 성인
을 추대하고 기억하였습니다. 기원후 1200년을 전후하여 절대군주
로서 로마교황의 입지가 교회 역사상 최고로 강화되었고, 성인들에
대한 신심도 그 무렵 로마교황청의 통제하에 들어가게 된 것입니다.

이 축일에 우리는 하느님을 희망하며 이 세상을 살다 가신 모든
분을 기억합니다. 세상은 그들을 기억에서 지워 버렸지만, 그들은 하
느님 안에 살아 계시고, 우리의 가슴 안에 살아 계십니다. 이 축일을
11월 2일 '위령의 날'과 분리한 때는 12세기입니다. 당시 연옥 교리가
보급되면서 천당에 간 성인과 연옥에 간 영혼을 별도로 기억해야 한
다고 생각한 것입니다. 이탈리아 시인 단테가 지옥, 연옥, 천국에 대
해 상상한 시들을 『신곡』神曲이라는 책으로 남긴 것도 14세기 초였습
니다.

우리가 기억할 분들은 우리를 사랑하셨고 우리도 사랑했던 분들
입니다. 우리와 함께 인생행로를 가다가 침묵의 세계로 사라진 분들
입니다. 그들의 침묵은 그들이 존재하지 않는다는 것을 의미하지 않
습니다. 하느님도 침묵하며 계십니다. 그들은 하느님 안에 살아 계십
니다. 말할 필요가 없는 무한한 사랑 안에 살아 계십니다. 루카복음서
는 말합니다. "그분은 죽은 이들의 하느님이 아니라 살아 있는 이들
의 하느님이십니다. 사실 모두 하느님으로 말미암아 삽니다"(20,38).

우리는 마태오복음서가 전하는 행복 선언을 들었습니다. 가난한

사람, 슬퍼하는 사람, 온유한 사람, 의로움에 굶주려서 스스로를 희생하면서 정의를 찾는 사람, 자비를 베푸는 사람, 이들 모두를 복음서는 행복하다고 선언합니다. 이 세상의 통념에서는 모두 불행하다고 말해야 할 이들입니다. 자기 한 사람의 행복을 최대 목표로 삼지 않은 이들입니다. 이분들은 더 큰 가치를 위해 어려움을 감수했습니다. 그들이 행복하다고 복음서가 선언하는 것은, 그들이 하느님의 세계를 향해 근본적 선택을 했기 때문입니다.

이 세상에 살아가는 우리를 지배하는 통념들이 있습니다. '재물과 사회적 지위가 사람을 행복하게 하고, 권력을 가진 사람이 대우를 받는다.' '남에게 준 만큼 받아야 하고 받은 만큼 주어야 한다.' '사람은 잘못한 만큼 벌 받아야 하고, 나를 미워하는 사람을 나도 당연히 미워한다.' '성공하면 칭찬을 받지만 실패하면 수모를 받는다.' '승리는 자랑스럽고 패배는 부끄럽다.' 이런 것이 우리를 지배하고 있는 통념들입니다.

예수님은 하느님을 향해 가는 사람이 어떤 가치를 좇아서 살아야 하는지 가르치셨습니다. 우리가 욕심내는 것보다 더 소중한 것이 인생에 감춰져 있다고 예수님은 믿었습니다. 하느님은 베풀고 사랑하고 용서하시는 분입니다. 제2독서에서 요한 사도는 말합니다. "아버지께서 얼마나 큰 사랑을 우리에게 베푸셨는지 보시오. 우리는 하느님의 자녀라 불리게 되었으니, 과연 우리는 그분의 자녀들입니다. 세상은 그분을 알지 못하기 때문에 우리를 알지 못합니다"(1요한 3,1). 세상이 그리스도 신앙인을 외면하는 것은 하느님을 향한 행보가 무엇인지 세상이 모르기 때문이라는 말입니다.

하느님을 향한 우리의 행보에는 갈등도 있고 불편도 있습니다. 하느님은 당신을 찾아 나선 사람들과 함께 계시지만, 우리가 자유롭게 당신께 나아가길 원하십니다. 하느님은 자유를 지닌 인간으로 우리를 만드셨습니다. 하느님의 모상대로 만드셨다는 창세기의 말씀이 의미하는 바입니다. 하느님은 우리를 압도하면서 우리와 함께 계시지 않습니다. 우리 곁을 떠나가신 분들이 침묵 가운데 계시듯이, 하느님도 침묵 가운데 계십니다. 하느님은 우리 자유를 존중하며 우리와 함께 계십니다. 우리가 그분의 일, 곧 그분의 사랑과 용서와 보살핌을 실천할 때 그분은 우리 안에서 확인됩니다.

하느님은 우리와 함께 계시지만, 우리 욕구를 충족시켜 주는 해결사로 계시지 않습니다. 우리는 울부짖고 절망하기도 하지만, 하느님은 우리가 미숙한 인간으로 살기를 원하지 않으십니다. 우리는 고뇌를 넘어 그분의 사랑과 용서와 섬김을 실천하면서, 인간 삶이 주는 희열과 감동을 맛보기도 합니다. 우리와 함께 살다 먼저 가신 분들이 가난하고 슬퍼도 의로움을 찾고 자비를 실천하며 사셨듯이, 우리도 하느님을 향한 우리의 행보를 포기하지 말아야 합니다. 하느님은 우리와 더불어 참으로 자유롭고 성숙한 우리의 인생을 만들어 나가십니다. 그래서 우리는 그분을 아버지라 부릅니다.

나 자신을 위한 욕심에서 한발 물러서서 삶을 볼 수 있어야 합니다. 그것은 하느님이 베푸시고 꾸며 주시는 삶입니다. 은혜로운 우리의 삶입니다. 그리고 우리가 누리는 것을 그분과 더불어 쳐다보도록 합시다. 우리 삶은 하느님이 베푸신 것이고, 우리 주변에는 고마운 분들이 있습니다. 십자가도 분명 있습니다. 복음은 그 십자가를 가난,

슬픔, 목마름 등으로 표현하면서 그런 것이 있어도 행복하다고 선언합니다. 신앙인은 십자가로 말미암아 기진하면서도 아버지의 뜻이 이루어지길 비는 하느님의 자녀입니다. 우리와 더불어 살다 가신 사랑하는 분들을 기억하면서, 그들도 여러 어려움을 겪고 사셨지만 은혜로운 하느님 안에서 그들이 지금 행복하다고 우리는 고백합니다.

세상의 소금과 빛

스스로를 내어 주고 쏟는 사람

"여러분은 땅의 소금입니다. 그러나 소금이 싱거워지면 무엇으로 그
것이 짜게 되겠습니까? 이미 아무 데도 소용없으므로 밖에 내버려져
사람들에게 짓밟힙니다." "여러분은 세상의 빛입니다. 산 위에 자리
잡은 도시는 숨겨질 수 없습니다. 사람들이 등불을 켜서 그것을 됫박
밑에 놓지 않고 등경 위에 놓습니다. 그래야 집 안에 있는 모든 사람
에게 비칩니다. 이처럼 여러분의 빛이 사람들 앞에 비치어, 그들이 여
러분의 좋은 행실을 보고 하늘에 계신 여러분의 아버지를 찬양하게
하시오." (마태 5,13-16)

"여러분은 땅의 소금입니다. 그러나 소금이 싱거워지면 무엇으로 그것이 짜게 되겠습니까?" 예수님이 제자들에게 하신 말씀입니다. '제맛을 잃는다'는 동사는 그리스어 원문에서는 '어리석어진다'는 뜻입니다. 마태오복음서에서 같은 동사를 찾아보면, 실천을 하지 않는다는 뜻으로 사용되고 있습니다. "누구든지 나의 이 말을 듣고도 그대로 행하지 않는 사람은 모래 위에 제 집을 지은 어리석은 사람과 같을 것입니다"(마태 7,26)라는 말이 있습니다. 신앙인을 '세상의 소금'이라 말하는 것은, 신앙인은 예수님의 삶을 실천하여 삶이 제맛을 내도록 한다는 뜻입니다.

"여러분은 세상의 빛입니다"라는 말도 있습니다. 빛은 어둠을 밝힙니다. 초기 신앙인들은 돌아가시고 부활하신 예수님이 이 세상을 밝히는 빛이라고 말했습니다. 복음서가 예수님의 입을 빌려 제자들을 세상의 빛이라고 말하는 것은, 제자들이 예수님의 뒤를 이어 세상의 어둠을 밝히는 실천을 한다는 뜻입니다.

그렇게 보면 소금과 빛, 이 두 단어로 복음서는 신앙인이 세상에서 할 역할을 요약하고 있습니다. 소금은 자기 스스로를 지키지 않고 녹아서 음식 맛을 바꿔 놓습니다. 빛은 스스로를 과시하지 않고 불태워 주변의 어둠을 몰아내고, 보이지 않던 현실을 볼 수 있게 해 줍니다. 신앙인을 소금과 빛에 비유한 복음 말씀은, 그리스도인은 스스로를 내어 주고 쏟아서 다른 이들에게 도움이 되는 실천을 한다는 뜻입니다.

이 복음은 마태오복음서의 '행복 선언'에 이어서 나오는 말씀입니다. 신앙인이 소금과 빛으로 있기 위해 요구되는 실천이 무엇인지

조르주 드 라 투르 「참회하는 막달라 마리아」 1640~1644년경, 프랑스 파리 루브르 박물관

알려면, 행복 선언을 다시 생각해 보아야 합니다. 행복 선언은 가난한 사람, 슬퍼하는 사람, 온유한 사람, 의로움에 목말라하는 사람이 행복하다고 말했습니다. 그 선언이 의미하는 바를 실천하는 사람이 세상의 소금이고 빛이라는 말씀입니다.

행복 선언은 지켜야 할 계명도 아니고, 닦아야 할 덕목도 아닙니다. 그것은 예언자적 선언이며 권고입니다. 신앙은 함께 계시는 하느님의 생명이 우리 안에 살아서 일하시도록 하는 마음가짐입니다. 하느님은 자유를 지닌 인간을 창조하셨습니다. 그래서 하느님은 인간의 자유를 무시하거나 무엇을 강요하지 않으십니다. 하느님은 우리 모두가 같은 계명을 지키고 같은 덕목을 수련하여 획일적으로 살길 원하지도 않으십니다. 이 세상에는 다양한 피조물과 다양한 생명이 있습니다. 하느님이 하신 일입니다. 획일성을 강요하면 인간 생명은 위축되고 창의력도 말살됩니다. 사람이 사람 노릇을 하지 못하게 됩니다. 하느님은 인간이 자유롭고 다채롭게 살길 원하셔서, 자유로운 인간으로 창조하셨습니다. 또한 하느님은 인간 위에 군림하지 않고 숨어 계십니다. 하느님은 우리 각자가 자유로운 실천으로 소금과 빛이 되어 은혜롭게 살길 원하십니다.

예수님도 자유롭게 사셨습니다. 그분은 주어진 각본대로 살지 않으셨습니다. 유다교가 요구하던 계명 준수에 얽매여 살지도 않으셨습니다. 예수님은 함께 계시는 하느님의 생명이 하시는 일을 당신 창의력으로 다양하게 실천하셨습니다. 예수님은 병든 이를 만나면 병고를 덜어 주고, 죄인이라 낙인찍힌 이를 만나면 죄의 용서를 선포하셨습니다. 율법을 못 지켜서, 직업이 세리라서 등등의 이유로 유다교 당국에게 소외당한 이들을 만나면 그분은 그들과 어울리셨습니다. 예수님과 함께 있는 것은 사람들에게 기쁨이고 해방이었습니다. 부활하신 예수님이 제자들을 파견하실 때 당부하신 말씀도, 기쁜 소식을 전하고 병을 고쳐 주며 죄를 용서해 주라는 것이었습니다. 예수님이 실천하신 바를 제자들도 실천하여, 사람들을 살맛 나게 하는 소금이 되고 진실을 보게 하는 빛이 되라고 말씀하셨습니다.

복음서는 먼저 가난한 사람이 행복하다고 말합니다. 가난한 사람은 재물을 자기 삶의 보람으로 삼지 못하는 사람입니다. 재물은 사람이 살아가는 데 필요한 것이지만, 많이 갖겠다는 욕심은 강박관념이 되어 사람을 괴롭힐 수 있습니다. 그런 욕심에 사로잡히면 재물이 마치 인생의 목적인 양 그것을 위해 삽니다. 복음은 그런 욕심의 강박관념에서 해방된 사람이 행복하다고 말합니다.

복음서는 슬퍼하는 사람이 행복하다고 말했습니다. 신앙인은 이 세상에 고통과 슬픔이 있다는 사실을 받아들입니다. 신앙인은 그것에서 벗어나기 위해 기도하지 않고, 다른 사람이 겪는 아픔을 함께 겪으면서 '하느님의 뜻이 이루어지길' 빕니다.

복음서는 온유한 사람이 행복하다고 말합니다. 신앙인은 하느님이 함께 계시기에 무슨 일이든 자기를 기준으로 판단하지 않고, 이웃의 생각을 알아듣기 위해 온유하게 경청하며 이웃과 더불어 하느님의 자녀로 살기 위해 노력합니다.

복음서는 의로움에 굶주리고 목마른 사람도 행복하다고 말합니다. 하느님이 베푸신 우리 인생이기에 신앙인은 자기도 이웃에게 베푸는 노력을 합니다. 성서가 말하는 의로움은, 하느님이 베푸셨기에 우리도 베푸는 데 있습니다.

복음서는 마음이 깨끗한 사람과 평화를 이룩하는 사람이 행복하다고 말합니다. 마음이 깨끗한 사람은 욕심이 없는 사람입니다. 평화를 이룩하는 사람은 자기 기준으로 사람들에게 강요하지 않는 사람입니다. 하느님이 함께 계시기에 신앙인은 자기를 기준으로 주변을 보지 않습니다.

잘 먹고 잘살며 자기를 사람들 앞에 과시할 수 있다고 사람답게 사는 것이 아닙니다. 내 한 몸 편하게 살 수 있다고 사람의 도리를 다하는 것도 아닙니다. 내가 이웃보다 더 강하고 더 높다고 성공한 것도 아닙니다. 신앙인은 함께 계신 하느님이 자신의 삶 안에 살아 계시게 하는 사람입니다. 신앙인은 소금과 같이 스스로를 긍정하지 않고 내어 주어서, 하느님으로 말미암은 섬김을 세상이 맛보게 합니다. 신앙인은 빛과 같이 자신을 소모하고 욕심의 어둠을 사라지게 하여, 하느님으로 말미암은 자유가 어떤 것인지 남들이 보게 합니다.

그리스도 신앙인은 하느님께 기도하여 자기 소원을 성취하려 하지 않습니다. 신앙인은 하느님으로 말미암은 자유를 누리는 사람입니다. 신앙인은 예수님께 배워서 참자유를 실천합니다. 우리의 실천은 주변 사람들에게 영향을 줍니다. 그래서 "여러분은 세상의 소금입니다", "여러분은 세상의 빛입니다"라는 말씀들이 있습니다. 사랑과 보살핌과 용서로 사람들의 삶의 맛을 바꾸어야 한다는 말씀입니다. 우리가 실천하는 사랑과 보살핌과 용서가 이웃에게 새 빛이 되어야 한다는 말씀입니다.

예수와 율법

함께 계시는 하느님의 시선으로

"내가 율법이나 예언자들의 말을 혁파하러 온 줄로 여기지 마시오. 혁파하러 온 것이 아니라 오히려 완성하러 왔습니다. 진실히 여러분에게 이르거니와, 하늘과 땅이 사라질 때까지, 모든 일이 이루어질 때까지 율법에서 한 자 한 획도 사라지지 않을 것입니다. 그러므로 이 가장 작은 계명들 가운데 하나라도 어기거나 그렇게 사람들을 가르치는 자는 하늘나라에서 가장 작은 자라 불릴 것입니다. 그러나 그대로 행하고 가르치는 사람이야말로 하늘나라에서 큰 사람이라 불릴 것입니다. 여러분에게 말하거니와, 여러분의 의로움이 율사들과 바리사이들의 의로움보다 더 넘치지 않으면 여러분은 하늘나라에 들어

가지 못할 것입니다.'"'살인하지 말라. 살인하는 자는 재판에 넘겨질 것이다' 하고 옛사람들에게 말씀하신 것을 여러분은 들었습니다. 그러나 나는 여러분에게 말합니다. 자기 형제에게 성을 내는 사람은 누구나 재판에 넘겨질 것이며 또 자기 형제더러 바보라고 하는 사람은 최고 의회에 넘겨질 것이고 어리석은 놈이라고 하는 사람은 불붙는 지옥에 넘겨질 것입니다. 그러므로 당신이 제단에 예물을 갖다 바치려 할 때에 형제가 당신에게 어떤 원한을 품고 있는 것이 거기서 생각나거든 당신의 예물을 거기 제단 앞에 두고 먼저 물러가서 당신 형제와 화해하시오. 그다음에 와서 당신의 예물을 바치시오. 당신이 송사 적수와 함께 길을 가는 동안에 얼른 그와 화해하시오. 그렇지 않으면 적수가 당신을 재판관에게 넘기고 재판관은 하인에게 넘겨 당신은 감옥에 갇힐 것입니다. 진실히 당신에게 이르거니와, 마지막 한 닢까지 갚기 전에는 결코 거기서 나오지 못할 것입니다.'"'간음하지 말라' 하고 말씀하신 것을 여러분은 들었습니다. 그러나 나는 여러분에게 말합니다. 남의 아내를 탐내어 바라보는 사람은 누구나 이미 제 마음으로 그와 간음했습니다. 당신의 오른눈이 당신을 걸려 넘어지게 하거든 그것을 빼어 당신에게서 내던지시오. 당신의 지체 하나가 없어지더라도 당신의 온몸이 지옥에 던져지지 않는 것이 당신에게 이롭습니다. 당신의 오른손이 당신을 걸려 넘어지게 하거든 그것을 찍어 당신에게서 내던지시오. 당신의 지체 하나가 없어지더라도 당신의 온몸이 지옥으로 들어가지 않는 것이 당신에게 이롭습니다.'"'자기 아내를 버리는 사람은 그에게 이혼장을 써 주어라' 하고 말씀하셨습니다. 그러나 나는 여러분에게 말합니다. 음행한 경우를 제외하고 자기 아내를 버리는 자는 누구나 그로 하여금 간음하게 하는 것입니다. 또한 버림받은 여자와 결혼하는 자도 간음하는 것입니다.' "'거짓 맹세를 하지 말라. 너의 맹세대로 주님께 해 드려라' 하고 옛사람들에게 말씀하신 것을 여러분은 또한 들었습니다. 그러나 나는 여러분에게 말합니다. 아예 맹세하지 마시오. 하늘을 두고도 맹세하지 마시오. 하느님의 옥좌이기 때문입니다. 땅을 두고도 맹세하지 마시오. 그분의 발판이기 때문입니다. 예루살렘을 두고도 맹세하지 마시오. 크신 임금님의 도성이기 때문입니다. 당신의 머리를 두고도 맹세하지 마시오. 당신은 머리카락 하나도 희게 하거나 검게 할 수 없기 때문입니다. 여러분은 말을 할 때 '예' 할 것은 '예' 하고, '아니요' 할 것은 '아니요' 하시오. 여기에 더 보태는 것은 악한 자에게서 나오는 것입니다."

(마태 5,17-37)

"내가 율법이나 예언자들의 말을 혁파하러 온 줄로 여기지 마시오. 혁파하러 온 것이 아니라 오히려 완성하러 왔습니다." 예수님의 말씀입니다. 그리고 복음은 율법을 완성하는 것이 무엇인지 설명합니다. 이스라엘이 율법을 갖게 된 것은 하느님이 사람들과 함께 계시는 사실을 깨닫고, 그 함께 계심을 살도록 하기 위한 것이었습니다. 그 사실을 깨달은 모세가 함께 계신 하느님을 존중하며 살기 위한 지침으로 율법을 열 가지로 나누어 만들었습니다. 기원전 1200여 년 전의 일입니다. 우리가 십계명이라 부르는 것의 기원입니다. 또 이것이 유다교에 율법이 있게 된 경위입니다. 후에 이스라엘이 가나안 땅에 정착하여 안정되면서, 그 십계명을 더 발전시켜 여러 상황을 가상하여 조항을 많이 늘렸습니다.

율법은 그 시대 인간이 겪을 수 있는 상황들에 대한 실천 지침입니다. 이스라엘의 예언자들이 사라지고 기원전 4세기 이후에 유식한 사람들로 여겨지던 율사가 등장하여 직업적으로 율법 해석을 하였습니다. 그들의 등장으로 율법 조항들이 많아졌습니다. 인간 삶의 여러 상황을 가상하여, 사람들이 율법을 철저히 지키도록 하려는 조치였습니다. 그때부터 율법 지키기에 골몰한 이스라엘은 율법의 의미를 차차 잊어버리고, 엄격히 지키는 데만 신경을 썼습니다. 하느님이라는 숲은 잊어버리고, 율법 조항이라는 나무에만 시선을 빼앗긴 꼴이 되었습니다. 율사들은 율법의 자구字句를 절대화하여 철저히 지킬 것만 사람들에게 요구했습니다.

예수님은 율법에 대한 유다인들의 그런 자세를 비판하셨습니다. 그분은 율법이 함께 계시는 하느님에게로 시선을 향하게 해야 한다고 믿었습니다. 그래서 예수님은 "여러분의 의로움이 율사들과 바리사이들의 의로움보다 더 넘치지 않으면 여러분은 하늘나라에 들어가지 못할 것입니다"라고 말씀하십니다. 율법 지키기만 강조하면서 율사들과 바리사이들이 잊어버린 하느님을 되찾아, 하느님을 중심으로 한 의로움을 실천하라는 말씀입니다.

복음에서 예수님은 율법 조항 몇 개를 해석해 보이십니다. 율법은 "살인하지 말라"고 말하지만, 사람을 죽이는 일만이 아니라, 사람을 미워하고 사람에게 해를 끼치는 어떤 행위도 하지 않아야 한다는 말씀입니다. 함께 계시는 하느님을 소중히 생각하는 사람은 그분의 뜻을 소중히 생각하고 행동합니다. 하느님은 사람을 미워하거나 해치지 않으십니다. 그와 반대로 하느님은 사람에게 자비로우십니다. 우리가 다른 사람과 나를 대립시켜 생각하는 것은, 하느님이라는 숲을 보지 못하기 때문입니다. 우리는 하느님 안에 함께 사는 사람들입니다. 그래서 하느님을 아버지라 부릅니다. 하느님이 아버지이시면, 이웃은 모두 형제자매입니다. 형제자매는 서로 위해 주고 사랑하며 축복하는 관계입니다.

예수님은 "간음하지 말라"는 율법을, 이성異性을 바라보는 눈을 새롭게 하라는 것으로 해석하십니다. 자기 욕구를 기준으로 이성을 볼 것이 아니라, 함께 계시는 하느님을 기준으로 이성을 보아야 합니다. 하느님은 축복하고 배려하십니다. 그렇다면 이성을 보는 우리의 시선도 축복하고 배려하는 것이 되어야 합니다. 그 시대 유다인들의 관행인 이혼법에 대해서도 예수님은 말씀하십니다. 남성 위주 사회였던 그 시대 이혼법은, 아내가 싫어지면 남편이 이혼장을 써 주고 내보냅니다. 이것은 유목민 생활 중에 좁은 천막 안에서 여성이 학대받지 않는 유일한 길이었습니다. 예수님은 배려하시는 하느님의 시선으로 배우자를 바라보라고 말씀하십니다.

예수님은 "거짓 맹세를 하지 말라"는 율법도 해석하십니다. 거짓 맹세뿐 아니라 맹세 자체를 하지 말라고 말씀하십니다. 인간이 자기 말을 절대 기준으로 삼겠다는 것이 맹세입니다. 예수님은 우리의 말이나 행위를 절대화하지 말고, 하느님을 절대적인 분으로 생각하라고 하십니다.

율법은 사람들이 만든 것입니다. 구약성서가 하느님이 주신 율법이라고 말하는 것은 함께 계시는 하느님을 자각하면서 사람들이 만든 법이라는 뜻입니다. 함께 계시는 하느님을 존중하고, 그분 기준으로 그 시대 사람들이 살기 위해 만들어진 삶의 지침입니다. 따라서 시대가 달라지면 새롭게 표현될 수 있는 지침입니다. 같은 하느님이지만 우리의 의식 수준이 달라지면 그분과 함께 사는 방식도 달라집니다. 사람들이 무지몽매했을 때는 높은 사람이 시키는 대로 순종하며 살았습니다. 그때의 신앙은 교회가 주는 교리를 믿고, 교회의 계명을 지키며, 성직자들에게 순종하는 것이었습니다. 그러나 오늘은 사람들 각자 자신이 필요한 정보를 얻어 자유롭게 선택하며 삽니다. 오늘의 신앙생활은 각자가 하느님에 대해 듣고 자유롭게 선택하여 하느님의 뜻을 살아야 합니다. 하느님은 축복하고 배려하시는 분이므로, 신앙인도 각자 자기 방식대로 그 축복과 배려를 실천합니다. 옛날 사람들은 두려워해야 할 일이 많았습니다. 그들은 각종 재해를 하느님이 내린 벌이라고 믿었습니다. 그러나 오늘 우리는 자연재해가 자연의 어떤 조화로 발생하는지 알고 있습니다.

하느님은 우리를 지배하고 자유를 제한하지 않으십니다. 율법은 우리의 자유를 제한하기 위해 하느님이 주신 것이 아니라, 함께 계시는 하느님을 중심으로 살게 하기 위한 것이었습니다. 하느님은 우리가 이웃을 축복하고, 배려하고, 사랑하며 살길 원하십니다. 그것이 참으로 자유롭게 사는 길이고, 율법을 완성하는 길입니다. 이웃과 경쟁하고 비난하는 마음은 자유롭지 못한 마음입니다. 하느님은 우리 앞에 자유로운 세계를 열어 주셨습니다.

이 세상에는 고통, 곧 십자가가 있습니다. 그것은 인간의 자유나

마태오복음서

대자연이 만드는 그늘입니다. 사람들이 자유를 잘못 사용하거나 대자연의 조화가 틀어져서 생기는 그늘입니다. 예수님의 십자가는 그시대 유다교 지도자들이 그들의 자유를 잘못 사용해서 발생한 그늘입니다. 예수님은 "아버지께서 원하시는 대로 하소서"라고 기도하며, 그 그늘인 죽음을 감수하셨습니다. 그리스도 신앙 공동체는 십자가를 지고 예수님을 따른다고 고백합니다. 비록 그런 그늘들이 있어도, 우리는 이웃을 축복하고 배려하고 사랑하며, 하느님으로 말미암은 참자유를 살겠다고 고백하는 것입니다.

원수도 사랑하라

하느님으로 말미암아 발생하는 새로운 실천

"'눈에는 눈으로 이에는 이로' 하고 말씀하신 것을 여러분은 들었습니다. 그러나 나는 여러분에게 말합니다. 악한 사람에게 맞서지 마시오. 오히려 누가 당신의 오른편 뺨을 때리거든 그에게 다른 편 뺨마저 돌려 대시오. 당신을 재판에 걸어 당신의 속옷을 가지려는 사람에게는 겉옷마저 내주시오. 누가 당신에게 천 걸음을 가자고 강요하거든 그와 함께 이천 걸음을 가시오. 당신에게 청하는 사람에게는 주고, 당신에게 꾸려는 사람은 물리치지 마시오." "'네 이웃을 사랑하고 네 원수를 미워하라' 하고 말씀하신 것을 여러분은 들었습니다. 그러나 나는 여러분에게 말합니다. 여러분의 원수들을 사랑하고, 여러분을 박해하는 사람들을 위하여 기도하시오. 그래야만 여러분은 하늘에 계신 여러분 아버지의 아들이 될 것입니다. 그분은 악한 사람들에게나 선한 사람들에게나 당신의 해를 떠오르게 하시고, 의로운 사람들에게나 의롭지 못한 사람들에게나 비를 내려 주시기 때문입니다. 사실 여러분을 사랑하는 사람들만 사랑한다면 여러분이 무슨 보수를 받겠습니까? 세리들도 그만큼은 하지 않습니까? 그리고 여러분의 형제들에게만 인사한다면 여러분이 무엇을 더 낫게 한단 말입니까? 이방인들도 그만큼은 하지 않습니까? 그러니 여러분의 하늘의 아버지께서 완전하신 것같이 여러분도 완전해야 합니다." (마태 5,38-48)

하느님이 함께 계신다는 사실을 우리가 의식하면, 우리 앞에 어떤 전망이 펼쳐지는지 알려 주는 말씀입니다. 유다인의 율법을 비롯하여 인류가 지키는 법들이 열어 주는 시야를 훨씬 능가하는 전망이 하느님으로 말미암아 열린다는 말씀입니다. "눈에는 눈으로 이에는 이로"라는 말은 기원전 18세기의 인류 최초 법전인 「함무라비법전」에 나오는 '동태복수법'同態復讐法을 일컫는 말입니다. 그것은 고대사회가 질서를 유지하는 데 필요했던 법입니다. 잘못한 사람에게는 그에 비례하여 보복하라는 법입니다. 보복당할 것이 두려워 이웃에게 피해를 주지 못하게 하는 법입니다. 예수님은 보복이 두려워 유지되는 사회질서를 훨씬 능가하는 더 완전한 질서를 열어 보여 주십니다.

예수님은 말씀하십니다. "누가 당신의 오른편 뺨을 때리거든 그에게 다른 편 뺨마저 돌려 대시오." 그 말씀대로 하면, 이 세상에 남아날 뺨이 있겠는가 묻고 싶은 말씀입니다. "당신의 속옷을 가지려는 사람에게는 겉옷마저 내주시오." 속옷 내주고 겉옷마저 내주면 완전 알몸이 되고 맙니다. 그러면 세상은 나체촌이 되고 말 것입니다. "누가 당신에게 천 걸음을 가자고 강요하거든 그와 함께 이천 걸음을 가시오." 천 걸음을 강요하는 사람에게는 천 걸음만 가 주면 되지, 그 이상 가겠다고 고집하면 그야말로 뺨 맞을 일입니다. 그런데 왜 이천 걸음을 가 주라는 말씀인지 묻고 싶습니다.

예수님은 새 법을 선포하지 않았습니다. 예수님은 법을 가르치는 율사도 아니고, 법을 집행하는 통치자도 아니었습니다. 예수님은 하느님에 대해 말씀한 예언자였습니다. 따라서 이 복음도 하느님으로 말미암아 발생하는 새로운 실천이 무엇인지 알리는 예언자의 말씀입니다. 한마디로 어떤 사람과도 대립 관계에 들어가지 말라는 말씀입니다. 자기중심으로 이해타산을 따지지 말고, 혼연한 마음으로 스스로를 내어 주는 삶을 살라는 말씀입니다. 우리의 생존은 하느님이 베푸신 것이고, 이웃과도 함께하라는 것임을 염두에 두고 실천하며 살라는 말씀입니다.

'이웃을 사랑하고 원수를 미워하는 것'은 인간이 자기 생존을 안전하게 지키는 처세법입니다. 내 생존에 도움이 되는 사람을 가까이 하고, 해가 되는 사람을 멀리하는 처세법입니다. 동물이 지닌 기본 자세이기도 합니다. 예수님은 그것과 전혀 다른 처세법을 가르치셨습니다. 원수도 사랑하는 처세법, 곧 하느님의 처세법입니다. 그것이 '하늘에 계신 하느님의 자녀로' 사는 길이라는 말씀입니다. 이어서 예수님은 하느님이 어떤 분인지도 말씀하십니다. 하느님은 "악한 사람들에게나 선한 사람들에게나 당신의 해를 떠오르게 하시고, 의로운 사람들에게나 의롭지 못한 사람들에게나 비를 내려 주십니다".

예수님은 하느님에 대해 말씀하시면서 그분이 하시는 바를 스스로 실천하셨습니다. 그래서 초기 신앙 공동체는 그분을 하느님의 생명을 산 아들이라 불렀습니다. 예수님은 하느님이 악을 악으로 극복하지 않으신다고 믿었습니다. 그 시대 유다교 지도자들은 하느님이 악을 악으로 갚는다고 가르쳤고, 인간이 겪는 모든 불행은 하느님이 주신 벌이라고 해석했습니다. '눈에는 눈으로 이에는 이로'라는 동태복수법은 인류가 만든 모든 법률의 기본 정신입니다. 현대사회에서는 피해자가 가해자에게 복수하게 하지 않고, 국가 공권력이 대신 벌을 줍니다. 동태복수법의 정신은 사람들의 마음 안에 아직도 살아 있습니다. 그 정신에 익숙한 우리는 가해자에게 악행에 비례하여 벌을 주어야 한다고 생각하며, 그것을 잘하는 사회를 정의로운 사회라고 말하기도 합니다. 하느님은 악을 악으로 갚지 않으십니다. 상선벌악 교리는 인간의 잣대로 하느님에 대해 상상하여 나온 이론입니다.

예수님이 가르친 것은 흔히 말하는 인도주의적 박애주의가 아니었습니다. 예수님이 당신의 시야에서 잃지 않았던 것은 하느님이었습니다. 악은 하느님 안에 없습니다. 악을 악으로 퇴치하며 질서를 보장하겠다는 생각은, 하느님을 외면하고 인간 질서 안에 있겠다는 것입니다. 하느님의 뜻을 이루겠다는 하느님의 자녀는 가질 수 없는 생각입니다.

정의를 부르짖으며 남을 성토하고 비난하는 것은 그리스도적인 것이 아닙니다. 그것도 일종의 복수입니다. 하느님이 베푸셔서 우리의 생존이 있기에, 우리가 추구하는 질서도 당연히 베푸심으로 채색된 것이라야 한다고 예수님은 가르쳤습니다. 자비, 사랑, 용서 등을 기본 질서로 한 인류가 되어야 한다는 것이 그분의 생각입니다. 불의하게 주어진 십자가 앞에서도 비난하고 시위하며 성토하지 않고, 아버지의 뜻이 이루어지길 빌며 그것을 감수한 예수님입니다.

우리는 세례를 받으면서 하느님의 자녀가 되어 살겠다고 약속했습니다. 세례는 한순간에 우리를 하느님의 자녀로 만들어 주는 마술이 아닙니다. 자유를 지닌 인간입니다. 하느님의 자유를 배워 살겠다는 그리스도 신앙인입니다. 자녀가 부모에게서 태어나고 부모의 호적에 이름이 올랐기에, 그 부모의 자녀가 되어 사는 것이 아닙니다. 태어난 생명은 인간으로 사는 법을 부모로부터 배우면서 그 부모의 자녀가 됩니다. 인간이 자유롭게 사는 것이 어떤 것인지 배운다고 하겠습니다. 우리가 하느님의 자녀가 되는 것도 마찬가지입니다. 예수님이 보여 주신 하느님을 배워 그분의 자유를 실천하면서 그분의 자녀가 되는 것입니다.

그리스도 신앙은 하느님의 생명이 우리의 자유 안에 살아 있게 하는 운동입니다. 그래서 신앙인은 "아버지의 나라가 오시며, 아버지의 뜻이 땅에서도 이루어지게" 하겠다고 기도합니다. 하느님의 뜻을 이루는 우리의 자유를 펼치며 살겠다는 기도입니다. 하느님의 자비와 사랑과 용서가 우리 삶의 모든 순간에 살아 숨 쉬게 하겠다는 것입니다. 하느님의 완전하심을 우리가 배워 사는 것입니다.

자비와 사랑과 용서는 나약하고 무력한 인간이 하는 일이 아닙니다. 부모가 나약해서 자녀를 사랑하고 용서하는 것이 아닙니다. 부모는 자녀와 경쟁 관계에 있지도 않고, 자녀 앞에서 나약하여 포기하지도 않습니다. 부모는 자녀에게 베풀고 도움이 되면서 행복합니다. 부모는 의식하든 의식하지 못하든, 자녀 앞에서 하느님으로부터 기원한 삶을 삽니다. 부모는 돌보고 가엾이 여기고 베풀면서 행복합니다. 그것이 하느님의 생명이 하는 일이고, 복음이 우리 앞에 펼쳐 보이는 하느님으로 말미암은 새 전망입니다.

자선과 단식에 대한 가르침

예수님의 숨결이 우리 안에 살아 계시도록

"여러분은 사람들에게 보이려고 그들 앞에서 의로움을 행하지 않도록 조심하시오. 그렇지 않으면 하늘에 계신 여러분의 아버지에게서 보수를 받지 못합니다. 그러므로 당신이 자선을 베풀 때에는, 위선자들이 사람들에게 칭찬받으려고 회당과 골목에서 행하듯이 스스로 나팔을 불지 마시오. 진실히 여러분에게 이르거니와, 그들은 이미 자기들의 보수를 받았습니다. 당신이 자선을 베풀 때에는 당신의 오른손이 무엇을 하는지 당신의 왼손이 모르게 하시오. 그리하여 당신의 자선이 숨겨져 있게 하시오. 그러면 숨은 일도 보시는 당신의 아버지께서 당신에게 갚아 주실 것입니다." "여러분이 기도할 때에도 위선자들처럼 하지 마시오. 그들은 사람들에게 드러나 보이려고 회당과 거리 모퉁이에 서서 기도하기를 좋아합니다. 진실히 여러분에게 이르거니와, 그들은 이미 자기들의 보수를 받았습니다. 당신이 기도할 때에는 골방에 들어가 문을 닫은 다음, 숨어 계시는 당신 아버지께 기도하시오. 그러면 숨은 일도 보시는 당신의 아버지께서 당신에게 갚아 주실 것입니다." "여러분은 단식할 때에 위선자들처럼 침통한 표정을 짓지 마시오. 사실 그들은 단식하고 있다는 것을 사람들에게 드러내려고 자기들의 얼굴을 찌푸립니다. 진실히 여러분에게 이르거니와, 그들은 이미 자기들의 보수를 받았습니다. 당신이 단식하려거든 당신 머리에 기름을 바르고 당신의 얼굴을 씻으시오. 그리하여 당신이 단식하고 있다는 것을 사람들에게 드러내지 말고 숨어 계시는 당신 아버지께 드러내시오. 그러면 숨은 일도 보시는 당신의 아버지께서 당신에게 갚아 주실 것입니다."(마태 6,1-6.16-18)

초기 그리스도 신앙인들은 부활 축일을 앞두고 사흘간 단식하고 기도하며, 이웃에게 자선을 베푸는 데 특별한 노력을 기울였습니다. 이 세 가지인 단식과 기도와 자선을 실천하며, 그들은 예수님의 부활에 자신도 참여한다고 믿었습니다. 4세기 초에 로마제국이 그리스도 신앙의 자유를 허락하자, 교회는 그 사흘간의 실천을 40일로 늘렸습니다. 그것이 오늘의 사순 시기입니다. 그들이 40일을 택한 것은 예수님이 광야에서 40일 동안 단식하셨다는 복음서의 기록과, 그들도 예수님의 고행에 참여하겠다는 뜻을 담아 결정한 일이었습니다.

사순 시기의 역사가 그렇게 긴 반면, 재의 수요일 역사는 짧습니다. 모든 신자에게 재를 뿌리는 전례는 15세기부터 시작됐습니다. 재는 허무함을 상징합니다. 전례에서 우리는 머리에 재를 뿌리면서 "사람아, 흙에서 왔으니 흙으로 돌아갈 것을 생각하라"는 말씀을 듣습니다. 이것은 창세기(3,19)에서 가져온 말씀입니다. 하느님을 외면한 인간이 자신을 선과 악의 최종 기준으로 삼고자 했을 때, 하느님이 인간에게 하셨다는 말씀입니다. 하느님이 인간을 창조하실 때에 불어넣으신 당신 숨결이 사라지면, 흙이나 재와 같이 허무한 인생이 된다는 말씀입니다. 우리는 세례를 받을 때, 허례허식을 끊어 버리고 하느님의 숨결인 성령을 모시고 살겠다고 약속하였습니다. 사순 시기는 그때 한 그 약속을 마음속에 되새기며, 성령이 우리 안에서 행하시는 하느님의 일을 실천하며 살겠다고 다짐하는 시기입니다.

우리는 하느님의 숨결이 우리 안에 주어졌다는 사실을 쉽게 잊어버립니다. 우리는 자신을 소중히 생각하며, 자기를 기준으로 모든 일을 판단하고자 합니다. 나의 편안함과 나의 미래가 보장되어야 합니다. 우리가 일반적으로 성공한 삶이라고 말할 때, 그것은 우리 자신과 우리 주변을 잘 가꾸어서 자신이 중요하게 평가받도록 처신하는 삶을 의미합니다. 우리 자신이 주변 사람들의 주목을 받고 그들의 중심이 되어 살 수 있을 때, 우리는 성공했다고 말합니다. 그것을 위해 우리는 재물도 모으고, 지위도 권력도 얻으려 노력합니다.

우리가 하느님을 찾는 것도, 그분의 힘을 빌려 우리 삶의 성공을 거두기 위한 것이라 생각할 수 있습니다. 우리가 성공해서 훌륭한 사람으로 대우받도록 해 주는 분이 하느님이라고 생각할 수 있습니다.

마태오복음서

우리가 오늘 머리에 재를 뿌리는 것은, 우리 안에 하느님의 숨결이 살아 계시지 않으면 우리는 재와 같이 헛된 존재라는 사실을 고백하는 것입니다. 흙에서 와서 흙으로 돌아가는 인간입니다. 하느님이 창조하실 때 우리에게 주신 당신의 숨결을 우리의 삶 안에 살아 계시게 하여 하느님의 자녀로 살겠다는 결심을 유도하는 것이 재의 수요일에 행하는 전례입니다.

창세기 2장은 하느님이 진흙을 빚어 사람의 모상을 만드시고, 그 코에 당신 숨결을 불어넣으셨더니 살아 있는 인간이 되었다고 말합니다. 그 인간이 하느님을 외면하고, 자기를 중심으로 선과 악을 판단하는 사람이 되고자 했습니다. 그 사실을 창세기는 인간이 선과 악을 알 수 있는 나무 열매를 먹었다고 말합니다. 그러자 창세기는 하느님의 입을 빌려 "흙에서 난 몸이니 흙으로 돌아가야 한다"고 말합니다. 인간이 자신을 중심으로 살면, 하느님의 숨결이 사라지고 흙에서 난 인간밖에 남지 않는다는 말씀입니다.

요한복음서는 부활하신 예수님이 발현하셔서 제자들에게 숨결을 불어넣으셨다(20,22)고 말합니다. 그리스도인은 예수님의 숨결로 살아야 한다는 말입니다. 우리는 예수님이 하신 일들을 실천하면서 그분의 숨결을 삽니다. 예수님은 당신 자신을 소중히 생각하고, 당신 한 사람을 위해 살지 않으셨습니다. 그분은 하느님을 아버지라 부르면서 하느님의 일, 곧 주변의 생명들을 고치고 살리고 용서하는 일을 하며 사셨습니다. 예수님은 하느님의 자비와 사랑을 실천하다가 당신 목숨을 잃기까지 하셨습니다.

사순 시기는 예수님의 숨결이 우리 안에 살아 계시게 하여, 우리

미켈란젤로 「아담의 창조」(부분) 1508~1512년, 바티칸 시스티나 성당 천장화

도 하느님의 자녀로 사는 길을 배우는 시기입니다. 이를 위해 복음서가 기록될 당시부터 사람들에게 권장된 것이 단식, 자선, 기도입니다. 앞의 복음도 이 세 가지를 가식 없이 진실되게 실천하라고 말하였습니다. 하느님이 우리 삶의 중심에 살아 계시게 하는 데 필요한 세 가지 수행입니다.

단식은 모든 종교에 있는 수행입니다. 단식은 먹고 마시던 일상의 일을 잠시 중단하는 것입니다. 먹고 마시는 일상보다 더 중요한 것이 우리 인생에 있다는 사실을 깨닫게 하는 수행입니다. 함께 계시는 하느님이 우리 삶의 참다운 보람이라는 사실을 우리로 하여금 자각하게 합니다. 이 지구상에는 많은 생명이 아직도 배고픔에 시달리고 있습니다. 잠시나마 그들의 고통에 참여하며, 그들도 우리와 함께 하느님의 자녀라는 사실을 자각하는 수행이기도 합니다.

자선은 하느님의 자비를 실천하는 수행입니다. 우리 안에 하느님의 숨결이 살아 계시는 사실을 자각하고, 그분이 하시는 일을 우리도 실천하는 것입니다. 하느님이 베푸시는 분이니, 우리도 그 베풂을 실천하는 것입니다. 이것이 예수님이 하신 일이었고, 그분의 숨결이 우리 안에 계셔서 나타나는 실천입니다. 우리가 베푸는 것은 돈이나 물질만이 아닙니다. 우리에게 소중한 시간, 우리의 정성, 우리의 지식과 기술도 우리가 이웃을 위해 베풀 수 있는 좋은 것들입니다. 각자 자기만을 생각하고 바쁘게 사는 삭막하고 살벌한 이 세상에서, 이웃에게 친절하고 따뜻하게 다가가는 것도 훌륭한 베풂의 실천입니다.

기도는 하느님의 숨결이 우리 안에서 주인 되게 교감하는 시간입니다. 하느님의 자비가 우리 안에 흘러들게 하는 시간입니다. 우리 마음속에 살아 있는 사랑하는 사람들과, 우리 마음속에 죽어 있는 미워하는 사람들을 모두 하느님에게 보여 드리는 시간이기도 합니다. 하느님이 당신의 크신 자비와 사랑으로 그들을 위해 좋은 일을 하시도록, 그들을 하느님에게 내어 맡기는 시간이기도 합니다.

우리는 오늘 재를 머리 위에 뿌리면서, 우리가 흙에서 나서 흙으로 돌아간다는 사실을 다시 생각합니다. 우리 스스로를 삶의 중심으로 삼지 말아야 한다는 사실을 우리 마음에 새롭게 새깁니다. 우리는 오늘 하느님에게 기도합니다. 하느님이 오셔서 우리의 중심이 되시고, 우리의 숨결, 우리의 생명이 되어 주시도록 기도합니다. 하느님이 아버지로 우리와 함께 계셔서, 우리가 그분의 생명이 하시는 일을 배우고 실천할 것을 마음으로 다집니다.

하늘의 새와 들의 백합꽃

목숨을 보존하는 일보다 더 중요한 것

"아무도 두 주인을 섬길 수 없습니다. 사실 한편을 미워하고 다른 편을 사랑하거나 한편을 받들고 다른 편을 업신여길 것입니다. 여러분은 하느님과 재물을 함께 섬길 수는 없습니다." "그러므로 여러분에게 말하거니와, 여러분의 목숨을 위해 무엇을 먹을까 [혹은 무엇을 마실까] 또 여러분의 몸을 위해 무엇을 입을까 걱정하지 마시오. 목숨은 양식보다 더 소중하고 몸은 옷보다 더 소중하지 않습니까? 하늘의 새들을 눈여겨보시오. 그것들은 씨를 뿌리지도 않고 추수하지도 않을뿐더러 곳간에 모아들이지도 않습니다. 그러나 여러분의 하늘 아버지께서는 그것들을 먹여 주십니다. 여러분은 그것들보다 더

귀하지 않습니까? 여러분 가운데 누가 걱정한다고 해서 제 수명을 단한 시간인들 보탤 수 있습니까? 여러분은 왜 옷 걱정을 합니까? 들의 백합꽃들이 어떻게 자라는지 관찰해 보시오. 그것들은 수고하지도 않고 물레질하지도 않습니다. 그러나 여러분에게 말하거니와, 그 온갖 영화를 누린 솔로몬도 그것들 가운데 하나만큼 차려입지 못했습니다. 오늘 있다가 내일이면 아궁이에 던져질 들풀도 하느님께서 이처럼 입히시거든 여러분이야 더욱더 잘 입히시지 않겠습니까? 믿음이 약한 사람들아! 그러므로 여러분은 무엇을 먹을까 혹은 무엇을 마실까 혹은 무엇을 입을까 하면서 걱정하지 마시오. 이런 것은 다 이방인들이 힘써 찾는 것입니다. 여러분의 하늘 아버지께서는 이런 것이 다 여러분에게 필요하다는 사실을 알고 계십니다. 여러분은 먼저 [하느님의] 나라와 그분의 의로움을 찾으시오. 그러면 여러분은 이런 것들도 다 곁들여 받게 될 것입니다. 그러므로 내일을 걱정하지 마시오. 사실 내일은 그 나름대로 걱정하게 될 것입니다. 하루하루 그날의 괴로움으로 족합니다."(마태 6,24-34)

두 주인을 섬기지 못한다는 예수님의 말씀으로 복음이 시작됩니다. 하느님과 재물을 함께 섬기지 못한다는 말씀입니다. 이어서 복음은 자기 목숨을 보존하는 일에 너무 매달리지 말라고, 하늘의 새들과 들에 핀 꽃들을 예로 들어 말합니다. 새들은 먹는 일에 고민하지 않아도 먹고살며, 들에 핀 꽃들은 스스로 치장하지 않아도 아름답게 입었다는 말씀입니다. 따라서 신앙인은 먹고 마시는 일과 자기 명예를 찾는 일에 마음을 빼앗기지 말고, "먼저 하느님의 나라와 그분의 의로움을 찾기" 위해 노력하라는 말씀입니다. 이 복음은 우리가 투신하고 헌신해야 하는 것이 무엇인지 말합니다. 그것은 하느님의 나라와 그분의 의로움입니다.

인간은 하나의 생명체로서 먹고 마시며 삽니다. 인간은 사회성을 지녔기에 사회적 자리매김도 중요합니다. 그러나 신앙은 더 중요한 것이 인간에게 있다고 알립니다. 그것은 우리 생명의 기원이 하느님에게 있다는 사실을 깨달으면서 나타나는 가치관입니다. 복음은 그것을 '하느님의 나라와 그분의 의로움'이라고 표현합니다. 하느님의 나라는 하느님이 중심에 계신 삶입니다. 하느님이 중심에 계시면, 우리 실천에도 그분이 살아 계셔야 합니다. 복음이 '그분의 의로움'이라고 말하는 것은 함께 계시는 하느님을 의식하고 우리가 선택하는 실천을 의미합니다. 그것은 돌보고 가엾이 여기는, 배려와 사랑과 용서라는 말이 의미하는 삶의 실천들입니다.

복음은 시작하면서, 두 주인을 함께 섬기지 못한다는 원칙을 먼저 제시하였습니다. 한쪽을 떠받들면, 다른 한쪽은 업신여기게 마련이라는 것입니다. 하느님을 믿고 하느님만을 소중히 생각한다고 해도, 재물에 대한 우리의 욕심은 쉽게 사라지지 않는다고도 말합니다. 하느님에게 정성을 바쳐 그분의 사랑을 받으면, 그분이 재물을 많이 주신다고 믿을 수도 있습니다. 재물은 사람이 이 세상을 살아가는 데 필요한 것입니다. 그것을 가지면 살기 편할 뿐 아니라 사람들로부터 대우도 받습니다. 그 편리함과 그 대우에 마음을 빼앗긴 사람은 재물을 인생의 목적으로 착각하고, 오로지 그것을 향해 매진합니다. 그러면서 '하느님의 나라와 그분의 의로움'을 소홀히 합니다.

하느님은 인간을 자유롭게 살라고 창조하셨습니다. 동물이 식물보다 자유롭다고 말할 때, 그것은 동물이 원하는 것을 찾아 마음대로 움직일 수 있다는 의미입니다. 하느님이 인간을 자유로운 존재로 창조하셨다고 말하면서, 창세기는 "하느님께서 당신 모습으로 사람을 창조하셨다"(1,27)고 말합니다. 인간이 참으로 자유로운 것은 하느님이 하시는 일을 인간도 스스로 실천할 때라고 말하겠습니다. 창세기가 알리는 하느님의 모습은, 만물을 창조하시고 사람들을 번성하며 살라고 축복하시는 분입니다. 탈출기는 하느님을 "돌보아 주고 가엾이 여기는 선한"(33,19) 분이라고 말합니다. 예수님은 그 하느님에 대해 가르치면서, 그분이 고치고 용서하며 사랑하신다는 사실을 몸소 실천해 보이셨습니다. 예수님은 그것 때문에 유다교 지도자들의 미움을 받아 생명을 잃었습니다. 하느님에 대해 그분과 생각을 달리한 사람들이 그분을 제거하였습니다.

예수님을 거부하고 그분을 십자가에서 죽게 한 것은 유다교 지도자들이었습니다. 십자가 처형을 결정하고 집행한 사람은 로마 총독이었지만, 처형에 이르기까지 그분을 고발하며 공작한 것은 유다교 지도자들이었습니다. 예수님은 당신 죽음이 임박했을 때도 그들을 성토하거나 비난하지 않으셨습니다. 그분은 아버지의 뜻이 이루어지길 빌며 죽음을 향해 가셨습니다. 루카복음서는 한 걸음 더 나아가, 예수님이 당신을 죽이는 이들을 용서하시라고 하느님에게 기도하셨다고 말합니다(23,34). 사람이 사람을 죽이는 일은 인류 역사 안에 무수히 있었습니다. 예수님은 그런 역사 현장에서 "먼저 하느님의 나라와 그분의 의로움"을 찾는 신앙인의 모습을 보여 주셨습니다. 그것이 하느님을 아버지라 부르는 신앙인이 배워서 실천해야 할 모습입니다. 그것이 참으로 자유로운 인간, 곧 하느님 자녀의 모습입니다. 신앙인은 증오에 증오로 맞서지 않고, 하느님 나라의 질서인 가엾이 여기고 용서하는 질서를 살아야 합니다.

인류 역사에 출현한 많은 종교들은 인간이 물질의 노예가 되지 않고 살도록 가르칩니다. 입적하신 법정 스님으로 말미암아 각광받은 무소유無所有라는 주제가 있고, 우리 선비들이 과거에 살며 보여 준 청빈낙도淸貧樂道라는 경지도 있습니다. 모두가 종교적 직관을 배경으로, 인간이 참자유인으로서 추구하는 경지를 표현하였습니다.

그리스도 신앙은 무소유나 청빈낙도의 경지를 요구하지 않습니다. 재물을 가진 자와 갖지 못한 자가 있다는 사실을 비극으로 보지도 않습니다. 루카복음서가 전하는 '부자와 라자로' 이야기(16,19-31)에서, 복음은 부자와 가난한 사람이 있다는 사실을 비극이라 말하지 않고 '부자의 음식 상에서 떨어지는 [부스러기들로]' 라자로가 배를 채우지 못한 사실을 비극이라고 말합니다. 그리스도 신앙이 말하는 참다운 부자는 많이 가진 사람이 아니라, 가진 것을 나누어 관대하신 하느님의 일을 실천하는 사람입니다. 바오로 사도는 코린토 사람들에게 말합니다. "여러분은 온갖 너그러움을 베풀 수 있을 만큼 모든 면에서 부요하게 되었습니다. 그 너그러움은 우리를 통해서 많은 이에게 하느님께 대한 감사를 불러일으킬 것입니다"(2코린 9,11). 재물을 삶의 목적으로 삼지 말고, 하느님의 자비를 나타내는 도구로 삼으라는 말씀입니다.

사람은 쉽게 착각합니다. 신앙이 재물이나 명예를 얻기 위한 것이라고 착각하기도 합니다. 교회 공동체 안에서 어떤 역할을 맡은 사람은 그것이 섬김을 위한 것이라는 사실을 잊어버리고, 자기의 우월성을 나타낸다고 착각할 수도 있습니다. 그런 착각에서 우리를 깨어나게 하는 것이 그리스도인의 기도입니다. 기도는 자기 뜻이 이루어지길 비는 것이 아닙니다. 기도는 하느님을 아버지라 부르며, 그분이 우리 삶의 원리로 살아 계시길 빕니다. 우리가 아버지의 나라를 찾고 있는지 아니면 내 나라를 찾고 있지는 않은지, 아버지의 뜻이 이루어지길 찾고 있는지 아니면 우리 뜻을 이루기 위해 노력하고 있지는 않은지 반성하게 하는 것이 기도입니다. 하느님은 돌보고 가엾이 여기며, 사람들을 사랑하고 용서하시는 분이라는 사실도 우리가 기도 안에서 잊지 말아야 할 진리입니다. 우리가 하느님에게 간청할 것은 귀신이 들려 발작하는 아이의 아버지(마르 9,24)와 같이 우리 믿음의 부족을 도와달라는 것입니다.

아버지의 뜻을 행하는 사람

선한 실천 안에서 확인되는 하느님의 모습

"누구든지 나더러 '주님, 주님' 하는 사람마다 하늘나라에 들어가는 것이 아니고 하늘에 계신 내 아버지의 뜻을 행하는 사람이라야 들어갈 것입니다. 그날에 많은 사람들이 나더러 '주님, 주님, 우리가 당신 이름으로 예언을 하고, 당신 이름으로 귀신들을 쫓아내고, 당신 이름으로 많은 기적을 행하지 않았습니까?' 하고 말할 것입니다. 그때에 나는 그들에게 '나는 너희를 도무지 알지 못한다. 범법을 일삼는 자들아, 나에게서 물러가라' 하고 선언할 것입니다. 그러므로 누구든지 나의 이 말을 듣고 그대로 행하는 사람은 반석 위에 제 집을 지은 슬기로운 사람과 같을 것입니다. 비가 내려 큰물이 닥치고 또 바람이 불어 그 집을 들이쳤으나 무너지지 않았습니다. 그 집은 반석 위에 세워졌기 때문입니다. 하지만 누구든지 나의 이 말을 듣고도 그대로 행하지 않는 사람은 모래 위에 제 집을 지은 어리석은 사람과 같을 것입니다. 비가 내려 큰물이 닥치고 또 바람이 불어 그 집을 휘몰아치자 무너져 버렸습니다. 그것은 형편없이 허물어졌습니다." (마태 7,21-27)

하늘에 계신 아버지의 뜻을 실행하여 하느님의 나라에 들어가게 살라는 예수님의 말씀입니다. 복음은 "주님의 이름으로 예언을 하고, 주님의 이름으로 귀신들을 쫓아내고, 주님의 이름으로 많은 기적을 행하는" 것이 신앙이 아니라고도 말합니다. 예수님의 말씀을 듣고 실천하는 사람이 "반석 위에 제 집을 지은 슬기로운" 신앙인이라는 말도 있습니다.

　유다교는 하느님에 대한 모세의 깨달음으로 시작됐습니다. 모세는 하느님이 우리와 함께 계시다는 사실을 깨달았습니다(탈출 3,12), 그분이 우리와 함께 계시는 사실을 확인할 수 있는 장소는 우리의 실천입니다. 구약성서의 탈출기는 다음 이야기를 합니다. 모세가 기도 중에 하느님께 "당신의 영광을 보여 주십시오" 하고 청했습니다. 하느님은 답하십니다. "내 모든 선한 모습을 네 앞으로 지나가게 하며, 야훼라는 이름을 너에게 선포하리라. 나는 돌보고 싶은 자는 돌보아 주고 가엾이 여기고 싶은 자는 가엾이 여긴다"(33,19). 이웃을 '돌보아 주고 가엾이 여기는' 인간의 선한 실천들 안에서 하느님의 모습을 확인하라는 말입니다. 야훼라는 이름도 함께 '계시다'라는 동사에서 나

렘브란트 「십계명 판을 치켜든 모세」 1625~1669년경, 독일 베를린 국립 회화관

마태오복음서

온 것입니다. 인간이 직접 하느님의 모습을 볼 수는 없고, '돌보아 주고 가엾이 여기는' 선한 인간의 실천들 안에서 하느님을 알아보라는 말입니다. 이러한 원초적 체험을 중심으로 십계명과 율법이 나타나고, 사제 직분 및 유다교 제도들이 만들어졌습니다.

그러나 역사가 흐르면서, 사제들은 제물 바치기를 요구하고, 율사들은 율법 지키기를 강요하기에 이르렀습니다. 바치고 지키는 일에 시선을 빼앗긴 이스라엘은 '돌보아 주고 가엾이 여기는 선한' 사람들 안에 계시는 하느님을 잊어버렸습니다. 하느님에 대한 인식이 왜곡된 것입니다. 그러자 예언자들이 나타납니다. 이사야 예언자는 하느님의 이름으로 이렇게 말합니다. "무엇 하러 이 많은 제물을 나에게 바치느냐? … 더 이상 헛된 제물을 가져오지 말라 … 착한 길을 익히고 바른 삶을 찾아라. 억눌린 자를 풀어 주고, 고아의 인권을 찾아 주며, 과부를 두둔해 주어라"(1,11-17). 제물 바치기가 아니라, 억눌린 사람과 노동력이 없어 스스로 살아가지 못하는 고아와 과부를 "돌보아 주고 가엾이 여기는" 선한 실천을 하라는 말씀입니다.

아모스 예언자도 하느님의 입을 빌려 말합니다. "너희의 순례절이 싫어 나는 얼굴을 돌린다 … 너희가 바치는 … 제물이 나는 조금도 달갑지 않다 … 다만 정의를 강물처럼 흐르게 하여라. 서로 위로하는 마음, 개울같이 넘쳐흐르게 하여라"(5,21-24). 여기서 정의는 하느님이 '돌보아 주고 가엾이 여기는' 분이니, 우리도 '돌보아 주고 가엾이 여기는' 실천에 있습니다. 그 실천을 강물처럼 도도하게, 개울처럼 곳곳에 흐르게 하라는 말씀입니다.

이스라엘이 '돌보아 주고 가엾이 여기는' 하느님을 잊어버렸을 때, 예언자들이 나타났던 것입니다. 그들은 선하신 하느님의 일을 실천하여 하느님이 이스라엘 안에 살아 계시게 하자고 외쳤습니다. 예수님이 활동을 시작하셨을 때, 일부 이스라엘 사람들은 예수님도 예언자의 한 분이라 믿었습니다. 복음서들은 군중이 예수를 예언자로 생각하였다고 여러 곳에서 언급하였고, 예수님도 모세와 예언자들에 대해 여러 번 발설하셨습니다. 루카복음서가 전하는 부자와 라자로의 예화에서 "모세와 예언자들의 말도 듣지 않는다면 죽은 이들 가운데서 누가 다시 살아난다 해도 믿지 않을 것이다"(16,31)라고 예수님은 말씀하십니다. 부활하신 예수님이 엠마오로 가는 제자들에게 나타나셨을 때도, 그분은 "모세와 모든 예언자들의 기록에서부터 시작하여 성경 전체에서 당신에 관한 이야기를 들어 그들에게 설명해 주셨다"(루카 24,27)고 복음은 전합니다.

모세와 예언자들의 가르침은 예수님에게 이렇게 중요했습니다. 안식일 법 자체를 예수님은 절대적이라고 생각하지 않으셨습니다. "안식일이 사람을 위해서 생겼지, 사람이 안식일을 위해서 생기지는 않았습니다"(마르 2,27). 예수님의 말씀입니다. 예수님의 이 말씀들과 행동은 그 시대 유다인들에게는 하느님을 믿지 않는 것으로 보였습니다. 복음서들은 예수님이 안식일 법을 범하면서 사람들의 병을 고쳐 주었다고 말합니다. 예수님은 지키고 바칠 것을 요구하는 율법이 은폐해 버린 하느님을 사람들에게 다시 보여 주기 위해 노력하셨습니다. 율법으로 가려 버린 하늘에 구멍을 뚫어서 '돌보아 주고 가엾이 여기는' 선하신 하느님을 보여 주려 하신 것입니다.

예수님은 하느님을 '아버지'라 부르셨습니다. 하느님이 '돌보아 주고 가엾이 여기는' 분이라는 사실을 보여 주려고 사용한 호칭입니다. 그 시대 아버지라는 호칭에는 어머니도 포함됩니다. 자녀들을 돌보아 주고 가엾이 여기는, 아버지와 어머니 같은 하느님이라는 말입니다. 신앙인은 하느님이 하시는 일, 곧 '돌보아 주고 가엾이 여기는' 선한 실천을 함으로써 하느님의 자녀가 됩니다.

요한복음서는 예수님의 다음 말씀을 전합니다. "아버지께서 나를 사랑하신 것처럼 나도 여러분을 사랑했습니다. 여러분은 내 사랑 안에 머무시오 … 내가 여러분을 사랑한 것처럼 여러분도 서로 사랑하시오 … 내가 여러분에게 명하는 바는 이것입니다. 여러분은 서로 사랑하시오"(15,9-17). 예수님을 배우고 따르는 신앙인이라면, '돌보아 주고 가엾이 여기는' 선한 실천으로 이웃을 사랑해야 한다는 말씀입니다.

바오로 사도는 코린토 사람들에게 이 사랑을 다음과 같이 해석하여 설명하십니다. "사랑은 너그럽습니다 … 허세를 부리지 않으며 교만하지 않습니다. 사랑은 무례하지 않으며 … 분통을 터뜨리지 않습니다"(1코린 13,4-5). 그리스도 신앙인은 이 사랑을 실천하는 사람입니다. 그는 너그럽고, 허세를 부리지 않으며, 무례하지 않고, 분통을 터뜨리지도 않습니다. 그리스도 신앙인은 의로움을 구실로 사람을 비난하거나 폭로하며 고발하지 않습니다. 그런 행위들은 예수님이 남기신 유일한 계명인 '아버지께서 우리를 사랑하신 그 사랑이' 아니기 때문입니다. 남을 비난하고 성토하는 행위는 '하늘에 계신 아버지의 뜻'이 아니라, 저속한 우리 뜻을 이루려는 야심에서 나오는 것입니다. 예수님은 자비하신 하느님의 나라를 가르치셨습니다. "여러분의 아버지께서 자비로우신 것같이 여러분도 자비롭게 되시오"(루카 6,36).
하느님의 일을 실천하여, 우리 삶의 현장에 하느님이 살아 계시게 하
라는 말씀입니다. 이웃을 위한 우리의 사랑과 자비와 섬김으로 열리
는 것이 하느님의 나라입니다.

박해를 각오하라

스스로 죽어서 다른 사람을 살리는 질서

"사람들을 경계하시오. 그들이 여러분을 지방의회로 넘길 것이요, 그들의 회당에서 여러분에게 채찍질을 할 것입니다. 또한 여러분은 나 때문에 총독들과 임금들 앞에 끌려가 그들과 이방 민족들에게 증거하게 될 것입니다. 사람들이 여러분을 넘겨줄 때에 여러분은 어떻게 말할까 또는 무슨 말을 할까, 걱정하지 마시오. 여러분이 무슨 말을 할 것인지 그 시간에 일러 주실 것입니다. 사실 여러분이 말하는 것이 아니라 여러분 아버지의 영이 여러분 안에서 말씀하시는 것입니다. 형제가 형제를 넘겨주어 죽게 하고 아비도 자식을 그렇게 할 것입니다. 또한 자식들은 부모를 거슬러 들고일어나 그들을 죽일 것입니다. 여러분은 내 이름으로 말미암아 모든 사람에게 미움을 받을 것입니다. 그러나 끝까지 참고 견디는 사람이야말로 구원받을 것입니다." (마태 10,17-22)

한국인 첫 사제 김대건 신부님은 열여섯 어린 나이에 조국을 떠나 외국을 전전하며 어렵게 공부했습니다. 신부로 서품되고 귀국하여 국내에서 불과 8개월 동안 활동하다가 체포되어, 3개월의 옥고를 치른 후, 1846년 9월 16일 한강변 새남터에서 참수 순교하였습니다. 당시 그분은 겨우 스물여섯 살의 젊은 청년이었습니다.

그분이 집을 떠난 지 6년, 스물두 살의 신학생일 때에 조선에 입국하기 위하여 중국의 요동 땅에 머문 일이 있었습니다. 그때 조선에서 온 신자들로부터 자기 부모에 대한 소식을 들었습니다. 그는 파리 외방전교회 본부로 보낸 보고서에 그 소식을 다음과 같이 언급하고 있습니다. "저의 부모는 많은 고난을 당하여 부친은 참수로 순교하였고, 모친은 의탁할 곳이 없는 비참한 몸으로 교우들 가운데 떠돌아다닌다고 합니다." 사실 그의 부친 김제준은 아들을 떠나보내고 3년 뒤, 아들을 해외로 보낸 죄 때문에 참수형으로 순교하였습니다. 그때부터 그의 모친 우르술라는 의지할 곳 없는 몸이 되어 이 집 저 집을 떠돌며 살아야 했습니다.

그 후 그분이 신부가 되어 입국했다가 체포되어 서울 포도청의 옥에 있을 때, 죽음을 기다리면서 당시 조선교구 교구장 페레올 주교에게 작별 인사 편지를 쓴 것이 있습니다. 그 편지 마지막에 자기 모친을 부탁하는 내용이 적혀 있습니다. "저의 어머니 우르술라를 주교님께 부탁드립니다. 어머니는 10년이 넘는 세월 동안 아들을 보지 못하다가 한 차례 아들을 볼 수 있었습니다. 그러나 곧 다시 아들과 헤어져 살아야 했습니다. 슬퍼하실 어머니를 부디 위로하여 주십시오. 주교님의 발아래 엎드려 마지막 인사를 드립니다."

그리스도 신앙은 시초부터 순교자를 많이 배출하였습니다. 오늘 복음에는 초기 신앙인들이 겪었던 박해와 순교가 반영되어 있습니다. 예수님의 제자들은 모두 유다인이었고, 그들은 예수님이 돌아가신 다음에도 유다교 회당 집회에 참석했습니다. 그들은 십자가에서 돌아가신 예수님이 부활하여 살아 계시다고 집회에서 발언했다가 매를 맞고 쫓겨났습니다. 그들은 그런 과정을 거치면서 유다교와 결별하고, 독자적 공동체를 만들어 독립했습니다.

복음서들 곳곳에서 그들이 유다교와 결별하면서 겪어야 했던 고통의 흔적들을 볼 수 있습니다. 이 복음도 그중 하나입니다. 신앙인들이 '지방의회에 넘겨지고', '회당에서 채찍질당하며', '이방 민족들에게 증언할 것'이라고 말합니다. 바오로 사도는 코린토인들에게 보낸 편지에 "유다인들로부터는 사십 대에서 하나가 모자라는 매를 다섯 차례나 맞았다"(2코린 11,24)고 기록했습니다. 그런 박해는 처음부터 적대감을 가진 사람들로부터 오지 않았습니다. 복음은 말합니다. "형제가 형제를 넘겨주어 죽게 하고 아비도 자식을 그렇게 할 것입니다. 또한 자식들은 부모를 거슬러 들고일어나 그들을 죽일 것입니다." 그리스도 신앙인들은 가족의 혈연이 찢기고 친지들의 따뜻함이 미움으로 바뀌는 아픔을 체험했습니다. 한국의 순교자들도 같은 아픔을 겪었

「주중직심도」主中直心圖(124위 복자화) 2015년, 서울대교구 고덕동성당

마태오복음서

습니다. 그들은 신앙인이 되었다는 이유 하나로 가문에서 파문당하고, 가족들로부터 외면당하였습니다. 신앙인 한 사람이 발각되면 그 가문 전체가 고초를 겪어야 했습니다. 신앙인 한 사람이 체포되면 나머지 가족들은 노비로 전락하기도 하였습니다.

초기 신앙인들은 박해를 받으면서, 십자가에서 돌아가신 예수님을 따른다고 생각했습니다. 잡혀갔을 때 "어떻게 말할까 또는 무슨 말을 할까, 걱정하지 마시오"라는 말씀이 복음에 있습니다. 또 예수님의 입을 빌려 말합니다. "여러분이 말하는 것이 아니라 여러분 아버지의 영이 여러분 안에서 말씀하시는 것입니다." 신앙인들은 예수님 안에 하느님의 영이 살아 계셨듯이, 그들 안에도 아버지의 영이 살아 계셔서 말씀하신다고 믿었습니다.

초기 그리스도 신앙인들은 그렇게 죽음을 각오한 이들이었습니다. 초기 팔레스티나에서 그랬고, 19세기 우리나라에서도 그랬습니다. 신앙은 하느님의 자비와 용서를 실천하는 삶의 운동입니다. 죽기 위한 길이 아니라, 자비하신 하느님의 생명을 살기 위한 길입니다. 세상은 미워하고, 단죄하고, 벌주면서 질서를 유지합니다. 예수님 시대 유다교 기득권층도 율법을 철저히 지키고 성전 제사 의례에 충실하여 하느님의 벌을 피하고, 많은 축복을 받아야 한다고 가르쳤습니다. 그러나 예수님이 믿고 가르친 하느님은 달랐습니다. 하느님은 사람들이 당신의 자비와 용서를 실천하여, 당신의 자녀로 살길 원하십니다. 하느님에 대한 예수님의 가르침은 그 시대 유다교 신앙인에게는 혼란을 일으키는 것이었습니다. 그래서 예수님은 살해되었습니다.

그리스도 신앙이 우리나라에 들어온 것은 18세기 말입니다. 그 시대 조선의 조정은 유교적 질서를 지향하였습니다. 효孝와 충忠이 지상至上의 가치였습니다. 그리스도 신앙은 하느님을 중심으로 한 질서를 가르칩니다. 효와 충은 중요하지만 이차적이었습니다. 그런 이념적 이질감에 사분오열되어 다투던 그 시대 당파 싸움이 가세하여, 조선 조정은 그리스도 신앙을 사악한 종교로 낙인찍었습니다. 그래서 순교자 수가 2만 명에 육박합니다. 순교는 하지 않았어도 순교자 가족이기 때문에 고통을 겪어야 했던 분들까지 생각하면, 참 많은 생명이 희생당했습니다.

예수님이 가르친 하느님 나라의 질서는 하느님의 자비와 용서가 만드는 질서입니다. 그 질서는 인간 생명을 희생시키지 않습니다. 신앙인은 자발적 희생으로 이웃을 더 풍요롭고 더 자유롭게 살도록 합니다. 예수님은 죽음이 다가오자 혼자 나섰습니다. "당신들이 나를 찾고 있다면 이 사람들은 가게 버려두시오"(요한 18,8). 겟세마니에서 체포되면서 하신 말씀입니다. 예수님은 스스로 죽어서 다른 사람을 살리는 질서를 창립하셨습니다. 그것이 하느님 나라의 질서입니다. 교회 초기부터 신앙인들은 박해를 당하고 목숨을 잃으면서, 예수님이 선포하고 실천한 하느님 나라의 질서를 살았습니다. 그들에게 순교는 예수님을 따르는 길이었습니다. 그들은 죽음의 경계를 넘어서도 우리와 함께 계시는 하느님을 믿었습니다. 하느님의 자비를 실천하여 그분의 생명을 산 자녀는 하느님과 함께 살아 있습니다. 예수님이 돌아가시고 부활하셨다는 그리스도 신앙은 예수님과 함께 우리도 하느님 안에서 장차 살아 있을 것이라고 믿습니다.

마태오복음서

제자가 되는 길

하느님으로 말미암아 열리는 넓은 시야 안에서

"아버지나 어머니를 나보다 더 사랑하는 사람은 내 제자로 마땅하지 않습니다. 아들이나 딸을 나보다 더 사랑하는 사람도 내 제자로 마땅하지 않습니다. 자기 십자가를 받아들이지 않고 내 뒤를 따르지 않는 사람도 내 제자로 마땅하지 않습니다. 자기 목숨을 얻는 사람은 목숨을 잃을 것이요, 나 때문에 자기 목숨을 잃는 사람은 목숨을 얻을 것입니다." "여러분을 받아들이는 사람은 나를 받아들이는 것이요, 나를 받아들이는 사람은 나를 파견하신 분을 받아들이는 것입니다. 예언자를 예언자이기 때문에 받아들이는 사람은 예언자의 보수를 받을 것이요, 의인을 의인이기 때문에 받아들이는 사람은 의인의 보수를 받을 것입니다. 이 작은 이들 가운데 하나에게 제자이기 때문에 냉수 한 잔이라도 마시게 하는 사람은, 진실히 여러분에게 이르거니와, 자기 보수를 잃지 않을 것입니다." (마태 10,37-42)

"아버지나 어머니를 나보다 더 사랑하는 사람은 내 제자로 마땅하지 않습니다. 아들이나 딸을 나보다 더 사랑하는 사람도 내 제자로 마땅하지 않습니다." 이 말씀을 잘못 들으면, 예수님의 제자는 부모도 자녀도 외면하고 예수님만 생각하는 사람이어야 한다는 말로 들립니다. 복음서는 2천 년 전 팔레스티나의 유다인들이 주류를 이루는 문화권에서 기록되었습니다. 시대와 문화가 다르면 표현하는 방식도 다릅니다.

이 복음은 예수님의 제자가 되기 위해 부모와 자녀를 외면해야 한다는 뜻이 아닙니다. 하느님과 부모, 또는 하느님과 자녀를 대립시켜 놓고, 하나를 택하라는 말이 아닙니다. 부모나 자녀에게 맹목적으로 집착하면, 예수님을 따르지 못한다는 말씀입니다. 부모와 자녀 관계를 우리는 천륜이라 부릅니다. 하늘이 맺어 준 인연이라는 뜻입니다. 그리스도 신앙은 그 사실을 전혀 부인하지 않습니다. 그러나 신앙은 부모와 자녀에게 맹목적으로 집착하지 말라고 말합니다. 부모와 자녀의 인연도 예수님이 가르친 하느님의 시선에서 새롭게 생각하라고 권합니다. 하느님 안에서 비로소 부모와 자녀의 천륜 관계가 올바르게 이해될 것이라는 말씀입니다.

그리스도 신앙은 함께 계시는 하느님으로 말미암아 발생하는 넓은 인연의 세계로 우리를 초대합니다. 그것이 예수님이 가르친 하느님의 나라입니다. 복음은 또 말합니다. '자기 십자가를 지고' 예수님을 따라야 하고, 예수님의 제자들을 맞아들이는 것은 곧 예수님을 맞아들이는 일입니다. 그리고 예수님을 맞아들이는 것은 하느님을 맞아들이는 일이기도 합니다. 예수님은 함께 계시는 하느님에 대해 가르치셨으니, 그 사실을 받아들여 사는 사람이 되라는 말씀입니다. 부모를 봉양하는 것, 자녀를 양육하는 일 모두, 함께 계시는 하느님을 의식하면서 실천하는 사람이 예수님의 제자라는 말씀입니다. 부모에 대한 우리의 효심도, 자녀를 위한 우리의 사랑도 맹목적 애착의 차원을 넘어서 하느님 안에서 새로워질 때, 예수님을 따르는 신앙인이 된다는 말씀입니다.

인간은 누구나 자기 자신을 위주로 생각합니다. 부모에 대해서도, 자녀에 대해서도, 자기 욕심과 자기 체면을 위주로 생각하기 쉽습니다. 복음은 그런 생각에 죽으라는 말씀입니다. 우리의 좁은 시야 안에 머물지 말고 하느님으로 말미암아 열리는 넓은 시야에서, 부모도 자녀도 새롭게 보라는 말씀입니다. 그래서 우리의 좁은 시야가 원하는 바를 포기하는 십자가를 질 줄 알아야 한다는 말입니다. 그런 좁은 시야의 목숨을 잃는 사람이 되라는 말씀입니다.

그리스도 신앙은 생명을 하느님이 베푸셨다는 자각에서 시작합니다. 신앙인은 자기 존재도, 자기 주변도 모두 하느님이 은혜롭게 베푸셨다는 사실을 믿습니다. 복음서들은 예수님이 사람의 병을 고친 다음, "그대의 믿음이 그대를 구했소"라고 말씀하셨다고 알립니다. 여기서 말하는 믿음은 하느님은 생명을 베풀고 살리는 은혜로운 분이라는 사실을 믿는 마음을 말합니다. 하느님을 중심으로 생각하며 실천하는 사람이 하느님의 나라에 사는 사람입니다. 하느님을 중심으로 사는 사람은, 하느님이 자비로우시니 본인도 자비를 실천하기 위해 노력합니다. 하느님이 살리는 분이시니 자기도 살리는 노력을 합니다. 그것이 예수님이 가르친 하느님의 나라입니다. 하느님으로 말미암아 열리는 넓은 인연 안에 사는 사람은, 하느님이 자비롭고 살리는 분이라는 사실을 믿고 실천합니다. 신앙인에게는 부모를 봉양해야 한다는 인간 윤리의 요구에, 자비로우신 하느님의 일을 실천해야 한다는 신앙의 강력한 동기가 첨가됩니다.

자녀 교육도 마찬가지입니다. 우리는 자녀를 위한다고 하면서, 흔히는 우리 욕구와 욕심을 충족시키려 합니다. 자기가 하지 못했던 것이나 자기가 이상으로 생각하는 것을 자녀에게 강요합니다. 우리나라의 교육 현실은 따뜻한 마음을 가진 인간을 키우지 못하게 합니다. 경쟁하면서 많은 것을 외우는 아이들만 키우고 있습니다. 아이들은 학교와 학원을 오가면서 지식이라는 먹이를 게걸스럽게 먹고 이웃과 경쟁하고 있습니다. 그들에게 이웃을 이해하고 자비로운 시선으로 보면서 양보하는 인간의 마음을 기대하기는 점점 어려워져 가고 있습니다. 그들은 좋은 점수, 좋은 대학, 많은 재물, 높은 자리를 위해 계속 경쟁해야 합니다. 아이의 두뇌가 따라 주지 못하면, 치맛바람도 좋고 촌지 봉투도 좋습니다. 하여튼 내 자식이 잘되어야 합니다. 이것이 우리나라의 교육 현실입니다. 이것은 사람을 키우는 방식이 아니라 야수가 새끼를 키우는 방식입니다.

하느님으로 말미암아 열리는 넓은 인연에서 자녀를 보는 시선은

마태오복음서

다릅니다. 이 넓은 인연 안에서 자녀를 보는 신앙인에게, 자녀는 하느님이 자신에게 특별히 맡겨 주신 생명입니다. 자녀는 부모의 욕구 충족을 위한 존재도 아니고, 부모의 허영심을 만족시키는 수단도 아닙니다. 하느님의 자비를 실천하는 사람이 되도록 삼가 키워야 하는 소중한 생명입니다. 하느님이 우리를 살리는 분이니, 우리 자녀도 그분의 살리는 일을 연장하여 실천하며 살도록 키워야 합니다. 이웃에게 도움이 되는 것을 최대 보람으로 생각하는 인물로 키워야 합니다.

그런 노력에는 십자가가 따릅니다. 부모를 제대로 봉양하고 자녀를 사람답게 키우려면, 자기중심적인 욕심을 버려야 합니다. 복음은 말합니다. "자기 십자가를 받아들이지 않고 내 뒤를 따르지 않는 사람도 내 제자로 마땅하지 않습니다." 이어서 복음은 또 말합니다. "자기 목숨을 얻는 사람은 목숨을 잃을 것이요, 나 때문에 자기 목숨을 잃는 사람은 목숨을 얻을 것입니다." 사람이 자기의 좁은 시야에서 보이는 자기의 현세적 삶만을 가장 중요한 것으로 생각하고 그것만을 위해 매진하면, 부모도 자녀도 세상도 모두 그 참된 의미를 잃는다는 말씀입니다.

신앙은 예수 그리스도가 알려 준 하느님으로 말미암아 열리는 넓은 인연의 세계로 들어가는 길입니다. 예수님이 가르친 하느님 나라는 하느님을 중심으로 생각하고 행동하는 넓은 인연의 세계입니다. 유다교 지도자들이 알아듣지 못한 세계입니다. 죽음을 앞두고 예수님은 최후 만찬에서 당신 삶을 '내어 줌과 쏟음'이라는 말로 요약하셨습니다. 그 내어 줌과 쏟음은 하느님으로 말미암아 열리는 넓은 인연의 세계 안에서 보이는 생명현상입니다. 그리스도인은 그 내어 주고 쏟는 하느님의 생명을 자기 안에 받아들이겠다는 사람입니다. 나 한 사람의 목숨이 가장 소중한 이기적 인연의 세계에서는 나 자신만 생각하고, 부모도 자녀도 나 한 사람의 성취를 위해 필요한 존재들입니다. 신앙인은 하느님 중심의 넓은 세계 안에서, 부모와 자녀를 하느님의 시선으로 바라보기 위해 힘씁니다.

마태오복음서

요한 세례자와 예수

중요하고 큰 인물

요한은 감옥에서 그리스도께서 하신 일을 전해 듣고 자기 제자들을 보내어 그분께 "당신이 오실 분이십니까? 아니면 우리가 다른 분을 기다려야 합니까?" 하고 여쭈어 보게 하였다. 예수께서 대답하여 이렇게 말씀하셨다. "여러분이 듣고 보는 대로 요한에게 가서 알리시오. 소경들이 보고 절름발이들이 걸으며 나병환자들이 깨끗해지고 귀머거리들이 들으며 죽은 이들이 일으켜지고 가난한 이들이 복음을 듣습니다. 나에게 걸려 넘어지지 않는 사람은 복됩니다." 이들이 떠나갔을 때에 예수께서는 요한을 두고 군중들에게 말씀하시기 시작하였다. "여러분은 무엇을 구경하러 광야로 나갔습니까? 바람에 흔들리는 갈대입니까? 아니면 무엇을 보러 나갔습니까? 고운 옷을 입은 사람입니까? 알다시피 고운 옷을 걸친 사람들은 왕가에 있습니다. 아니면 무엇을 보러 나갔습니까? 예언자입니까? 그렇습니다, 여러분에게 이르거니와, 그는 예언자보다 더 훌륭한 사람입니다. 이 사람으로 말하면 '보라, 내가 내 심부름꾼을 너보다 먼저 보내니 그는 너에 앞서 네 길을 닦아 놓으리라'고 기록되어 있는 그 사람입니다. 진실히 여러분에게 이르거니와, 여자에게서 태어난 사람들 중에 요한 세례자보다 더 큰 인물은 나오지 않았습니다. 그러나 하늘나라에서 가장 작은 이라도 그 사람보다 더 큽니다." (마태 11,2-11)

예수님의 입을 빌려 세례자 요한과 예수님을 각각 어떻게 이해해야 하는지 말하는 복음입니다. 요한은 '예언자보다 더 중요한 인물'이며, 예수님의 길을 닦아 놓기 위해 파견된 인물입니다. 그리고 "여자에게서 태어난 사람들 중에 요한 세례자보다 더 큰 인물은 나오지 않았습니다". 요한에 대한 극찬의 말씀 끝에 복음은 "하늘나라에서 가장 작은 이라도 그 사람보다 더 큽니다"라고도 말합니다. 요한은 예수님이 가르친 하느님 나라의 질서에는 미치지 못한다는 뜻입니다. 예수님과 요한의 차이를 분명하게 하려는 복음서 저자의 의도가 보입니다.

복음은 요한이 감옥에서 사람을 보내어 예수님께 오실 그 메시아인가 물었다고 말합니다. 예수님은 답하십니다. "소경들이 보고 절름발이들이 걸으며 나병환자들이 깨끗해지고 귀머거리들이 들으며 죽은 이들이 일으켜지고 가난한 이들이 복음을 듣습니다." 메시아

마태오복음서

가 오시면 일어날 일이라고 구약성서의 이사야서(29,18-19; 35,5-6; 61,1)가 말한 내용들입니다. 그리고 예수님은 "나에게 걸려 넘어지지 않는 사람은 복됩니다"라고도 말씀하십니다. 이는 초기 신앙인들이 예수님의 행적을 회상하면서 찾아낸 이사야서의 구절들입니다. 예수님을 메시아로 받아들이는 사람은 행복하고, 그분은 우리의 불행과 악을 퇴치하였다는 말씀입니다.

이 복음에서 초능력으로 기적을 행하는 예수님을 상상할 수 있습니다. 그러면 신앙은 초능력을 얻어 우리 소원을 성취하는 수단이 됩니다. 그것이 신앙이라면, 신앙은 동화에 나오는 "열려라, 참깨!"의 위력을 얻는 것에 불과합니다. 그런 동화는 어린이들의 상상력을 키워주는 데 도움이 될 수는 있어도, 그리스도 신앙을 이해하는 데에는 도움이 되지 않습니다. 신앙인은 초능력을 찾아 나선 사람이 아닙니다. 하느님은 자연 질서 안에 세상을 창조해 놓고, 몇 사람에게 초능력을 주시지 않습니다.

그리스도 신앙은 예수님의 제자가 되는 길입니다. 인간의 불행과 고통을 하느님이 주신 벌이라고 믿던 유다인들에게 예수님은 그런 벌은 없다고 가르쳤습니다. 하느님은 양 한 마리도 잃지 않으려는 목자와 같은 분이라고 말씀하셨습니다. 예수님이 죄인들과 세리들과 어울려 먹고 마신다고, 바리사이와 율사들은 자주 불평했습니다. 예수님은 바리사이와 율사들과는 달리, 하느님을 자비로운 아버지라고 믿으셨습니다. 죄인들과 세리들에게도 하느님은 아버지로 계신다고 예수님은 믿으셨습니다.

예수님이 소경, 절름발이, 나병환자, 귀머거리 등을 고쳤다는 말은 그분이 아버지라 부르던 하느님의 일을 실천하셨다는 뜻입니다. 그래서 초기 신앙 공동체는 예수님을 하느님의 아들이라 불렀습니다. 아들은 아버지가 베푼 생명을 산다고 믿던 시대였습니다. 예수님은 하느님 생명이 하는 일을 하셨다는 말입니다. 그리스도 신앙인은 예수님에게서 하느님의 일을 배워 실천합니다. 하느님이 하시는 일이 실천되는 곳에 하느님의 나라가 있습니다. 그래서 "하느님 나라는 이미 여러분 가운데 있습니다"(루카 17,21)라고 예수님이 말씀하셨습니다. 인류 역사 안에서 사람들은 불행과 악을 퇴치하는 노력을 해 왔습니다. 사심 없이 인류의 복지를 위해 일생을 바쳐 노력한 사람들이 있습니다. 하느님의 나라를 위해 일한 하느님의 자녀들입니다.

우리는 자신과 사랑하는 이들에게는 관대하지만, 우리와 특별한 인연이 없는 이들에게는 인색합니다. 우리는 모든 일에서 먼저 대가를 생각합니다. 하느님이 무상無償으로 우리에게 생명을 베푸셨다는 사실을 우리는 생각하지 않습니다. 은총이라는 단어는 하느님이 대가 없이 베푸셨다는 의미지만, 우리는 그것도 우리가 지키고 바친 대가로 얻는다고 생각합니다. 인과응보 질서에 익숙한 우리는 하느님도 그 질서 안에 계신다고 상상합니다.

프랑스인인 뒤발 신부는 샹송 가수로 유명했습니다. 그는 바쁜 연주 일정과 심한 불면증 때문에 술을 가까이 했다가 알코올의존자가 되었습니다. 그분은 우여곡절 끝에 신부이자 인기 가수라는 자존심을 접고, 의존자 모임에 참석하여 의존에서 벗어날 수 있었습니다. 의존에서 벗어난 그는 다른 의존자를 도와야 한다고 생각했습니다. 그는 의존자 한 사람을 자기 방에 데려다 사흘 동안 함께 머물면서

얀 스텐 「생일 축하」 1664년, 영국 런던 월리스 컬렉션

자기 경험을 그에게 들려주며 회유했습니다. 그의 그런 노력이 결실을 맺어 그 의존자가 의존자 모임에 나가기로 마음을 정하자, 뒤발은 그를 집에 데려다주고 돌아오면서 차 안에서 혼잣말합니다. "나는 보잘것없는 인간입니다. 인류가 범하는 죄에 내던져진 인간입니다. 그런데 보잘것없는 나, 이 인간은 귀머거리를 듣게 하고 소경을 보게 하고 절름발이를 걷게 하고 나병환자를 깨끗이 낫게 하는 그 인간입니다." 그리고 이렇게 덧붙입니다. "이 말은 물론 제일 먼저 예수님에게 적용되는 말이지만, 술을 끊은 알코올의존자에게도 조금은 적용되는 말입니다"(뒤발 『달과 놀던 아이』 열린 2003, 141쪽). 알코올의존이라는 불행을 퇴치하는 자신의 노력 안에 예수 그리스도가 살아 계신다는 고백입니다.

이웃의 불행을 퇴치하는 우리의 보잘것없는 노력들 안에 하느님이 살아 계십니다. 예수님은 사람들을 불쌍히 여기고 고치고 살리면서, 하느님을 아버지라 부르는 그분의 자녀가 하는 일이 무엇인지 우리에게 보여 주셨습니다. 고치고 살리는 하느님의 일을 실천하는 이들이 바로 그리스도 신앙인입니다.

마태오복음서

수고하고 짐 진 자들은 내게로 오시오

인과응보의 논리를 넘어서

그때에 예수께서 입을 열어 이렇게 말씀하셨다. "하늘과 땅의 주님이신 아버지, 슬기롭고 똑똑한 사람들에게는 이것을 감추시고 철부지 같은 사람들에게는 이것을 계시하셨으니 아버지를 찬양하나이다. 네, 아버지, 아버지의 선하신 뜻이 이처럼 이루어졌나이다. 나의 아버지께서는 내게 모든 것을 넘겨주셨습니다. 그래서 아버지가 아니면 누구도 아들을 알아보지 못합니다. 또한 아들과 그리고 아들이 계시해 주려는 사람이 아니면 아무도 아버지를 알아보지 못합니다." "수고하고 짐을 진 여러분은 모두 내게로 오시오. 그러면 내가 여러분을 쉬게 하겠습니다. 여러분은 내 멍에를 메고 나에게서 배우시오. 나는 온유하고 마음이 겸손하기 때문입니다. 그러니 여러분의 영혼이 안식을 얻을 것입니다. 사실 내 멍에는 편하고 내 짐은 가볍습니다."(마태 11,25-30)

위령의 날은 세상을 떠나신 모든 분을 기억하는 날입니다. 초기 교회에서는 11월 1일과 2일, 이틀이 죽은 모든 이들을 기억하는 날이었습니다. 12세기에 연옥 사상이 보편화되면서, 천당에 간 영혼들과 연옥에 있는 영혼들을 구별하여 기억하기에 이르렀습니다. 그래서 11월 1일은 천당에 간 모든 성인을 기억하는 날, 11월 2일은 연옥에 있는 모든 영혼을 위해 기도하는 날이 되었습니다. 죽어서 영광스럽게 된 모든 성인을 기억한 다음 날이, 사후에 하느님의 품으로 아직 돌아가지 못한 모든 분을 위로한다는 뜻으로 위령의 날이 되었습니다.

그런데 사실 이 두 날이 분리되어야 할 이유는 없습니다. 연옥 교리는 유럽 중세 문화권이 만들어 낸 것입니다. 사람이 살면서 지은 죄에 대한 대가를 다 치르지 않고는 거룩하신 하느님에게 갈 수 없다고, 그 시대 사람들은 생각했습니다. 그리고 그 생각을 반영하여 만들어진 것이 연옥 교리입니다. 그것은 우리의 신앙언어 안에 남은 유럽 중세적 유산입니다. 이제는 그런 유산에서 벗어나야 합니다. 그래서 이 세상에서 살다가 하느님에게 돌아가신 모든 분을 기억하는 이틀이 되어야 합니다. 그것이 예수님의 가르침과 초기 그리스도 신앙인들의 믿음에 충실한 신앙입니다.

우리는 인과응보 원리를 존중하며 삽니다. 우리 생각대로라면,

죄인은 이 세상에서 혹은 죽어서라도 죄의 대가를 치르는 것이 당연합니다. 그러나 하느님은 우리의 원칙과 우리의 통념에 준해서 생각하고 행동하지 않으십니다. 우리가 하느님을 아버지라 부르는 것은 그분이 우리의 가치 기준에 준해서 행동하시지 않고, 우리가 그분의 가치 기준을 배워 실천하며 살아야 한다는 뜻입니다. 그래서 그리스도 신앙인은 주님의 기도에서 '아버지의 뜻이 이루어지길' 빕니다. 예수님은 하느님을 아버지라 부르면서, 그분이 자비롭고 용서하신다는 사실을 기회 있을 때마다 사람들에게 가르쳤습니다.

그리스도 신앙인은 예수 그리스도가 믿고 가르친 하느님을 믿습니다. 예수님은 말씀하셨습니다. "여러분의 아버지께서 자비로우신 것같이 여러분도 자비롭게 되시오"(루카 6,36). 하느님은 자비로운 분입니다. 하느님은 당신의 자비를 우리가 배워, 이 세상에서 자비롭게 행동한 모든 순간을 당신 안에 거두어들이십니다.

복음은 예수님의 입을 빌려 말하였습니다. "수고하고 짐을 진 여러분은 모두 내게로 오시오. 그러면 내가 여러분을 쉬게 하겠습니다." 예수님이 하느님을 우리에게 계시하셨다고 믿는 초기 신앙 공동체가 하느님이 어떤 분인지 설명하는 말씀입니다. 이웃을 보살피고 사랑하기 위해서 고생하며 무거운 짐을 지고 허덕인 우리의 시간들을, 하느님은 당신 안에 소중히 간직하신다고 믿는 것이 그리스도 신앙입니다.

세상을 떠난 이를 기억하는 사람들의 뇌리에 기쁨과 흐뭇함으로 남는 것은, 그 사람의 자비롭고 관대했던 모습들입니다. 그 사람의 살아생전 모습을 우리는 달리 볼 수 있습니다. 생전에는 이해관계가 그에 대한 우리 시각을 굴절시켰을 수 있습니다. 그러나 그 사람이 우리 앞에서 사라지고 시간이 흐르면, 이해관계로 굴절되었던 시각도 여과됩니다. 그러면 우리 뇌리에 남는 것은, 세상을 떠난 그 사람의 자비롭고 관대했던 모습들입니다. 그 모습들은 우리에게 흐뭇한 감동을 줍니다. 이것이 하느님 안에 거두어들여진 그 사람의 모습일 것입니다.

우리는 유명을 달리하신 우리 부모와 조부모, 친척과 친지 모두를 위해 기도합니다. 그분들은 이 세상에서 우리와 잠시 혹은 길게 인연을 맺고 사셨습니다. 돌아가신 모든 분을 위해 기도하며 그들을 기억하는 것은, 하느님 안에 우리 모두가 함께 살아 있다는 사실을 생각하는 것입니다. 하느님은 현세에서 우리와 함께 계십니다. 그분을 아버지로 모시는 우리 실천 안에 하느님은 살아 계십니다. 이 세상을 떠난 분들도 하느님 안에 살아 계신다고 우리는 믿습니다. 그들은 우리를 사랑했고 우리에게 관대하였습니다. 시간이 흘러도 그들에 대한 우리의 기억은 여전히 우리에게 감동을 줍니다.

그리스도 신앙 초기부터, 살아 있는 사람들은 돌아가신 분들을 위해 기도해야 한다고 믿었습니다. 4세기, 아우구스티누스 성인의 어머니 모니카 성녀는 임종을 맞이하여 아들에게 '주님의 제대에서' 자기를 항상 기억해 달라고 부탁하는 기록을 남겼습니다. 유럽 중세 초기부터 죽은 이들을 위한 기도서들이 있었습니다. 지금도 유럽의 옛 성당들 안에는 군주와 주교들, 소위 그 시대 실세들의 유해가 보존되어 있습니다. 사후에도 기도해 달라는 그들의 유지를 표현하는 그들의 석관石棺, 무덤들입니다.

죽은 이들을 위한 기도는 그리스도 신앙인이 그들과 유대하며 사는 길입니다. 동시에 신앙인의 희망을 표현하는 길이기도 합니다. 죽은 모든 이를 기억하는 우리는, 우리와 함께 계시다 유명을 달리한 분들을 생각하고 슬퍼할 수 있습니다. 눈물 없이는 기억하지 못할 분들도 있습니다. 그러나 모든 성인의 날과 돌아가신 모든 분을 기억하는 날, 우리는 하느님을 향한 그리스도 신앙 공동체의 간절한 희망을 엄숙하게 표현합니다. 기도는 이 세상에 살아 있는 우리와 죽음의 경계를 건너가신 이들 모두가, 하느님 안에 살아 있다는 사실을 간절하게 고백하는 희망의 행위입니다.

돌아가신 분들을 위한 우리의 기도가 슬픔에 잠겨 있을 수만은 없습니다. 그 기도는 부활과 영원한 생명에 대한 신앙을 증언하며 고백하는 그리스도 신앙인의 정체성을 표현하기도 합니다. 우리도 어느 날, 이 세상에서 사라질 것입니다. 그리고 하느님 안에서 그들과 함께 살아 있을 것입니다. 나 자신이 소중하여 나만 생각했던 순간들은 죽음과 더불어 허무의 심연으로 사라지고, 우리가 자비와 관대함을 실천한 그 순간들은 하느님 안에 거두어져 영원히 살아 있을 것입니다. 그것은 하느님이 우리와 함께하신 시간들이기 때문입니다. 우리가 기억하는 돌아가신 분들은 우리와 유명을 달리한 분들이 아닙니다. 하느님 안에 이미 살아 계시는 분들이고, 장차 우리가 하느님 안에서 만나 함께 기뻐할 분들입니다.

씨 뿌리는 사람 비유

은혜로우신 하느님에 대한 신뢰

그날 예수께서 집에서 나와 호숫가에 앉으셨다. 많은 군중들이 모여들어서 예수께서는 배에 올라 자리 잡게 되었고 군중은 모두 물가에 서 있었다. 이에 그분은 비유들을 들어 그들에게 많은 이야기를 하셨는데 이렇게 말씀하셨다. "자, 씨 뿌리는 사람이 씨를 뿌리러 나갔습니다. 그가 씨를 뿌리는데 어떤 것들은 길가에 떨어져, 새들이 와서 쪼아 먹었습니다. 그리고 다른 것들은 흙이 많지 않은 돌밭에 떨어졌습니다. 흙이 깊지 않아서 싹이 곧 돋아나기는 했지만 해가 솟아오르자 타고 말았습니다. 뿌리가 없어서 말라 버렸던 것입니다. 또 다른 것들은 가시덤불에 떨어졌습니다. 가시덤불이 우거지자 그 숨이 막혀 버렸습니다. 그러나 또 다른 것들은 좋은 땅에 떨어져 열매를 맺었습니다. 어떤 것은 백 배, 어떤 것은 육십 배, 어떤 것은 삼십 배를 맺었습니다. 귀가 있는 사람은 새겨들으시오."(마태 13,1-9)

예수님은 하느님의 나라를 우리 일상생활에 비유하여 즐겨 설명하셨습니다. 이 복음에서 예수님은 하느님의 나라를 농부가 밭에 씨 뿌리는 일에 비유하셨습니다. 씨 뿌리는 사람이 씨를 뿌렸는데, 어떤 것은 길가에 떨어지고, 어떤 것은 돌밭에, 어떤 것은 가시덤불에 떨어져 아무 열매를 맺지 못했습니다. 그러나 좋은 땅에 떨어진 씨는 백 배, 육십 배, 삼십 배의 열매를 맺었습니다. 하느님의 나라에 대한 복음은 받아들이는 사람의 마음에 따라 열매를 맺을 수도, 맺지 못할 수도 있다는 말씀입니다. 초기 신앙인들은 이 비유 말씀을 전하면서, 자신이 과연 많은 열매를 맺는 좋은 땅인가를 반성했습니다.

초기 신앙인들에게는 어려움이 많았습니다. 스승이신 예수님은 하느님의 나라를 가르쳤지만, 당신은 실패자가 되어 십자가에서 돌아가셨습니다. 예수님은 살아 계실 때, 그야말로 씨 뿌리는 사람처럼 활동하셨습니다. 예수님은 그 일의 결과에 연연하지 않으셨습니다. 그분은 하느님의 나라에 대한 말씀을 뿌렸습니다. 그분이 돌아가셨을 때, 그분의 노력은 열매를 맺지 못하고 무위無爲로 끝난 것같이 보였습니다. 예수님은 제자들을 가르쳤지만, 그 가르침은 그들이 독립된 종교 집단을 만들기에는 충분하지 못했습니다. 제자들은 실망하여 각자 자기 고향에 돌아가 생업에 종사했고, 안식일에는 유다교 회당에 다녔습니다. 그러나 그들이 간직한 예수님에 대한 기억이 그들의 언행에 차차 나타났고, 유다교 회당에서 추방되었습니다. 예수님을 죽인 장본인이 유다교 당국이었고, 그분의 제자들을 내쫓는 당사자가 유다교 회당이었습니다.

제자들이 중심이 된 초기 신앙인들은 안식일 다음 날인 예수님이 부활하신 날을 주님의 날, 주일主日이라 부르며 함께 모여 집회를 하였습니다. 그들은 예수님이 하신 말씀과 하신 일을 함께 회상하고, 그분이 함께한 최후 만찬을 기념하여 함께 식사했습니다. 그것은 초라한 집회였지만, 오늘날 주일미사의 기원입니다. 그들에게는 건물도 조직도 없었습니다. 집회는 그들 중 여유 있는 주거 공간을 가진 사람의 집에서 이루어졌습니다. 그들은 서로를 형제자매라고 부르며, 예수님이 가르친 대로 서로 섬기고 사랑했습니다. 그들은 그 집회에서 예수님에 대해 회상한 바를 함께 나누었습니다. 그것이 발전하여 오늘 미사에 있는 말씀 전례가 되었습니다. 그들이 함께 나눈 식사가 형식을 갖추어 오늘의 성찬 전례가 되었습니다. 오늘의 미사 전례는 역사적으로 이렇게 시작되었습니다.

예수님이 사람들에게 가르친 것은 하느님의 나라입니다. 하느님의 나라는 하느님을 중심으로 한 우리의 삶입니다. 유다교의 율법은 하느님이 우리와 함께 계시기에 그 함께 계심을 살기 위한 행동 지침이었습니다. 유다교의 제물 봉헌은 함께 계시는 하느님의 시선에서 자기 노동의 대가를 바라보고, 그것을 이웃과 나누는 의례였습니다. 그러나 유다교는 율법과 제물 봉헌을 문자 그대로 지켜야 하는 철칙으로 삼아, 사람들을 죄인으로 단죄하는 잣대로 만들었습니다. 사람

마태오복음서

은 사람에게 늑대였습니다. 율사들은 율법을 구실로 사람을 단죄하고, 사제들은 제물 봉헌을 빌미로 사람들을 죄인으로 만들었습니다. 그런 현실에서 하느님이 우리와 함께 계신다는 사실은 불행의 원인이었습니다.

예수님이 가르친 하느님의 나라는 사람이 사람을 단죄하고 버리게 하는 명분이 아닙니다. 그것은 은혜로우신 하느님을 자각하게 하는 일이었습니다. "주님의 은혜로운 해를 선포하는"(루카 4,19) 일이었습니다. 신앙은 율법을 잘 지키고 제물 봉헌에 충실하여, 하느님으로부터 보상을 받아 자기 혼자 잘사는 길이 아닙니다. '가난한 이, 포로들, 소경, 억눌린 이들'(루카 4,18)을 위해 은혜로운 일을 실천하는 사람이, 하느님의 나라를 자기 안에 받아들이는 신앙인입니다. 하느님은 은혜로운 분이시기에 그분이 함께 계시는 사실을 깨달은 사람은 자기 주변 사람들에게 은혜로운 실천을 합니다. 그 실천으로 '가난한 사람, 지금 굶주리는 사람, 지금 우는 사람'(루카 6,20-21)들을 행복하게 합니다. 예수님은 하느님의 나라를 잔치에 자주 비유했습니다. 잔치는 모든 참석자가 베풀어진 것을 함께 나누며 기뻐하는 자리입니다. 함께 계시는 하느님을 자기 삶에 받아들인 사람은 그분의 은혜로우심을 주변과 함께 나눕니다. 그래서 신앙은 잔치와 같은 것이라고 예수님은 말씀하셨습니다.

지키고 바칠 것을 강요당하던 이스라엘 백성은 목자를 잃은 양들처럼 측은한 군중이었습니다. "그분은 군중을 보시고 그들을 측은히 여기셨다. 그들이 목자 없는 양들처럼 지쳐서 풀이 죽어 있었기 때문이다"(마태 9,36). 인간의 슬기로움은 사람을 차별하고, 억누르고, 기를

장 프랑수아 밀레 「씨 뿌리는 사람」 1850년, 미국 보스턴, 보스턴 미술관

꺾어 놓습니다. 하느님의 나라는 인간이 슬기롭고 똑똑하여 쟁취하는 대상이 아닙니다. "슬기롭고 똑똑한 사람들한테는 감추셨다"(마태 11,25)고 예수님은 말씀하셨습니다. 하느님의 나라는 하느님으로 말미암아 열리는 은혜로운 삶의 공간입니다. 사람을 살리는 은혜로운 일입니다.

예수님이 아버지의 뜻이 이루어지길 빌면서 돌아가셨듯이, 초기 신앙 공동체는 극복할 수 없을 것 같은 어려움 앞에서도 함께 계시는 하느님, 은혜롭고 선하신 하느님을 믿었습니다. 하느님이 함께 계시기에, 그들은 자신이 뿌리는 말씀의 씨가 좋은 땅을 만날 것이라고 믿었습니다. 바오로 사도의 표현을 빌리면, 그것은 "희망할 수 없는데도 희망하는"(로마 4,18) 믿음이었습니다. 신앙은 권위도, 허세도 아닙니다. 은혜로우신 하느님에 대한 신뢰입니다. 은혜로우신 하느님을 신뢰하는 사람은 그 은혜로움을 스스로 실천하여 자기 삶의 현실로 만듭니다.

신앙은 그 은혜로움을 실천하는 데 있습니다. 우리가 뿌려야 하는 씨는 은혜로우신 하느님을 깨닫게 하는 말과 실천입니다. 우리의 말과 실천은 사람들의 응답을 전혀 일으키지 못하기도 합니다. 그러나 우리는 하느님이 일하시길 비는 마음으로 해야 합니다. 예수님의 십자가와 같이 우리 눈에는 실패로 보일지라도, 하느님의 말씀은 비옥한 땅을 만날 것입니다. 제1독서인 이사야서(55,10-11)는 말합니다. "비와 눈은 하늘에서 내려와 그리로 돌아가지 않고, 오히려 땅을 적시어 기름지게 하고 싹이 돋아나게 하여, 씨 뿌리는 사람에게 씨앗을 주고, 먹는 이에게 양식을 준다. 이처럼 내 입에서 나가는 나의 말도 나에게 헛되이 돌아오지 않고, 반드시 내가 뜻하는 바를 이루고야 만다." 예수님 안에서 보았던 말씀과 실천을 우리가 뿌리면, 무위로 끝나지 않고 결실을 맺는다는 말씀입니다.

밀과 가라지 비유

우리 생명이 지닌 양면성

예수께서는 또 다른 비유를 들어 그들에게 말씀하셨다. "하늘나라는 자기 밭에 좋은 씨를 뿌리는 사람과 같습니다. 사람들이 자고 있는 동안 그 원수가 와서 밀 가운데다 가라지를 덧뿌리고 물러갔습니다. 줄기가 돋아 열매가 열린 그때에 가라지도 드러났습니다. 그러자 종들이 와서 집주인에게 '주인님, 당신의 밭에 좋은 씨를 뿌리지 않았습니까? 그런데 어디서 가라지가 생겼습니까?' 하고 묻자 그는 '원수 놈이 그렇게 했구나' 하고 그들에게 말했습니다. 종들이 그에게 '그러면 저희가 가서 그것들을 뽑아 그러모을까요?' 하고 말하자 그는 이렇게 말했습니다. '아니다, 너희가 가라지를 뽑아 그러모으다가 그것과 함께 밀까지 뽑아 버릴까 염려된다. 추수 때까지 둘 다 함께 자라도록 내버려 두어라. 그러면 추수 때에 내가 추수꾼들에게 이르기를, 여러분은 먼저 가라지를 뽑아 그러모아서 단으로 묶어 태워 버리시오. 그러나 밀은 내 곳간에 모아들이시오, 하겠다.'" (마태 13,24-30)

예수님은 하느님의 나라를 밀과 가라지에 비유하여 설명합니다. 하느님은 좋은 씨를 뿌리셨습니다. 그러나 밀 사이에 가라지도 함께 자랐습니다. 이 이야기는 "원수 놈이 그렇게 했구나"라는 말로써, 가라지는 하느님에게서 오지 않았다고 말합니다. 밀이 잘 자라는 데에 가라지는 피해를 줍니다. 이 비유는 추수 때에 뽑혀 불에 던져질 가라지의 운명을 알리기 위한 것이 아닙니다. 복음은 하느님이 어떤 분인지 알립니다. 예수님은 하느님을 아버지라 부르면서, 선하신 하느님이 하실 일을 이야기하셨습니다.

옛날 사회에서 높은 위치에 있는 이들은 낮은 사람들을 판단하고, 그들에게 무거운 짐을 지웠습니다. 집안에는 높은 사람인 가장이 있었고, 가솔들 위에 군림합니다. 로마제국 내 가장들은 가솔들을 죽이고 살릴 권한까지 가졌습니다. 나라에는 왕 혹은 황제가 있었고, 그들이 임명한 관리들이 있었습니다. 백성은 그들이 만든 법을 지켜야 했습니다. 법을 지키지 않는 사람은 생존이 보장되지 않았습니다. 신분이 낮은 사람들은 높은 사람들의 통촉하심을 입어 살 수 있었습니다. 하느님은 그 높은 사람들보다 더 높은 분이라 상상했습니다. 그 시대 사람들은 가뭄, 홍수, 태풍, 지진 등의 자연재해는 모두 하느님이 노하셔서 주는 벌이라고 믿었습니다. 왕은 백성을 대표하여 하느님에게 제물을 바치고, 하느님이 노여워하지 않고 백성이 그 혜택으로 잘살 수 있도록 빌었습니다. 우리나라 강화도 마니산에도 임금이 하늘에 제사를 지내던 제단이 있습니다. 중국의 태산에도 황제가 제천 의례를 행하던 제단이 있습니다.

옛날 사람들만 불안을 안고 살았던 것은 아닙니다. 오늘도 우리를 불안하게 하는 이들은 많이 있습니다. 성적이 좋지 않은 학생에게는 선생님이, 직장인에게는 직장 상사가, 운전자에게는 교통경찰이, 진단받으러 병원에 간 환자에게는 의사가, 사업가에게는 세무감사가 오늘도 사람들을 불안하게 합니다. 그들이 사람들을 불안하게 하는 이유는, 우리 의사와 관계없이 그들이 우리를 판단하고 결정하기 때문입니다. 과거에는 하느님도 우리를 임의로 판단하는 무서운 분으로 인식되었습니다. 따라서 우리는 복음에서 불에 던져지는 가라지의 운명에 더 관심을 보일 수 있습니다.

그런데 이 비유에서 주목할 것은 밀이삭과 더불어 가라지도 자라게 두는 주인입니다. 하느님은 우리를 살리는 분입니다. 하느님은 생명을 뿌려서 우리를 존재하게 하셨습니다. 사람은 사람을 판단하고 쉽게 버립니다. "저희가 가서 그것들을 뽑아 그러모을까요?"라고 일꾼들은 말합니다. 그러나 주인은 "너희가 가라지를 뽑아 그러모으다가 그것과 함께 밀까지 뽑아 버릴까 염려된다. 추수 때까지 둘 다 함께 자라도록 내버려 두어라" 하고 말합니다. 그것이 하느님이 하시는 일입니다. 하느님은 밀도 가라지도 살리고 자라게 하는 분입니다. 가라지가 추수 때 뽑혀서 불태워지는 것은, 끝까지 가라지로 남았기 때문입니다. 가라지는 아무에게도 도움이 되지 않으면서 땅의 양분을 흡수하여 스스로 살고 자랄 궁리만 합니다. 가라지는 주변의 다른 생명을 위해 전혀 기여하지 않습니다.

그것이 선과 악의 차이입니다. 밀은 양식이 되어 사람을 살게 합니다. 선은 주변의 생명에 도움이 되는 일입니다. 하느님이 선하신 것은 그분이 세상 만물을 존재하게, 성장하고 발전하게 하시기 때문입니다. 따라서 성서는 하느님을 생명이라 부르기도 하고, 하느님을 아버지, 사랑이라고도 말합니다. 하느님이 생명을 아끼고, 돕고, 성장하게 하신다는 뜻입니다.

하느님이 주신 생명이지만 주변 생명들을 위해 아무 도움이 되지 않고, 오히려 피해를 주는 것을 악이라고 말합니다. 복음의 밀과 가라지는 우리 생명이 지닌 양면성을 표현합니다. 우리는 밀처럼 스스로를 제공하여 주변의 생명을 살리고 발전하게 할 수 있습니다. 세상에는 자녀들을 낳고, 보살펴 키우며, 행복하게 살기를 원하는 부모들이 있습니다. 부모가 아니면서 인간 생명을 위해 같은 일을 하는 사람들도 이 세상에는 많이 있습니다. 그 반면, 가라지처럼 사는 이들도 있습니다. 주변 사람들을 외면하고 돕는 데 인색하며, 자신을 위해서는 과소비하고, 사람들에게 횡포도 마다하지 않는 생명들입니다. 우리는 하느님이 은혜롭게 뿌리신 생명이자, 밀로 자라서 이웃에게 도움이 되어 살라는 생명입니다. 요한복음서는 예수님 말씀을 전합니다. "내가 와서 그들에게 말하지 않았던들 그들에게 죄가 없었을 것입니다"(15,22). 예수님은 스스로를 내어 주고 쏟아서, 하느님의 생명을 살라고 가르쳤습니다.

그리스도 신앙생활 한가운데 미사가 있습니다. 우리는 미사에 참례합니다. 미사가 우리에게 상기시키는 것은 스스로를 내어 주고 쏟은 예수님의 생명입니다. 우리가 성찬에 참여하는 것은 우리도 그렇게 내어 주고 쏟는 사람으로 살겠다고 다짐하는 것입니다. 가라지로 살지 않고 밀로 살아서, 다른 생명들에게 도움이 되겠다는 마음 다짐입니다. 마태오복음서는 말합니다. "여러분은 무엇을 먹을까 혹은 무엇을 마실까 혹은 무엇을 입을까 하면서 걱정하지 마시오. 이런 것은 다 이방인들이 힘써 찾는 것입니다"(6,31-32). 우리 삶은 먹고 마시고 입을 것이 풍부해서 보람이 있는 것이 아니라는 말씀입니다. 그보다 소중한 일이 있습니다.

예수님은 하느님의 나라를 살라고 가르쳤습니다. 씨앗을 뿌리고 자라게 하는 하느님의 생명을 사는 것이 하느님의 나라에 사는 것입니다. 하느님에 대해 배워서 그분이 하시는 일을 실천하며 살라고 예수님은 가르쳤습니다. 그리스도 신앙은 자기 한 사람의 소원을 성취하기 위한 길이 아닙니다. 아버지의 나라가 오시게 비는 이가 그리스도 신앙인입니다. 자신만을 생각하는 것은 가라지의 안전 대책입니다. 신앙 공동체를 위해 봉사한다고 말하면서, 자기 한 사람 행세하는 길을 찾는 것도 밀로 위장한 가라지의 행태입니다. 우리가 하느님을 아버지라 부르는 것은 그분의 생명을 살겠다는 고백입니다. 예수님은 스스로를 내어 주고 쏟으면서, 하느님을 아버지라 부르라고 가르쳤습니다. 복음은 자기 한 사람 독야청청하는 길을 찾는 가라지가 아니라, 주변 생명들을 위해 스스로를 내어 주는 좋은 밀이 되어 살라고 우리를 초대합니다.

밭에 숨겨진 보물

우리 삶 깊은 곳에 감춰진 베푸심

"하늘나라는 밭에 숨겨진 보물과 비슷합니다. 어떤 사람이 그것을 발견하자 숨겨 두고는 기뻐하며 돌아가서 가진 것을 모두 팔아 그 밭을 삽니다. 또한 하늘나라는 좋은 진주를 찾는 장사꾼과 비슷합니다. 그는 값진 진주를 하나 발견하자 물러가서 가진 것을 모두 처분하여 그것을 샀습니다." (마태 13,44-46)

하느님의 나라를 밭에 묻혀 있는 보물과 값진 진주에 비유한 복음입니다. 그것을 발견한 사람은 가진 것을 다 팔아 그것을 삽니다. 보물과 진주는 사람들이 귀하게 여기며, 갖고 싶어 하는 대상입니다. 하느님의 나라에 대해 알아들은 사람은 자기가 가진 소중한 것들을 버리면서 하느님의 나라를 얻으려 노력한다는 비유 말씀입니다. 하느님의 나라는 소유하고 즐기는 대상이 아니라, 그 진가를 알면, 지금까지 추구해 온 모든 가치를 버리면서 얻으려 노력한다는 말씀입니다.

예수님이 사람들에게 가르친 것은 하느님의 나라였습니다. 그것은 하느님에 대한 이론이나 지식이 아니라, 하느님의 생명이 하시는 일을 우리 스스로 실천하여, 하느님 나라의 질서가 우리 안에 발생하는 것을 의미합니다. 그 질서가 지배하는 곳은, 그것이 현세든 내세든 하느님의 나라입니다. 예수님은 그 질서를 실천하여 하느님의 나라가 어떤 삶 안에 있는지 보여 주셨습니다.

그리스도 신앙은 하느님이 주신 계명을 잘 지키고 많은 것을 바쳐, 그분께 특혜를 받아 잘사는 길이 아닙니다. 하느님은 이 세상의 높은 사람들처럼 섬겨서 마음에 들도록 해야 하는 대상이 아닙니다. 그것은 사람과 사람 사이의 관계지, 하느님과 우리 사이에서 요구되는 관계가 아닙니다. 하느님은 우리에게 지키고 바칠 것을 요구하지 않으시고, 그것을 제대로 실행하지 못하는 사람을 외면하지도 않으십니다. 하느님은 모든 사람의 하느님입니다. 그분은 당신 생명의 질서를 사는 사람들 안에 살아 계십니다. 예수님은 하느님을 아버지라 부르며, 그 생명을 철저히 사셨습니다. 그분은 그 사회 기득권자들의 미움을 받으면서도, 아버지의 생명이 살아 있는 질서인 사람들을 사랑하고 용서하는 질서를 사셨습니다.

그리스도 신앙인은 예수님의 말씀과 행적에서 하느님에 대해 알아듣고, 하느님의 일을 배워 실천하려고 노력합니다. 그래서 복음은 예수님이 가르친 하느님의 나라를 밭에 묻힌 보물과 좋은 진주에 비유했습니다. 그 진가를 알아본 신앙인은 그때까지 자기가 소중히 하던 모든 것을 버리면서, 하느님 나라의 질서를 살고자 노력한다는 말씀입니다.

사람이 사람과 함께 있고 그 함께 있음을 소중히 생각할 때, 그것을 위해서 많은 것을 버립니다. 부모는 자녀들과 함께 있기 위해 인간으로서 정당히 누릴 수 있는 것들을 포기합니다. 부부가 함께 있고 친구와 함께 있기 위해서도 많은 것을 희생합니다. 그 희생은 함께 있음이 소중한 나머지 본인들이 자유롭게 택한 것입니다. 함께 있음이라는 보물과 진주를 얻기 위해, 각자 자유롭게 선택한 것입니다. 인간은 이처럼 많은 것을 버리면서 사랑하는 사람과 함께 있습니다. 그것은 노예가 주인과 함께 있는 것과는 전혀 다릅니다. 부모는 한 인간 개체로서 정당히 누릴 수 있는 것을 많이 버렸지만, 자녀와 함께 있고 자녀를 사랑하면서 더 큰 자유와 행복을 누립니다.

하느님의 나라도 우리가 많은 것을 버리면서 얻는 현실입니다. 그것이 우리에게 주는 자유와 기쁨은 이기적인 우리의 시야를 벗어나 하느님의 넓은 시야 안에서 누리는 것입니다. 물질의 소유에 내 삶의 모든 보람을 두지 않는 자유로운 마음, 나에 대한 타인들의 평가에 얽매이지 않는 자유로운 마음, '눈에는 눈으로 이에는 이로' 갚겠다는 복수심에서 벗어나 용서하는 자유로운 마음, 대가 없이 사랑하고 헌신하는 넓디넓은 마음, 이런 마음이 모두 하느님의 시야가 열어 주는 넓은 지평에서 우리가 맛볼 수 있는 질서이고 기쁨입니다. 그리고 그

마태오복음서

것이 하느님의 자녀에게 허락된 풍요로움입니다.

예수님은 하느님의 시야 안에서 우리가 살아야 할 질서를 보여 주셨습니다. 그것은 이 세상의 권력자들처럼 다른 사람들 위에 군림하고 심판하는 질서가 아닙니다. 하느님은 우리가 더 자비롭길 원하십니다. 예수님은 그 자비를 실천하셨습니다. 그분은 아버지의 뜻이 이루어지길 빌면서, 당신 스스로를 내어 주고 쏟으셨습니다. 바오로 사도는 그 사실을 이렇게 해설합니다. "자유를 위하여 그리스도께서는 우리를 해방하셨습니다"(갈라 5,1). 참으로 자유로운 인간의 모습을 보여 주었다는 말입니다. 하느님은 우리의 생명을 무상으로 베푸셨습니다. 우리를 사로잡는 애착과 환상에서 해방되고, 스스로를 내어 주고 쏟는 질서를 살 때 비로소 참자유인이 된다는 말씀입니다.

우리 삶의 깊은 곳을 들여다보면, 거기에 베풂이 있습니다. 우리는 아주 힘들고 드물게 베풀지만, 그것으로 우리는 행복합니다. 베풂이 있는 곳에 아름다움과 감동이 있습니다. 용서도 상대에게 새로운 미래를 베푸는 행위입니다. 우리 삶에서 베풂의 이야기가 자취를 감추면 세상은 살벌해집니다. 더 많이 갖고, 더 높아지고, 더 강해지기 위해 경쟁하는 모습들만 보일 것입니다. 거기에는 감사할 일도, 감동할 일도, 스스로를 희생할 일도 없을 것입니다. 어떤 작가의 말을 빌리면, '인간은 두 발 가진 동물'이 되고 말 것입니다. 나 혼자 더 많이 갖고 더 잘되고, 도로에서 나 혼자 더 빨리 가기 위해 혈안이 된 사람들만 있을 것입니다. 그것은 인간 세상이 아닙니다. 베푸심은 하나의 암호와 같이 우리 삶 깊은 곳에 감춰져 있습니다. 그 암호를 읽어 내어 실천한 분이 예수님입니다. 복음에서 예수님은 보물과 진주를 발견한 사람은 가진 것을 다 버린다고 말했습니다. 하느님의 나라는 우리의 이기심, 욕심, 경쟁심의 대상이던 것들을 버리면서 비로소 그 실체와 질서를 나타냅니다.

그 실체와 질서를 발견하고 영접하는 일은 내 계획과 노력의 산물이 아닙니다. 베푸심이신 하느님이 우리 안에 살아 계셔서 그분 숨결이 우리 안에서 하시는 일입니다. 그 숨결은 땅속 깊이 묻혀 있는 보물처럼 보이지 않고 소리 내지 않지만, 그 숨결은 우리 삶의 깊은 곳에 흐르고 있습니다. 내가 그 숨결을 찾아 그에 따라 흐르려고 돛을 달면, 나도 그 숨결과 함께 흐를 것입니다. 우리의 베풂은 보잘것없지만, 그것으로 우리도 하느님 나라의 흐름에 합류할 것입니다. 하느님은 우리와 함께 계십니다. 보물과 진주처럼 숨겨져 있거나 암호처럼 해독이 필요한 양식으로 우리와 함께 계십니다. 그분의 숨결이 우리를 움직이도록 비는 사람 안에, 하느님은 생명의 아버지로서 우리와 함께 살아 계십니다.

오천 명을 먹이시다

인간의 정의를 넘어서는 베풂

예수께서는 그 말을 들으시고 거기서 배를 타고 따로 외딴곳으로 물러가셨다. 그런데 군중들이 소문을 듣고 여러 고을에서 나와 걸어서 그분을 따라갔다. 예수께서 배에서 내리시며 많은 군중을 보시고는 그들을 측은히 여기시어 그들 가운데 있는 환자들을 고쳐 주셨다. 저녁때가 되자 제자들이 예수께 다가와서 말씀드렸다. "이곳은 외딸고 이미 시간도 늦었습니다. 그러니 군중들을 헤쳐 보내어, 마을로 물러가서 음식을 스스로 사게 하십시오." 그러자 예수께서 제자들에게 "그들이 물러갈 필요는 없습니다. 여러분이 그들에게 먹을 것을 주시오" 하고 이르시니 제자들은 예수께 "저희는 여기 빵 다섯 개와 물고

기 두 마리밖에는 가진 것이 없습니다" 하고 여쭈었다. 예수께서는
"그것들을 여기 나한테 가져오시오" 하시고는 군중을 풀밭에 자리 잡
게 하라고 명령하셨다. 그리고 예수께서는 빵 다섯 개와 물고기 두 마
리를 드시고 하늘을 우러러 축복하신 다음, 떼어 제자들에게 빵을 주
셨다. 제자들은 군중들에게 나누어 주었다. 그리하여 모두 먹고 배가
불렀다. 그리고 빵 조각 남은 것들을 모았더니 열두 광주리에 가득 찼
다. 그런데 먹은 이들은 여자들과 어린이들 외에 남자들만도 대략 오
천 명이었다. (마태 14,13-21)

예수님이 "빵 다섯 개와 물고기 두 마리를 드시고 하늘을 우러러 축
복하신 다음" 제자들을 시켜 그것을 사람들에게 나누어 주게 하신 이
야기입니다. 복음서는 오천 명이나 되는 사람들이 배불리 먹고도 열
두 광주리가 남았다고 말합니다. 이야기가 그대로 사실이라면, 그 시
대 유다인들이 예수님을 죽이지 않고 이스라엘의 기근을 해결해 줄
분으로 잘 모셨을 것입니다. 한두 사람이 먹을 식량으로 오천 명이 넘
는 사람들의 배고픔을 해결해 준 것입니다.

　이 이야기가 역사적 사실을 그대로 보도한 것이라고 가정하면,
많은 의문이 생깁니다. 복음서들을 전부 뒤져 보아도 예수님은 기적
적 무료 급식을 한 분이 아닙니다. 예수님은 하느님의 나라를 가르쳤
습니다. 그분은 사람들에게 먹을거리를 제공하는 인물로 알려지지
않았습니다. 반대로, 돌을 빵으로 바꾸어 보라는 유혹자의 말에 예수
님은 "사람이 빵으로만 살지 못하고 하느님의 입에서 나오는 모든 말

씀으로 살리라"(마태 4,4)고 대답하셨습니다. "여러분의 목숨을 위해 무엇을 먹을까 [혹은 무엇을 마실까] 또 여러분의 몸을 위해 무엇을 입을까 걱정하지 마시오"(마태 6,25)라고도 말씀하셨습니다. '행복 선언'에서 예수님은 배부른 사람이 행복하다고 하지 않고, 굶주리는 사람이 행복하다고 선언하셨습니다.

이 이야기를 사실 보도라고 볼 수 없는 이유는 더 있습니다. 이야기의 무대는 갈릴래아 호수 주변입니다. 그곳에 과연 오천 명도 더 되는 사람이 운집할 수 있는 광장이 있었던가? 외딴곳이라고 말하면서 먹고 남은 것을 담은 열두 개의 광주리는 어디서 나왔는가? 현대적 음향 시설도 없고 자동 배식 장치도 없는 시기에, 오천 명 이상의 사람들에게 어떻게 배식할 수 있었나? 이 이야기는 그런 의문들에 답을 주지 않습니다.

예수님은 2천 년 전에 살았던 인물입니다. 우리가 그분에 대해 알 수 있는 것은 초기 신앙 공동체가 남긴 문서들 덕분입니다. 성서는 과거에 일어난 사실들을 역사적으로 정확하게 보도하는 역사서가 아닙니다. 그것은 예수님으로 말미암아 하느님에 대해 알아들은 사람들이 믿던 바를 알리려고 기록한 문서입니다. 그 안에는 예수님에 대한 그들의 회상과 그분으로 말미암은 그들의 믿음이 기록되어 있습니다. 그들은 구약성서를 잘 알고 있었습니다. 구약성서는 하느님이 당신을 믿는 백성과 함께 계신다는 모세의 가르침을 중심으로 이루어져 있습니다. 그 안에는 하느님이 광야에서 이스라엘 백성을 먹이셨다는 이야기(탈출 16장)도 있고, 예언자 엘리사가 보리떡 스무 개로 백 명을 먹였다는 이야기도 있습니다. 복음서를 기록한 이들은 예수님으로 말미암아 체험한 바를 구약성서의 언어를 빌려 이야기합니다.

이 이야기는 예수님이 "배에서 내리시며 많은 군중을 보시고는 그들을 측은히 여기시어 그들 가운데 있는 환자들을 고쳐 주셨다"는 말로 시작합니다. 군중들을 헤쳐 보내어 각자 먹을 것을 마련하도록 하자는 제자들의 제안에 예수님은 "여러분이 그들에게 먹을 것을 주시오"라고 말씀하십니다. 예수님은 구약성서의 모세처럼 하느님이 우리와 함께 계시다는 사실을 믿고, 하느님은 사람들을 가엾이 여기고 돌보아 주신다고 믿었습니다. 그래서 예수님이 병자들을 가엾이 여기고 그들을 고쳐 주셨다고 말합니다.

열왕기(2열왕 4,42-44)에 따르면 그 옛날 엘리사 예언자는 보리빵 스무 개로 백 명의 사람을 먹였습니다. 초기 신앙인들은 예수님이 엘리사보다 훨씬 더 큰 분이라고 생각했습니다. 그래서 그들은 이 복음에서 빵을 4분의 1로 줄여 다섯 개라 말하고, 먹은 사람은 50배로 늘려 오천 명이라고 말합니다. 유다교 지도자들은 병고와 굶주림을 하느님이 주신 벌이라고 가르쳤지만, 예수님은 사람들을 가엾이 여기며 고치고 베풀고 먹이는 은혜로운 하느님을 가르쳤습니다.

각자가 자기 병을 걱정하고, 각자가 자기 먹거리를 해결하는 것이 이 세상 질서입니다. 그러나 하느님을 믿는 사람은 이웃을 가엾이 여깁니다. 일용할 양식도 하느님이 베푸셨다고 생각하며, 감사하는 마음으로 이웃과 기꺼이 나눕니다. 우리 생명과 은혜로운 삶은 하느님이 베푸신 것입니다. 복음은 우리가 가진 것을 나누면, 우리 주변에 굶주림이 없어진다고 말합니다. 먹고 남은 것이 열두 광주리나 되었다는 말은, 나눔은 그렇게 풍요롭다는 말입니다.

마태오복음서

빈센트 반 고흐 「감자 먹는 사람들」 1885년, 네덜란드 암스테르담 반 고흐 미술관

물론 이 복음에는 초기 신앙 공동체가 실천하던 성찬에 대한 기억도 들어 있습니다. "빵 다섯 개와 물고기 두 마리를 드시고 하늘을 우러러 축복하신 다음, 떼어 제자들에게 주셨다"는 말은 신앙 공동체가 성찬을 위해 사용하던 표현 양식입니다. 그리스도 신앙의 중심에 있는 성찬, 곧 성체성사는 나눔의 신비를 우리에게 상기시킵니다.

그리스도 신앙은 하느님이 가엾이 여기고 베푸시는 분이니, 하느님을 믿는 신앙인도 이웃을 가엾이 여기고 그들과 나누라고 촉구합니다. 우리가 찾는 정의正義는 사람들에게 무자비할 수 있습니다. 받은 만큼 주고 준 만큼 받아 내는 것이 정의라고 우리는 생각합니다. 우리는 우리 잣대로 정의로운 사회와 공평한 사회를 추구하면서, 그 기준에 미달하는 사람들을 미워하고 비난하기도 합니다. 그러나 예수님의 정의와 공평은 생명을 베푸신 하느님을 기준으로 합니다.

복음서가 전하는 최후 심판 이야기(마태 25,31-46)는 정의와 공평을 위한 하느님의 잣대가 무엇인지 말해 줍니다. 이 이야기에서는 굶주린 사람에게 먹을 것을, 목마른 사람에게 마실 것을 주고, 나그네를 맞아들이고, 헐벗은 사람을 입혀 주는 것이 하느님의 정의와 공평을 실천하는 일이라고 말합니다. 하느님의 자녀들은 이웃을 가엾이 여기고 축복하며 살아야 합니다. 인간이 생각하는 정의와 공평은 부족합니다. 인간이 만든 제도로는 정의롭고 공평한 사회가 만들어지지 않습니다. 모두를 평등하게 살도록 하겠다고 나선 공산주의가 얼마나 냉혹한 사회를 만들었는지 우리는 잘 보았습니다. 그것은 가엾이 여김을 모르는 냉혹한 인간 사회를 만들었습니다. 하느님은 가엾이 여기며 나누는 따뜻한 숨결을 인간 안에 불어넣으셨습니다.

마태오복음서

물 위를 걸으시다

그리고 곧 예수께서는 제자들을 재촉하시어, 당신보다 먼저 배를 타고 건너편으로 가게 하시고, 그동안에 당신은 군중들을 헤쳐 보내셨다. 군중들을 헤쳐 보내신 후에 예수께서는 따로 기도하려고 산으로 올라가셨다. 저녁때가 되었는데도 홀로 거기 계셨다. 배는 이미 뭍에서 여러 스타디온 떨어져 있었는데 파도에 몹시 시달리고 있었다. 바람이 마주 불어왔기 때문이다. 예수께서는 밤 사경에 호수 위를 걸어 그들에게로 가셨다. 그러자 제자들은 그분이 호수 위를 걸어오시는 것을 보고 당황하여 "유령이다" 하며 두려워서 비명을 질렀다. 그러자 [예수께서는] 즉시 그들에게 이야기하시며 "힘내시오, 나요. 두려

워하지 마시오" 하셨다. 베드로가 예수께 대답하여 "주님, 주님이시
거든 저더러 물 위를 걸어 주님께로 오라고 명령하십시오" 하고 여쭈
었다. 예수께서 "오시오" 하시자 베드로는 배에서 내려 물 위를 걸어
서 예수께로 갔는데 [거센] 바람을 만나자 그만 두려워했다. 그래서
물에 빠지기 시작하자 비명을 지르며 "주님, 저를 구해 주십시오" 하
였다. 예수께서 즉시 손을 내밀어 그를 붙잡고 "믿음이 약한 사람, 왜
의심했습니까?" 하고 그에게 말씀하셨다. 그리고 함께 배에 오르니
바람이 그쳤다. 배 안에 있던 사람들은 그분에게 절하며 "주님은 참
으로 하느님의 아들이십니다" 하고 말하였다. (마태 14,22-33)

갈릴래아 호수에서 일어난 일을 이야기한 복음입니다. 예수님은 호
숫가 산에서 기도하고 계십니다. 제자들은 호수 건너편으로 가기 위
해 배를 타고 육지에서 멀리 떨어지자 역풍을 만나 시달리고 있습니
다. 한밤중에 예수님은 물 위를 걸어서 배에 오십니다. 제자들은 그분
을 유령이라 착각합니다. 예수님은 "힘내시오, 나요. 두려워하지 마
시오"라고 말씀하십니다. 그 말씀에 제자들은 예수님을 알아봅니다.
베드로는 예수님에게 청해서 물 위를 걷다가, 거센 바람이 불자 불안
해하여 물에 빠져들기 시작합니다. 베드로는 "주님, 저를 구해 주십
시오" 하고 비명을 지릅니다. 예수님이 손을 내밀어 그를 잡아 주고
배에 오르시자 바람이 그쳤습니다.

　　예수님은 기도하러 혼자 산으로 올라가셨습니다. 구약성서에 따
르면, 산은 하느님을 만나는 곳입니다. 기도하러 산에 올라가셨다는

말은 예수님은 하느님과 특별한 관계를 유지하셨다는 뜻입니다. 예수님과 헤어져 자기들만 배를 타고 떠났던 제자들은 물 위에서 바람과 파도에 몹시 시달립니다. 그때 예수님은 물 위를 걸어서 그들에게 오십니다. 같은 물 위에서 배를 탄 제자들은 파도에 시달리며 위험에 처해 있고, 예수님은 그 위를 태연하게 걸어오십니다. 제자들은 세파에 시달리지만, 예수님은 그런 것에서 자유로운 분이었다는 믿음을 담은 이야기입니다.

팔레스티나 주변에는 광야가 많이 있습니다. 게다가 강우량이 적어 물이 아주 귀합니다. 그런 여건에서 이스라엘 사람들에게 물은 생명과 같은 것이었습니다. "생수의 강"(요한 7,38)이라는 복음서의 표현은 그런 여건에서 쉽게 이해되는 말입니다. 그러나 그들은 많은 물은 두려워합니다. 갈릴래아 호수는 그들이 바다라고 부를 정도로 넓고 깊었습니다. 그 깊은 곳에 무엇이 있는지 알 수 없고, 사람이 아무 준비 없이 빠지면 죽습니다. 따라서 넓은 호수나 바다는 이스라엘 사람들에게 두려움의 대상이었습니다. 구약성서 창세기에는 노아의 홍수 이야기가 있고, 이집트 탈출기에는 홍해 이야기가 있습니다. 두 이야기 모두에서 물은 재난의 원인입니다. 따라서 이스라엘 사람에게 물은 생명이지만, 바다나 큰 호수 같은 물은 의심과 불안과 죽음을 의미하기도 합니다.

복음에서 제자들은 호수 위에서 거센 파도를 만나 불안에 떨고 있고 주위는 어둡습니다. 우리가 살아가면서 흔히 겪는 불안과 어둠의 극한 상황에 처해 있는 제자들입니다. 인간은 누구나 불안에 떨기도 하고, 헤어나지 못하고 죽을 것 같은 절망의 어둠에 빠지기도 합니다. 우리를 불안하게 하는 것들은 많습니다. 태풍, 폭우, 지진, 해일 같은 자연재해들이 있고, 테러와 전쟁처럼 인간이 만드는 재해도 있습니다. 우리를 늘 불안하게 하는 다른 일들도 있습니다. 언제 닥칠지 모르는 질병과 각종 사고들입니다. 그런 위험들이 우리를 늘 불안하게 합니다. 우리 자신을 불안하게 하는 것도 있고, 가족들을 불안하게 하는 일도 있습니다. 복음은 산에 올라가서 하느님과 함께 계셨던 예수님은 그런 불안과 어둠의 바다를 딛고, 그 위를 초연하게 걸으셨다고 이야기합니다.

제자들은 어려움 가운데서 예수님의 말씀을 듣고 그분을 알아봅니다. 그 말씀은 "힘내시오, 나요. 두려워하지 마시오"입니다. 하느님을 믿는 신앙인은 불안과 불행에서 면제된 사람이 아닙니다. 예수님으로 말미암아 하느님을 아버지로 믿는 신앙인은 불안과 공포 앞에서도 절망하지 않습니다. 신앙인은 예수님의 말씀을 듣고 하느님을 신뢰하면서 해결책을 찾습니다. 복음의 예수님은 공포에 떠는 제자들에게 두려워하지 말라고 말씀하십니다.

복음에서 베드로는 예수님에게 청해서 물 위를 걷습니다. 예수님을 신뢰하는 신앙인의 모습입니다. 그러나 베드로는 거센 바람에 시선을 빼앗기자, 자기 안전을 의심하였고 곧 물에 빠져듭니다. 예수님의 말씀 따라 걷는 신앙인이라고 해서 불안과 공포를 겪지 않는 것이 아닙니다. 예수님을 따르는 신앙인은 거센 바람을 만나고 자기를 삼킬 것 같은 불안과 공포가 닥쳐도, 그것에 시선을 빼앗겨 절망하지 않고 예수님의 말씀을 따라 걷습니다. "주님, 저를 구해 주십시오"라는 베드로의 비명은 불안과 공포를 마주한 신앙인의 부르짖음입니다.

예수님의 말씀을 따라 사는 사람은 불안과 공포를 겪으면서, 주님을 향해 부르짖습니다. 신앙인은 예수님과 함께 불안과 공포를 극복합니다. 신앙은 우리 삶에서 불안과 공포를 없애 주는 마술이 아닙니다. 하느님은 신앙인만을 기적적으로 보호해 주지도 않으십니다.

신앙인은 하느님이 베푸신 자신의 생명을 감사하며 사는 사람입니다. 이 세상과 나의 존재, 내가 사랑하는 사람들, 이 모두를 하느님이 베푸셨다는 사실을 깨닫고 감사기도를 드리며 삽니다. 신앙인은 복음의 예수님처럼 하느님께 늘 기도하고, 세파에 시달리는 사람을 찾아가 격려하고, 그들이 절망에 빠졌을 때는 구해 주는 노력을 합니다. 그리고 신앙인은 그들에게 말합니다. "용기를 내시오. 두려워하지 마시오." 신앙인은 말만 하지 않고 실제로 그들을 돕습니다.

하느님은 우리를 두려움에서 벗어나게 하십니다. 불안해하고 두려워하는 우리에게, 하느님은 나 한 사람이라는 나무만 보지 않고 숲을 보게 하십니다. 나무는 태어나고 자라고 사라지지만 숲은 계속 있습니다. 우리도 받았다가 잃고, 태어났다가 사라집니다. 태어남이 은혜로운 것이었듯이, 사라짐도 은혜로운 일입니다. 십자가를 지고 예수님을 따르라는 말씀이 있습니다. 하느님으로 말미암은 은혜로움을 주변에 실천하다가 십자가를 진 분이 예수님입니다. 예수님이라는 나무는 사라졌습니다. 그러나 우리의 실천 안에 살아 계신, 부활하신 예수님이라는 숲이 있습니다.

가나안 부인의 딸을 고치시다

신앙인이 차별과 적대감을 느낄 때

예수께서는 거기서 떠나 티로와 시돈 지방으로 물러가셨다. 마침 그 지역에서 어떤 가나안 부인이 나와서 외쳐 말하기를 "저를 불쌍히 여기소서, 주님, 다윗의 아드님, 제 딸이 모질게 귀신 들려 있습니다" 하였다. 예수께서 부인에게 한마디도 대답하지 않으시자 제자들이 다가와서 "부인을 돌려보내십시오. 저희 뒤에서 따라오며 외치고 있습니다" 하고 청하였다. 예수께서 대답하여 "나는 오직 이스라엘 가문의 잃은 양들에게 파견되었습니다" 하고 말씀하셨다. 그러자 부인이 와서 예수께 절하고 "주님, 저를 도와주십시오" 하고 말씀드렸다. 예수께서 대답하여 "자녀들의 빵을 집어 강아지들에게 던져 주는 것은

마태오복음서

좋지 않습니다" 하셨다. 그러자 부인은 "그렇습니다, 주님. 그러나 사실 강아지들도 그 주인들의 상에서 떨어지는 부스러기는 먹습니다" 하고 여쭈었다. 그때에 예수께서 대답하여 부인에게 "아, 부인, 당신의 믿음이 장합니다. 소원대로 당신에게 이루어질 것입니다" 하고 말씀하셨다. 그 시간부터 부인의 딸이 나았다. (마태 15,21-28)

복음은 예수님과 가나안 여인의 대화를 소개합니다. 그 대화를 사실 그대로 보도한 것이라고 생각하면, 이해되지 않는 부분이 많습니다. 가나안 여인은 예수님에게 딸을 고쳐 달라며 자비를 청합니다. 예수님은 아무 대답도 하지 않다가 말씀하십니다. "나는 오직 이스라엘 가문의 잃은 양들에게 파견되었습니다." 그 여인의 청을 거절하는 말씀입니다. 그러자 그 여인은 예수님께 다가와 엎드려 간청합니다. "주님, 저를 도와주십시오." 예수님이 대답하십니다. "자녀들의 빵을 집어 강아지들에게 던져 주는 것은 좋지 않습니다." 그러자 그 여인은 또 말합니다. "그렇습니다, 주님. 그러나 사실 강아지들도 그 주인들의 상에서 떨어지는 부스러기는 먹습니다." 예수님의 마지막 말씀입니다. "아, 부인, 당신의 믿음이 장합니다. 소원대로 당신에게 이루어질 것입니다." 바로 그 순간 여인의 딸이 나았다고 복음은 말합니다.

　이 이야기에서 예수님은 가나안 여인에게 전혀 자비롭지 않습니다. 자비를 간청하는 여인에게 예수님은 자비를 거절할 뿐 아니라 다가와 엎드려 간청하자, 강아지라는 모욕적인 단어까지 사용하여 거절하십니다. 그래도 그 여인은 간청합니다. 자존심이 전혀 없는 사람으로 보입니다. 예수님이 그 여인의 믿음을 칭찬하셨다고 복음서가 말하는데, 그렇다면 신앙은 강아지라 불리는 수모를 당하면서도 비굴하게 엎드려 간청하는 데 있다는 말인가, 의문이 생깁니다.

마태오 복음서를 집필한 공동체는 유다교 출신 그리스도 신앙인들로 구성되어 있었습니다. 그들은 예수님이 이교도 여인의 딸을 고친 이야기를 마르코복음서(7,24-30)에서 옮겨 적으면서, 유다적인 해석을 가미합니다. 유다인이 가진 자폐적 선민의식, 곧 하느님이 이스라엘을 당신 백성으로 택하셨다는 우월감을 가미하여 기록했습니다. 예수님은 유다인들을 위해 오신 분이고, 이교도인 가나안 여인이 예수님께 자비의 혜택을 얻어 내려면 그 정도의 수모는 당연히 감수해야 한다는 유다인 특유의 해석을 가미했습니다.

가나안 사람들은 이스라엘이 이집트에서 팔레스티나로 옮겨 와 정착하기 전, 그 땅의 원주민입니다. 기원전 1200년경 이스라엘 사람들은 하느님이 그들에게 주신 땅이라고 주장하면서, 무력으로 그 땅을 점령하였습니다. 지금도 팔레스티나 원주민들과 이스라엘 사람들은 분쟁하고 있습니다. 구약성서 시대부터 시작된 분쟁입니다. 예수님 시대에 이스라엘 사람들은 팔레스티나 원주민인 가나안 사람들을 멸시하며 강아지라 불렀습니다. 예수님이 그 시대 유다인들 사이에 통용되던 그 표현을 사용하셨을 수도 있고, 마태오복음서를 집필한 공동체가 예수님이 그 단어를 사용하신 것처럼 기록했을 수도 있습니다.

복음에서 우리가 알아들어야 하는 것은, 가나안 사람들에 대한 그 시대 유다인들의 적대감에도 불구하고, 예수님이 그 가나안 여인의 청을 들어주셨다는 사실입니다. 그뿐 아니라, 예수님은 그 여인의 과감한 행동을 칭찬하셨습니다. 예수님이 그의 청을 들어 딸을 고쳐 주고 그 여인을 칭찬하지 않으셨다면, 유다교 출신 그리스도인들이 복음서에 이 이야기를 굳이 싣지 않았을 것입니다. 예수님도 물론 유다인입니다. 그리고 동족인 유다인들에게 하느님의 나라를 가르치는 것이 당신 사명이라고 믿으셨습니다. 그러나 예수님은 타민족에 대한 유다인의 배타적 우월감에는 동조하지 않으셨습니다. 제1독서인 이사야서는 하느님이 이방인들도 당신의 거룩한 산으로 인도하고, 그들을 기쁘게 하신다고 말합니다. 예수님도 하느님은 모든 민족의 하느님이고, 모든 이에게 자비를 베푸신다고 믿으셨습니다.

예수님이 돌아가신 후, 제자들이 이스라엘의 경계를 넘어 타민족에게도 복음을 전한 것은 타민족에 대한 예수님의 개방적 자세를 기억하고 있었기 때문입니다. 그들은 그 기억을 되살려 유다인과 이교도를 차별하지 않고, 복음을 선포하며 신앙 공동체를 만들었습니다.

우리는 구실만 있으면 사람을 차별합니다. 한 민족이 다른 민족 앞에 우월감을 가집니다. 유다인이 비유다인을 외면합니다. 종교인들도 종파나 교파가 다르면, 갈등과 적의를 드러냅니다. 한 정당에 몸담은 정치인들은 다른 정당 사람들과 대화도 하지 않을 뿐 아니라, 사사건건 상대의 발목을 잡으려는 것이 우리의 정치 현실입니다. 인류는 무슨 이유에서든, 자기와 유類를 달리하는 사람을 배려하기보다 배척과 적의를 더 쉽게 배설합니다.

하느님은 우리가 만든 울타리 안에 갇혀 계시지 않습니다. 하느님은 한 종교가 만든 울타리 안에만 계시지 않고, 한 교파의 담장 안

윌리엄 블레이크 「연민」 1795년경, 미국 뉴욕 메트로폴리탄 미술관

마태오복음서

에 갇혀 계시지도 않습니다. 하느님은 모든 사람의 하느님이십니다. 하느님의 자비와 용서는 모든 이를 위한 것입니다. 인간이 지닌 배타성으로 하느님을 포장하지 말아야 합니다. 종교가 다르고 문화가 달라도, 하느님은 모두에게 자비로우십니다. 가나안 여인의 믿음을 예수님이 칭찬하셨다고 복음이 전하는 이유는, 이 여인이 이스라엘의 배타성과 적의에 적의로 맞서지 않고, 예수님 안에서 하느님의 자비를 읽고서, 그 자비가 구원이라는 사실을 표현했기 때문입니다.

인간은 이기적이며, 집단을 이루면 다른 집단을 무시합니다. 그래서 우리 사회와 역사는 산산이 찢겼습니다. 예수님으로 말미암아 하느님을 믿는 것은 그런 찢김에서 구원된다는 말이기도 합니다. 우리 생명은 하느님의 자비를 배워 실천하며 살아야 하기에, 하느님을 아버지라 부릅니다. 차별의 울타리들은 걷어 내야 하고, 배타성과 적의는 하느님의 자비와 사랑으로 녹여야 합니다. 그러면서 우리는 하느님의 자녀가 될 것입니다.

예수님은 하느님 자녀의 생명이 어떤 것인지 보여 주셨습니다. 그러나 악화가 양화를 구축하는 세상입니다. 예수님의 십자가가 그 진실을 우리에게 선포하고 있습니다. 배타성과 적의를 거부하는 것은 나의 기득권을 포기하는 일이 되기도 합니다. "내 뒤를 따르려면 자기 자신을 버리고 제 십자가를 지고 나를 따라야 합니다"(마르 8,34)라는 말씀이 있습니다. 이 세상에 하느님의 자비를 실천하는 것은 십자가 없이 되는 일이 아니라는 말씀입니다.

베드로의 고백

초기 신앙 공동체의 믿음

예수께서 카이사리아 필리피 지방으로 가셨을 때에 당신 제자들에게 "사람들이 인자를 누구라고 합디까?" 하고 물으셨다. 그러자 제자들은 이렇게 말씀드렸다. "어떤 이들은 세례자 요한이라고 하고, 다른 이들은 엘리야라고도 하며, 또 다른 이들은 예레미야나 예언자들 중의 한 분이라고도 합니다." 이어 예수께서 그들에게 "그러면 여러분은 나를 누구라고 하겠습니까?" 하고 물으시니, 시몬 베드로가 대답하여 "선생님은 살아 계신 하느님의 아들 그리스도이십니다" 하였다. 그러자 예수께서 대답하여 이렇게 말씀하셨다. "그대는 복됩니다, 시몬 바르요나! 사람이 아니라 하늘에 계신 내 아버지께서 그대에게 계시하신 것입니다. 나 또한 그대에게 말합니다. 그대는 베드로(바위)입니다. 나는 이 반석 위에 내 교회를 세울 터인데 저승의 성문들도 그것을 내리누르지 못할 것입니다. 나는 그대에게 하늘나라의 열쇠를 주겠습니다. 그러니 그대가 땅에서 매는 것은 하늘에서도 매여 있을 것이요, 그대가 땅에서 푸는 것은 하늘에서도 풀려 있을 것입니다." 그때에 예수께서는 당신이 그리스도라는 말을 아무에게도 하지 말라고 제자들에게 엄명하셨다. (마태 16,13-20)

카이사리아에서 있었던 베드로의 신앙고백과 베드로 위에 교회를 세우겠다는 예수님의 약속을 전합니다. 16세기 개신교가 분리되면서 가톨릭교회는 이 한 구절에서 로마교황의 수위권首位權에 대한 성서적 근거를 보려 하였습니다. 예수님이 베드로 위에 교회를 세우셨고, 베드로 사도의 후계자들이 로마교황들이므로, 로마교황을 받아들이지 않는 개신교 교회들은 모두 잘못되었다는 것입니다. 그와 반대로, 개신교 교파들은 이 복음 말씀이 베드로가 고백한 신앙 위에 교회를 세운다는 말씀이므로, 예수 그리스도를 믿는 신앙이 있는 곳에 교회가 있다고 주장했습니다. 그러나 오늘날 개신교와 가톨릭의 모든 성서학자들은 그런 논쟁을 하지 않습니다.

베드로 사도 위에 교회를 세운다는 복음 말씀은 마태오복음서를 집필한 시리아 지역 교회가 베드로 사도에 대한 특별한 애착과 평가를 담아 표현한 것입니다. 신약성서에는 예수님에 대한 제자들의 회상과 더불어 그들을 중심으로 이루어진 초기 신앙 공동체의 믿음도 담겨 있습니다. 예수님에 대한 제자들의 회상은 신앙인들의 삶 안에 녹아들었고, 그들이 믿고 있던 바가 신약성서에 기록된 것입니다.

그리스도 신앙은 예수님이 교회를 세우셨다고 말합니다. 이것은 예수님의 어떤 선포가 교회를 출현시켰다는 말이 아닙니다. 예수님의 삶, 죽음, 부활, 승천, 성령강림을 포함한 예수 그리스도의 사건이 교회를 발생시켰다는 말입니다. 예수님의 죽음에 실망한 제자들은 모두 흩어져 자기 고향으로 돌아갔습니다. 예수님이 부활하여 살아 계시다는 믿음이 그들 안에 발생하면서 다시 예루살렘으로 모여들었고, 그들이 교회를 출현시켰습니다. 그들은 부활하신 예수님이 "세상 종말까지 어느 날이나 항상"(마태 28,20) 성령으로 자기네와 함께 계신다고 믿었습니다. 그들은 자신들의 복음 선포와 신앙 공동체를 위한 봉사 안에 부활하신 예수님이 살아 계신다고 믿었습니다.

예수님의 제자들과 교회 초기 신앙인들은 모두 유다인이었습니다. 예수님의 죽음과 부활 사건 후에도 그들은 유다교 회당에 출입하였지만, 예수님이 부활하셨다는 그들의 믿음 때문에 점차 쫓겨납니다. 예수님을 죽인 당사자들이 유다교의 기득권층이었습니다. 그리스도 신앙인들은 그들의 박해를 받고 추방되면서, 그것이 주님이신 예수님을 따르는 길이라 생각했습니다. 그 사실을 반영하는 복음서 말씀이 있습니다. "제자가 제 스승처럼 되고 종이 제 주인처럼 되면 넉넉합니다. 그들이 집주인을 베엘제불이라 했다면 그 집 식구들에게야 얼마나 더하겠습니까!"(마태 10,25).

교회 제도나 조직을 예수님의 지상 생애와 관련지으려는 노력은 부질없는 일입니다. 교회 팽창과 더불어 조직의 필요성이 대두되었을 때, 초기 신앙인들이 볼 수 있었던 이상적 조직은 로마제국이었습니다. 제2차 바티칸공의회는 말합니다. 교회는 "'역사 안의 사회적 실재'이며 그 시대 사회로부터 '여러 가지 도움을 받는다'"(「현대 세계의 사목헌장」44). 로마제국 시대의 신앙 공동체가 조직상, 로마제국의 중앙 집권적 절대군주제도를 지향한 것은 당연한 일입니다. 그 시대 가장 실효성 있는 조직과 제도라고 생각했기 때문입니다.

사람들은 역사의 어느 시점에 도입된 조직과 제도를 예수 그리스도나 하느님과 연결시켜 절대적인 것이라 생각해 버릴 수 있습니다. 역사 안에 살아 있는 교회가 도입한 제도는 그 시대 교회를 위해 그 시대 사람들이 만든 것입니다. 그러나 한 시대의 것을 하느님의 이름으로 절대화하여 시대가 달라졌는데도 강요하면, 교회는 실효성 있는 공동체가 되지 못합니다. 과거의 한 생명체가 생명을 잃고 형태만 남은 것을 박제품이라 이릅니다. 그것들은 형태는 있으되 생명이 없고, 생명이 없으니 활기도 없습니다. 교회 제도가 시대를 외면하면, 복음적 삶과 생명을 질식시켜 버립니다.

오늘날에는 서로 다른 사람들이 다양한 의견을 수렴하고 각자가 자유롭게 토의하고 기여할 수 있을 때, 그 조직의 목적을 효율적으로 달성합니다. 과거 사회에서 군주나 영주는 한번 자리에 오르면, 그 인물의 실효성과 관계없이 군림하였습니다. 그 조직을 위해 전혀 기여하는 바가 없어도 '성은이 망극하고', 그 '통촉하심'으로 모두가 산다고 생각했습니다.

우리는 오늘 교회 제도가 어떤 실효성을 지니는지 물어야 합니다. 예수님도 제자들 사이에서 섬기는 분으로 자처하셨고, 죽음에 이르기까지 섬김을 실천하셨습니다. 그리스도의 복음은 인류를 위한 봉사를 요구합니다. 그러나 현재 교회 제도는 과연 자유로운 봉사를 펼치게 하는지, 아니면 일부 사람들은 기득권층으로 행세하고 신앙인들은 봉사를 외면하고 있지 않는지 생각해 보아야 합니다. 예수님은 유다교의 율법과 제도 안에 안주해 버린 유다교 기득권층을 비판하셨습니다. 스스로 새로워지지 않는 생명체는 살아남지 못합니다. 스스로 쇄신하지 못하는 집단은 그 목적을 달성하지 못합니다. 오늘날 텅 비어 버린 유럽 성당들은 우리에게 경고하고 있습니다.

교회도 새로워져야 하고 우리도 새로워져야 합니다. 지키고 바쳐서 천당에 가기 위한 그리스도 신앙이 아닙니다. 우리는 과연 이웃을 섬기는 사람들인지 자문해 보아야 합니다. 기득권을 주장하면서 행세하지 않고, 자유롭게 봉사하는 길을 배우는 것이 그리스도 신앙인으로 사는 길입니다. 복음이 말하는 베드로의 신앙고백처럼 예수님이 우리 안에도 섬김으로 살아 계신 그리스도가 되도록, 우리는 이웃을 위해 봉사해야 할 것입니다.

수난과 부활에 대한 첫 번째 예고

스스로를 내주고 하느님 안에 살아 계신 분

이때부터 예수께서는 당신 제자들에게 앞일을 밝히기 시작하셨으니, 당신은 마땅히 예루살렘으로 올라가 원로들과 대제관들과 율사들로부터 많은 고난을 겪고 죽임을 당했다가 사흘 만에 일으켜져야 한다는 것이었다. 그러자 베드로는 그분을 붙들고 나무라기 시작하며 "하느님께서 은혜로우시기를 빕니다, 주님! 결코 그런 일이 주님께 닥치지 않을 것입니다" 하였다. 그러니 예수께서 돌아서시어 베드로에게 "내 뒤로 물러가라, 사탄아! 너는 나에게 걸림돌이다. 하느님의 일은 생각하지 않고 사람들의 일만 생각하는구나" 하셨다. 그때에 예수께서는 당신 제자들에게 말씀하셨다. "누가 내 뒤를 따라오려면 자기 자신을 버리고 제 십자가를 지고 나를 따라야 합니다. 사실 제 목숨을 구하려는 사람은 목숨을 잃을 것이요, 나 때문에 제 목숨을 잃는 사람은 목숨을 얻을 것입니다. 온 세상을 벌어들인다 해도 제 목숨에 손해를 본다면 사람에게 무슨 소용이 있겠습니까? 혹은 사람이 제 목숨의 대가로 무엇을 내놓을 수 있겠습니까? 사실 인자는 자기 아버지의 영광에 싸여 자기 천사들과 함께 올 터인데 그때에 각자에게 그 행실대로 갚아 줄 것입니다." (마태 16,21-27)

예수님이 당신의 수난과 죽음을 제자들에게 예고한 이야기입니다. 예수님은 당신이 "예루살렘으로 올라가 원로들과 대제관들과 율사들로부터 많은 고난을 겪고 죽임을 당했다가 사흘 만에 일으켜져야 한다"고 제자들에게 말씀하셨습니다. 이 말씀을 들은 베드로가 나서서 스승을 말립니다. "주님! 결코 그런 일이 주님께 닥치지 않을 것입니다." 예수님은 베드로를 꾸짖으십니다. "내 뒤로 물러가라, 사탄아! 너는 나에게 걸림돌이다. 하느님의 일은 생각하지 않고 사람들의 일만 생각하는구나." 그리고 예수님은 말씀하십니다. "누가 내 뒤를 따라오려면 자기 자신을 버리고 제 십자가를 지고 나를 따라야 합니다."

복음은 예수님이 죽어서 사흘 만에 부활하리라는 사실을 미리 다 알고 계셨던 것같이 말합니다. 만일 예수님이 미리 다 알고 계셨다면, 예수님의 죽음은 인간의 참다운 죽음이 아닙니다. 죽어 가는 사람은 자기 사후의 일을 알지 못합니다. 인간은 죽음을 의심과 절망이 뒤섞인 심연으로 빠져드는 것으로 체험합니다. 예수님은 겟세마니에서

"아빠 아버지, 아버지께서는 어떤 일이든 하실 수 있사오니, 이 잔을 저에게서 거두어 주소서"(마르 14,36)라고 기도하셨습니다. 십자가에서는 "나의 하느님, 나의 하느님, 어찌하여 나를 버리셨습니까?"(마르 15,34)라고도 기도하셨습니다. 사흘 만에 부활하리라는 사실을 예수님이 과연 알고 계셨다면, 이 기도들은 죽음의 비극성을 과장하며 진실성이 결여된 것으로 보입니다.

예수님이 당신의 수난과 부활을 예고하자, 베드로가 나서서 그런 일은 없어야 한다고 스승을 말립니다. 베드로는 자기 스승이 유다교 실세로부터 고난을 당하고 죽기까지 하는 불행은 없어야 한다고 말씀드린 것입니다. 그렇다면 예수님은 당신에 대한 베드로의 충직한 사랑에 감동받았어야 할 것입니다. 그런데 예수님은 베드로를 '사탄'이라 부르면서, 당신에게 장애물이라고 꾸짖으시고 물러가라고 말씀하십니다.

복음서들이 예수님이 당신의 죽음과 부활을 미리 다 알고 계셨던 것같이 말하는 것은 그분이 죽음을 피하다가 잡혀서 어찌할 수 없이 죽임을 당하신 것이 아니라, 평소에 스스로를 내어 주고 쏟으신 결과가 죽음을 초래하였다는 사실을 말하려는 것입니다. 이것은 예수님의 삶과 죽음과 부활을 겪은 제자들이 도달한 해석입니다. 이 해석에 의하면, 예수님은 하느님의 생명을 충만히 사셨습니다. 예수님은 아버지이신 하느님이 우리와 함께 계신다고 가르쳤고, 하느님이 베푸시는 분이니, 예수님은 당신을 죽이는 사람들 앞에서도 스스로를 내어 주셨습니다. 이 해석이 반영되어 각 복음서는 예수님이 돌아가시고 부활하시리라고 세 번이나 예고했다고 기록합니다.

베드로가 스승을 말리자 예수님이 격한 반응을 보이는 것도 사실 보도라기보다는, 예수님에 대한 초기 신앙인들의 믿음을 이야기합니다. 우리가 주목할 것은 "하느님의 일은 생각하지 않고 사람들의 일만 생각하는구나"라는 말씀입니다. 하느님의 일은 스스로를 내어 주고 쏟는 데 있습니다. 베드로는 스승의 안전만 생각하고, 훌륭한 분이니 사람들의 존경과 대우를 받아야 한다고 생각합니다. 그것은 사람의 일만 생각하는 것이었습니다. 복음서는 예수님이 겪은 죽음 안에서 하느님의 일을 보라고 말합니다. 이어서 예수님은 말씀하십니다. "제 목숨을 잃는 사람은 목숨을 얻을 것입니다." 예수님은 스스로를 내어 주셔서 하느님 안에 살아 계시다는 고백입니다.

인간은 태어나서 철이 들면, 자기 일은 스스로 알아서 해결합니다. 자기가 알아서 하는 일에는 자기 미래를 위한 계획도 포함되어 있습니다. 그것을 위해 우리는 공부도 열심히 하고 자격증도 취득합니다. 수입이 있으면 저축도 하고 보험에도 가입합니다. 그런 일에 익숙한 우리는 신앙도 미래를 위한 대책이라 생각할 수 있습니다. '예수 믿고 구원받으라'는 거리 선교사들의 외침도 사후의 일을 위해 각자 대책을 세우라는 말입니다. 예수를 믿어서 구원받는 미래를 보장받으라는 말입니다. 그렇지 못하면, 하느님께 버림을 받아 불행한 운명을 맞을 것이라는 뜻도 포함되어 있습니다. 그런 이들이 말하는 하느님은 자비도 사랑도 없는 분입니다. 그것은 예수님이 믿고 가르친 하느님이 아닙니다.

그리스도 신앙은 우리 미래를 위한 대책이 아닙니다. 신앙은 하느님이 우리 안에 살아 계시게 하는 삶의 운동입니다. 자기를 중심으

마태오복음서

로 한 우리의 좁은 시야를 벗어나, 하느님이 중심에 계신 넓은 시야 안에서 살겠다는 것입니다. 우리를 중심으로 한 좁은 시야를 벗어나는 것은 때때로 고통스럽습니다. 그것을 이 복음은 '제 목숨을 잃는 일'이라고 표현했습니다. 나 혼자 배부르고, 나 혼자 많이 갖고, 나 혼자 편안하겠다는 우리의 좁은 시야입니다. 주변에 배고픈 사람과 고통에 우는 사람들이 보이고, 그들을 위해 우리가 할 일이 있다고 생각하며 하느님을 중심으로 한 넓은 시야에 사는 사람이 신앙인입니다.

하느님을 믿는 것은 비록 자기 자신을 소모하고 고통스러운 십자가가 있어도 하느님이 자비하시고 베푸시는 분이니, 스스로 그 자비와 베푸심을 실천하는 데 있습니다. 그것은 우리에게 일률적으로 강요된 일이 아닙니다. 각자 자기 능력만큼 또 원하는 만큼 실현하는 것입니다. 그리고 "저희는 쓸모없는 종입니다. 저희는 당연히 해야 할 일을 했습니다"(루카 17,10)라고 아버지 하느님께 말씀드리는 사람이 그리스도 신앙인입니다.

어린이처럼 자신을 낮추시오
하느님의 자녀가 누리는 평화와 자유

그 시간에 제자들이 예수께 다가와서 "하늘나라에서 누가 제일 큰 사람입니까?" 하고 물었다. 그러자 예수께서는 어린이 하나를 가까이 불러 그들 가운데에 세우시고 말씀하셨다. "진실히 여러분에게 이르거니와, 여러분이 마음을 돌이켜서 어린이들처럼 되지 않으면 결코 하늘나라에 들어가지 못할 것입니다. 그러므로 이 어린이처럼 자신을 낮추는 그런 사람이야말로 하늘나라에서 제일 큰 사람입니다. 그리고 내 이름으로 이런 어린이 하나를 받아들이는 사람은 나를 받아들이는 것입니다." (마태 18,1-5)

마태오복음서

아기 예수의 성녀 데레사 대축일입니다. 성녀 데레사는 프랑스의 비교적 부유한 중산층 가정의 9남매 중 막내딸로 태어났습니다. 19세기가 저물던 무렵입니다. 언니 두 사람이 가르멜 수녀원에 입회하자, 열다섯 살의 어린 나이에 이어서 입회하여 수도생활 9년 만에 스물넷의 나이로 세상을 떠났습니다. 그 시대에도 열다섯 살에 수도원에 입회하는 일은 드물었던 것으로 알려져 있습니다. 데레사 수녀가 세상을 떠나고 일 년 후 그 언니들이 그의 자전적 수기를 출판하였습니다. 그 책은 교회 안에 큰 반향을 불러일으켰습니다. 데레사 수녀 자신이 '작은 길'이라 부른 신앙생활에 대한 그 수기는 그 시대 신앙인들에게 신앙을 새롭게 이해하는 신선함을 주었습니다.

16세기에 있었던 소위 종교개혁이라 불리는 유럽 교회의 분열은 그리스도 신앙에 큰 상처로 남았습니다. 그 시대 신학은 다분히 논쟁적이고 방어적인 성격을 지녔습니다. 개신교가 자유로운 성경 독서를 신자들에게 권장하는 반면, 가톨릭교회는 로마교황청의 해석에 준한 독서를 요구하였고, 엄격한 통제로 신앙의 정통성을 지킨다고 믿었습니다. 그것은 개신교와 같은 분열이 다시는 발생하지 않도록 하겠다는 안전장치였습니다.

'은총만으로' 구원받는다는 개신교의 주장에 맞서 가톨릭교회는 '은총을 얻는 방법'으로 인간 공로功勞의 중요성을 가르쳤습니다. 따라서 은총은 우리가 쌓은 공로에 대한 대가와 같이 오해되었습니다. 신앙생활은 행업行業 위주의 엄격한 윤리로 흘렀습니다. 하느님은 사람의 행업에 따라 상과 벌을 주는 분으로 이해되었습니다. 통회, 보속, 희생 등이 그 시대의 신앙생활이었습니다.

아기 예수의 데레사를 연구한 어떤 학자는, 그 수녀의 '작은 길' 주장에 큰 영향을 준 것은 로마서의 다음 구절이었다고 말합니다. "높이나 깊이도, 다른 어떠한 피조물도 우리 주 예수 그리스도 안에 있는 하느님의 이 사랑에서 우리를 갈라놓을 수 없을 것입니다"(8,39). 구원은 "인간이 원한다고 해서 되는 일도 아니요 노력한다고 해서 되는 일도 아닙니다. 그것은 오로지 불쌍히 여기시는 하느님께 달려 있습니다"(9,15-16). 이 두 구절은, 신앙은 인간의 행업이 아니라 하느님의 불쌍히 여기심을 믿는 것이 핵심이고, 그 불쌍히 여기시는 하느님이 우리와 함께 계시는 데 장애가 되는 것은 아무것도 없다는 말씀입니다.

데레사 수녀는 자기가 성서를 읽고 깨달은 대로 살았습니다. 우리가 그리스도 신앙의 역사에 큰 족적을 남긴 이들을 기억하는 것은, 그들을 영웅이나 우상으로 만들기 위해서가 아닙니다. 그들로 말미암아 그리스도 신앙의 역사에 새로운 언어와 실천이 발생했기 때문입니다. 그들은 성서의 문자 안에 들어 있는 그리스도 신앙 체험을 읽어 내어, 자신의 삶 안에서 창의성 있게 새로운 언어와 새로운 실천으로 남겼습니다. 그들이 남긴 언어와 실천은 우리에게 새 빛이 되어 우리의 창의력을 자극합니다. 데레사 수녀는 복음서 안에서 중요한 자리를 차지하는 '어린이'라는 주제를 잘 조명하였습니다. 그리고 자신의 삶 안에서 독창적으로 실천하여 새 언어를 발생시켰습니다.

복음은 "여러분이 마음을 돌이켜서 어린이들처럼 되지 않으면 결코 하늘나라에 들어가지 못할 것입니다"라고 말합니다. 어린이처럼 미성숙하게 살라는 뜻은 물론 아닙니다. 오늘날 어린이는 집안의 우상입니다. 그러나 예수님 시대의 어린이는 약자였고 자기를 내세우거나 자기주장을 하지 못하는 존재였습니다. 어린이는 자기의 행업에 따라 부모가 베푼다고 생각하지 않습니다. 어린이는 부모가 베푸는 것을 당연하다고 믿고 부모를 신뢰합니다. 그리고 부모의 은혜로움을 전혀 의심하지 않습니다. 어린이는 부모가 함께 있다는 사실에 안심하고 행복해합니다.

예수님은 하느님을 아버지라 부르면서 아버지는 사랑하시고 자비로운 분이라고 가르치셨습니다. "아버지께서 나를 사랑하신 것처럼 나도 여러분을 사랑했습니다"(요한 15,9). "내가 여러분에게 명하는 바는 이것입니다. 여러분은 서로 사랑하시오"(15,17). 그러나 우리는 그 사랑을 쉽게 실천하지 못합니다. 우리는 이기적이고 불안한 사람들이라 우리에게 유익한 것을 먼저 찾습니다. 사랑에는 보장이 없습니다. 상거래는 준 만큼 받는다는 보장이 있습니다. 하느님이 우리와 함께 계신다는 사실에는 보장이 없습니다. 우리는 이해타산에 밝고 다른 사람들 앞에 자기의 우월함을 과시하면서 안심합니다. 우리는 자신의 우월함이 긍정되고 주변 사람들을 압도하면 성공했다고 생각합니다. 우리는 자신의 소중함에 사로잡혀 있습니다. 하느님은 우리가 죽어서 만날 분으로 우리 삶에서 밀려나 있습니다. 어린이라는 주제가 의미하는 바와 다른, 우리의 정신 현실입니다.

"어린이가 되라"는 복음 말씀은 자기 위주로 살지 말고 자만자족하는 길을 찾지 말라는 말씀입니다. 하느님이 우리와 함께 계시다는 사실을 받아들이고 하느님 중심의 새로운 시야를 가지라는 말씀입니다. 그분은 우리를 심판하고 벌주려고 계시지 않습니다. 하느님을 아버지라 부른 예수님은 하느님 앞에서 당신 공로를 생각하지도 찾지

「리지외의 성녀 데레사」(스테인드글라스, 부분) 2015년, 미국 오하이오 밀러스버그 성 베드로 성당

마태오복음서

도 않으셨습니다. 예수님은 어린 자녀와 함께 있는 부모처럼 하느님이 우리와 함께 계신다고 믿었습니다. 하느님이 함께 계신다는 자각은 우리를 불안하게 하지 않고, 신뢰와 기쁨에 젖어 살게 합니다. 함께 계시는 하느님에 대한 자각은 우리를 짓누르는 잡다한 근심에서 해방시켜, 하느님의 자녀가 누리는 평화와 자유를 체험하게 합니다.

부모가 함께 있으면 자녀는 평화와 자유를 누립니다. 하느님이 함께 계신다는 자각은 신앙인의 마음가짐과 몸가짐에 변화를 일으킵니다. 자녀는 부모에게 배우면서 사람 노릇을 합니다. 하느님이 불쌍히 여기시듯이, 하느님의 자녀인 우리도 불쌍히 여기는 사람이 됩니다. 하느님이 사랑하시듯이, 우리도 사랑하는 사람이 됩니다. 하느님이 베푸셨듯이, 우리도 베푸는 사람이 됩니다. 우리의 뜻이 이루어지는 곳에는 하느님이 계시지 않습니다. 하느님의 뜻이 이루어지는 곳에 하느님이 계십니다. 하느님의 생명이 우리 몸짓 안에서 그 형체를 나타냅니다. 우리 자신만 생각하던 우리의 몸짓이 하느님을 기억하고 그분의 일을 행하는 몸짓으로 변합니다.

하느님이 함께 계신다는 사실을 믿는다면, 우리의 신앙생활도 좀 더 기쁘고 신뢰로 가득 차게 될 것입니다. 지키고 바쳐서 더 많이 얻어 내고 더 잘되고 싶은 속물근성에서 해방될 것입니다. 하느님이 함께 계신다는 사실을 믿는 사람은 참으로 자유롭게 호연지기를 누릴 수 있을 것입니다. 그리스도인은 예수님이 보여 주신 하느님 자녀의 진리를 배우는 사람입니다. 그리스도인은 불쌍히 여기고 베푸시는 하느님 생명이 하는 일을 자기의 마음가짐과 몸가짐으로 나타내면서 하느님 자녀의 생명을 삽니다.

형제를 바로잡아 주시오

교회, 이웃을 사랑하고 용서하며 섬기는 이들의 모임

"당신의 형제가 [당신에게] 죄를 짓거든 가서 당신과 그만이 마주하여 그를 책망하시오. 만일 그가 당신의 말을 들으면 당신은 그 형제를 얻은 것입니다. 그러나 듣지 않거든 당신과 함께 한 사람이나 두 사람을 더 데리고 가시오. 두 증인이나 세 증인의 입으로 모든 일이 확정되도록 하려는 것입니다. 그가 그들의 말도 귀담아듣지 않거든 교회에 말하시오. 교회의 말도 귀담아듣지 않거든 당신은 그를 이방인이나 세리처럼 여기시오. 진실히 여러분에게 이르거니와, 여러분이 땅에서 매는 것은 하늘에서도 매여 있을 것이요, 여러분이 땅에서 푸는 것은 하늘에서도 풀려 있을 것입니다." (마태 18,15-18)

신앙인이 자기에게 잘못을 저지른 이웃을 어떻게 대해야 하는지 말합니다. "네 형제가 너에게 죄를 짓거든, 가서 단둘이 만나 그를 타일러라. 그가 네 말을 듣지 않거든, 한두 사람을 더 데리고 가서 타일러보고, 그래도 듣지 않거든 교회에 알리고, 교회의 말도 듣지 않으면, 이방인이나 세리처럼 생각하라"는 말씀입니다. 이것은 구약성서 레위기에 있는 말을 마태오복음서를 집필한 공동체가 옮겨 와 해석하여 기록한 것입니다. 레위기는 이렇게 말합니다. "마음속으로 형제를 미워해서는 안 된다. 동족의 잘못을 서슴없이 꾸짖어야 한다. … 동포에게 앙갚음하거나 앙심을 품어서는 안 된다"(19,17-18). 자기에게 잘못을 저지른 형제를 미워하거나 보복하지 말고, 타이르는 노력을 하라는 말입니다.

마태오복음서를 집필한 공동체는 유다교 출신 그리스도인들로 구성되어 있었습니다. 따라서 그들이 잘 알고 있는 율법서의 표현을 빌려, 예수님이 가르친 이웃 사랑을 구체적으로 해석하며 기록했습니다. 그들은 그런 노력이 예수님의 가르침을 그들 공동체 안에 살아 있게 한다고 믿었습니다. 이 복음은 당시 그들이 그리스도 공동체 안에서 실천하던 바를 요약한 것입니다. 이 말씀을 자구 그대로 오늘 우리를 위한 실천 지침으로 생각하지 말아야 합니다. 2천 년 전 행동 지침은 오늘 그대로 통용될 수 없습니다. 시대가 다르면, 사람들의 행동 방식도 달라집니다.

옛사람들은 타일러 주는 일이 많았습니다. 그것은 미덕이고 사랑이었습니다. "좋은 약은 입에 쓰고, 좋은 말은 귀에 거슬린다"는 격언이 통용되던 시대입니다. 옛날에는 할아버지나 할머니가 손자, 손녀들을 데리고 앉아 잘 타일렀습니다. 그리고 아이들은 어른들의 말씀을 귀담아들었습니다. 그러나 오늘은 그런 현상이 사라졌습니다. 현대인은 타이르는 행위를 불필요한 간섭으로 여기고, 충고를 불쾌하게 생각합니다. 각별히 가까운 사이가 아니면, 충고는 상대방의 자율성을 침해하는 주제넘은 일로 이해됩니다. 오늘은 각자가 다양한 매체를 통해 정보를 얻고, 각자 취사선택하여 자율적으로 행동하며 삽니다. 따라서 오늘날 충고는 이웃의 자율성을 침해하는 일로 보일 수 있습니다.

이 복음에서 우리가 알아들어야 하는 것은 이웃을 위해 최선을 다하는 마음입니다. 복음은 비록 과거에 자기에게 피해를 준 이웃일지라도 외면하거나 미워하지 말고 형제자매로 대하는 노력을 하라고 말합니다. 이웃이 나에게 잘못을 저지르면 먼저 둘이 만나서 타이르고, 그것으로 관계가 회복되지 않으면 한두 사람을 더 데리고 가서 타이르고, 그래도 되지 않으면 교회 공동체에 알리면서까지 최선을 다하라는 말입니다. 그러나 그런 시도들이 모두 실패하면, 그를 이방인이나 세리와 같이 생각하라는 말도 있습니다. 자기에게 피해를 준 사람과의 관계 회복을 위해 최선을 다하되, 그것이 실패할 경우에는 이교도나 세리에게 하듯이, 그를 건드리지 말고 가만히 두라는 말입니다. 그 시대 유다인들에게 이교도나 세리는 미워하고 말살해야 하는 대상이 아니었습니다. 그들은 일정한 거리를 두고 함께 살아야 하는 사람들이었습니다.

사실 우리가 이웃을 용서하려 해도, 그 마음이 이웃에게 전달되지 않을 수 있습니다. 나는 내가 피해자라고 생각하지만, 이웃은 자기

마태오복음서

가 피해자라고 생각할 수도 있습니다. 내가 좋은 의도를 가졌다고, 그것이 이웃에게 반드시 전달된다는 보장도 없습니다. 나는 용서할 마음의 준비가 되었어도, 상대방은 받은 상처 때문에 많이 아파하고 있을 수 있습니다. 따라서 그의 상처가 치유되도록 기다릴 줄도 알아야 합니다. 이웃 사랑은 먼저 이웃을 있는 그대로 존중하고, 그의 처지를 이해하려 노력하는 데서 시작합니다. 예수님의 이름으로 모인 사람들은 예수님의 실천을 따릅니다. 예수님의 실천이 우리 삶 안에 나타날 때, 부활하신 예수님이 우리 안에 살아 계십니다. "내가 여러분에게 명하는 바는 이것입니다. 여러분은 서로 사랑하시오"(요한 15,17).

예수님은 병자를 고쳐 주고, 세리와 죄인들과도 어울렸습니다. 그래서 그분은 유다교 기득권자들에게 '세리들과 죄인들의 친구'(마태 11,19)라는 인신공격성 혹평을 들었습니다. 그 시대 유다교의 해석에 따르면, 세리와 죄인은 하느님이 버린 사람들입니다. 따라서 하느님을 믿는 신앙인도 세리와 죄인은 버려야 합니다. 그 시대 유다교는 사람들이 병을 앓는 것은 하느님이 벌하셨기 때문이라고 믿었습니다. 그런 유다교 사회에서 예수님이 사람의 병을 고쳐 준 것은 하느님의 뜻을 거역하는 범죄 행위로 보였습니다. 예수님은 유다교 당국이 죄인이라 외면하던 사람들과 어울리면서, 하느님은 사람을 버리지 않고 벌주지도 않으신다는 사실을 인식시키려 하였습니다.

교회는 예수님의 가르침을 따라 살기 위해 모인 사람들의 공동체입니다. 그들이 모인 것은 재물이나 명예를 얻거나, 친목을 도모하기 위한 것이 아닙니다. 그들은 예수님의 말씀을 듣고 실천하여, 부활하신 예수님이 오늘도 우리 안에 살아 계시게 합니다. 교회는 먼저 섬기는 사람들의 공동체입니다. 예수님은 "섬김을 받으러 온 것이 아니라 오히려 섬기러 왔습니다"(마르 10,45)라고 말씀하셨습니다. 당신 이름 으로 모인 사람들도 당신처럼 섬기면서 살길 원하셨습니다. "여러분 가운데서 크게 되고자 하는 사람은 여러분을 섬기는 사람이 되어야 합니다"(10,43)라고도 말씀하셨습니다. 신앙인들의 공동체에 자발적 섬김이 돋보여야 한다는 말씀입니다. 가난한 이, 병든 이, 버려진 이 들을 위해 섬김을 실천하는 신앙인들의 공동체라야 합니다.

교회는 이웃을 사랑하고 용서하며 섬기는 이들의 모임입니다. 예 수님이 말씀하신 용서와 사랑을 실천하며 사는 사람들의 모임입니 다. 신앙인은 어떤 이유에서라도 이웃 앞에 우월감을 가지지 않습니 다. 신앙을 동기로 모였다고 하면서, 모여서 기도한다고 하면서, 남을 비방하고 성토하는 것은 신앙인의 자세가 아닙니다. 그것은 배 아픈 사람의 모습입니다. 신앙 공동체에는 섬김이 돋보여야 합니다. "사랑 은 하느님으로부터 오고 사랑하는 모든 이는 하느님에게서 났고 하 느님을 압니다"(1요한 4,7)라고 요한 사도는 말합니다. 사랑이 있는 곳 에 하느님이 계신다는 말입니다. 예수님도 군림하지 않고, 십자가에 서 죽기까지 스스로를 내어 주고 쏟으면서 섬기고 사랑하셨습니다.

몇 번이든 용서하시오

자비와 용서를 위한 힘든 노력

"거듭 [진실히] 여러분에게 이르거니와, 여러분 가운데서 둘이 땅에서 합심하여 청하는 것은 무슨 일이든 하늘에 계신 내 아버지께서 그들에게 이루어 주실 것입니다. 사실 둘이나 셋이 내 이름으로 모여 있는 거기 그들 가운데 나도 있습니다." 그때에 베드로가 다가와서 예수께 "주님, 제 형제가 제게 죄를 지으면 그를 몇 번이나 용서할까요? 일곱 번까지 할까요?" 하고 여쭈었다. 예수께서 그에게 말씀하셨다. "당신에게 이르거니와, 일곱 번까지가 아니라 일흔 번을 일곱 번까지라도 하시오." (마태 18,19-22)

복음은 "둘이 땅에서 합심하여 청하는 것은 무슨 일이든 하늘에 계신 내 아버지께서 그들에게 이루어 주실 것"이라는 말씀과 "둘이나 셋이 내 이름으로 모여 있는 거기 그들 가운데 나도 있다"는 예수님의 말씀을 전합니다. 이 두 말씀을 분리해서 알아들으면 의미가 달라집니다. 두 사람이 청하면 하느님이 들어주신다는 뜻으로 알아들을 수 있습니다. 이 두 말씀은 서로 보완해서 의미를 발생시킵니다. 두 사람이 합심하여 하느님에게 청하되 그 합심의 동기가 예수님이라야 하고, 두 사람이 합심한 결과가 예수님의 삶과 운명을 표현하는 것일 때 하느님이 그들의 원의를 이루어 주신다는 말씀입니다.

구약성서에서 모세가 하느님의 이름을 알려 달라고 청하고 야훼라는 이름을 알면서부터 이스라엘 백성은 하느님의 백성이 되었습니다. 하느님이 이름을 알려 주신 것은 당신을 부르는 백성이 되라는 뜻입니다. 그리고 그들이 하느님을 부르면 하느님은 함께 계신다는 사실을 약속한 것입니다. 따라서 하느님의 이름을 부르면서 모인 백성은 하느님의 이름으로 모인 것이고, 그 백성과 함께 하느님은 살아 계신다는 뜻입니다.

이스라엘 백성에게 이름은 그 인물의 활동과 운명을 상징합니다. 우리 문화권에서도 사람의 이름은 존엄한 것으로 생각됩니다. 예수님의 이름으로 모인 사람들이라면, 예수님을 부르면서 그분이 하신 일과 운명을 자신의 생활지표로 삼은 사람들입니다. 따라서 그들의 삶은 특정한 양식으로 예수님의 활동과 운명을 표현하고, 그들을 보면 예수님의 활동과 운명이 단편적으로 보입니다. 그 사실을 복음은 "둘이나 셋이 내 이름으로 모여 있는 거기 그들 가운데 나도 있다"고

마태오복음서

표현했습니다.

예수님은 하느님이 어떤 자비와 어떤 용서인지 가르쳤습니다. 그 시대 유다교 지도자들은 걸핏하면 사람들을 죄인으로 만들었습니다. 율법을 잘 지키지 못하면 죄인이고, 성전에 십일조를 바치지 않아도 죄인입니다. 병들거나 불행에 빠진 사람들도 모두 자기네 죄 때문에 하느님께 벌 받는 사람들이었습니다. 그러나 예수님의 가르침은 달랐습니다. 하느님은 사람들을 불쌍히 여기고, 자비하시며 용서하는 분이었습니다. 예수님은 결코 이 점을 양보하지 않았습니다. 예수님은 유다교 지도자들에게 죄인으로 판결받고 사형당하면서도 아버지 하느님을 부르며 돌아가셨습니다. 사람들은 그분을 죽였지만, 하느님은 그분을 당신 안에 살려 놓으셨다는 믿음이 그리스도 신앙입니다.

그 신앙은 그 시대 로마제국 안에 급속히 전파되었습니다. 온갖 박해에도 불구하고 신앙인들은 자비와 용서로 채색된 예수님의 활동과 운명을 표현하는 데 용감했습니다. 세월이 흘러 4세기 후반에 이르자 그리스도 신앙이 로마제국의 국교가 됩니다. 그와 더불어 교회도 그 사회의 기득권층이 되었습니다. 4세기 말부터 시작된 소위 야만족의 이동이라 불리던 게르만족의 유럽 대륙 내 이주로 발생한 혼란의 와중에, 로마 문화와 동일시된 그리스도 신앙은 지배층의 종교와 문화가 되었습니다. 중세 봉건사회의 출현과 그 정착에 절대적 기여를 한 것이 교회였습니다. 그러나 교회 공동체 지도자들이 그 사회 기득권층이 되면서, 교회는 서서히 예수님이 보여 준 자비와 용서의 하느님, 고치고 살리시는 하느님을 잃었습니다. 사회질서와 기강 확립을 위해서는 단죄와 벌이 더 효율적이었습니다. 예수님이 가르친 섬김보다는 다스림이 더 효과적이었습니다. 인간이 구상해 낸 통치 언어 안에서 하느님이 사라져 갔습니다. 그리스도 신앙언어가 통치자의 언어가 되면서 나타난 것이 파문, 조당 등의 단죄 언어들입니다.

우리가 믿고 있는 하느님이 과연 자비하고 용서하시는 분인지 자문해 보아야 합니다. 우리는 예수님의 이름으로 모인 사람들입니다. 우리는 그분의 활동과 운명을 역사 안에 지속시키는 사람들입니다. 우리 삶 안에 예수님이 보여 주신 자비와 용서를 위한 힘든 노력이 조금은 있어야 합니다. 그런 노력이 있다는 것을 전제로, 예수님은 복음에서 "둘이나 셋이 내 이름으로 모여 있는 거기 그들 가운데 나도 있습니다"라고 말씀하십니다.

오늘은 남과 북으로 분단되어 서로 적대시하고 있는 우리 민족의 비극을 극복할 수 있도록 비는 '민족의 화해와 일치를 위한 기도의 날'입니다. 조선 말기 조정은 당파 싸움으로 사분오열되어 서로 상대방의 발목 잡기에 분주했습니다. 대한민국 국회에서도 그 유산을 보고 있습니다. 국회의원 세비 인상이나 국회의원을 한 번만 하여도 보장되는 평생 연금 같은 것을 결의할 때만 그들은 의견 일치를 보지, 그 외의 일에는 사사건건 서로 발목 잡는 일만 하고 있습니다. 조선 말기에 일본은 메이지유신明治維新으로 서방 문물을 받아들여, 국내를 정비하고 국력을 보완했습니다. 그러면서 일본은 무력으로 한반도를 점령하여 식민지로 삼았습니다. 왕은 폐위당하고 왕자들은 볼모로 일본에 끌려가고, 왕비는 궁내 정원에서 일본 무사들이 불태워 죽였습니다. 일본의 한국 식민지 통치가 시작된 것입니다.

오늘까지도 한국의 언론에 오르내리는 징용, 징병, 정신대라는

움베르토 보초니 「동시적 투시」 1911~1912년경, 독일 부퍼탈 폰 데어 호이트 미술관

이름의 군대와 위안부 문제 등이 모두 일제강점기에 이 땅에서 자행된 일들입니다. 제2차 세계대전 말기에 일본의 패색이 짙었을 때, 소련은 일본에 선전포고를 하면서 연합군에 가담하였습니다. 몇 달 후 일본이 무조건 항복하자 소련은 제2차 세계대전의 전승국이 되었습니다. 연합국은 소련에게 일본의 일부를 내어 주지 않기 위해, 조선을 이등분하여 북조선에 소련군이 진주하게 하였습니다. 미국이 점령했던 남한에는 대한민국이라는 민주국가가 탄생하고, 북조선에는 김일성이 공산주의 정부를 세웠습니다. 그리고 5년 후 남침을 감행했습니다. 미국 중심의 연합군의 개입으로 남한은 공산화되지는 않았지만, 3년간의 전쟁 후 휴전 상태가 60년이 넘도록 지속되고 있습니다. 그 후 도끼 만행 사건, 천안함 침몰 사건, 연평도 포격 사건 등 많은 사건들은 휴전이라는 것이 얼마나 불안한 것인지 잘 보여 주었습니다.

'민족의 화해와 일치를 위한 기도의 날'을 맞이하여, 우리 민족이 분단으로 말미암은 아픔과 비극을 더 이상 겪지 않고 한 민족으로 평화롭게 살 수 있기를 빕니다. 분단되면서 남북 간에 얽히고설킨 비극이 많았습니다. 남한이 일방적으로 용서한다고 해결될 상황도 아닙니다. 남과 북의 통치자들이 선의의 협상을 거쳐서 이루어야 할 통일입니다. 그간 민족의 동질성도 많이 훼손되었고, 분단의 골은 깊어만 가고 있습니다. 불가능한 현실을 바라보면서 기도해야 하겠습니다. "여러분 가운데서 둘이 땅에서 합심하여 청하는 것은 무슨 일이든 하늘에 계신 내 아버지께서 그들에게 이루어 주실 것입니다." 남북 분단의 아픔을 안고 살아가는 그리스도 신앙인이 가져야 하는 희망이고, 아버지이신 하느님께 마음 모아 빌어야 하는 기도입니다.

무자비한 종 비유

하느님으로부터 흐르는 자비를 차단한 사람

그때에 베드로가 다가와서 예수께 "주님, 제 형제가 제게 죄를 지으면 그를 몇 번이나 용서할까요? 일곱 번까지 할까요?" 하고 여쭈었다. 예수께서 그에게 말씀하셨다. "당신에게 이르거니와, 일곱 번까지가 아니라 일흔 번을 일곱 번까지라도 하시오." "그러므로 하늘나라는 자기 종들과 셈을 밝히고자 하는 어떤 왕과 같습니다. 왕이 셈을 밝히기 시작하자 일만 탈렌트 빚진 사람이 왕에게 끌려왔습니다. 그가 전혀 갚을 길이 없었으므로 주인은 그 자신도 아내도 자녀도 팔고 또 그가 가진 것은 모두 처분하여 갚으라고 명령했습니다. 그러자 종이 엎드려 주인에게 절하며 '제 사정을 봐주십시오. 당신께 모두 갚아

드리겠습니다' 하고 말했습니다. 그 종의 주인은 측은히 여겨 그를 풀어 주고 그 부채를 삭쳐 주었습니다. 그런데 그 종은 나가다가 자기에게 백 데나리온을 빚진 자기 동료 종 하나를 만나자 그를 붙잡고 목을 조르면서 '빚진 것을 갚아라' 했습니다. 그러자 그의 동료 종은 엎드려 간청하며 '내 사정을 봐주게. 그러면 자네에게 갚아 주겠네' 했습니다. 그러나 그는 그러고 싶지 않아 물러가서는, 빚진 것을 갚을 때까지 그 동료 종을 감옥에 집어넣었습니다. 그러자 그의 동료 종들이 그 벌어진 일을 보고 몹시 민망한 나머지 가서 자기들의 주인에게 그 일을 모두 자세히 일러바쳤습니다. 그때에 그의 주인은 그를 불러들여 이렇게 말했습니다. '악한 종아, 네가 간청하기에 나는 너에게 그 빚을 모두 삭쳐 주었다. 내가 너를 불쌍히 여긴 것처럼 너도 네 동료 종을 불쌍히 여겨야 할 줄 몰랐더냐?' 그의 주인은 진노하여, 빚진 것을 모두 갚을 때까지 그를 형리들에게 넘겨주었습니다. 여러분이 각자 자기 형제를 마음으로부터 용서하지 않으면 하늘의 내 아버지께서도 여러분에게 그와 같이 하실 것입니다." (마태 18,21-35)

복음은 우리에게 잘못한 이웃에게 어떻게 처신해야 하는지 가르칩니다. 먼저 베드로의 질문으로 시작합니다. "주님, 제 형제가 제게 죄를 지으면 그를 몇 번이나 용서할까요? 일곱 번까지 할까요?" 잘못을 저지른 형제를 일곱 번까지라도 용서해야 하느냐는 물음입니다. 베드로는 일곱 번은 너무 많다는 답을 기대하고 있습니다. 우리는 한 번은 어렵게 용서하지만, 두 번까지는 하지 않습니다. "한 번 속지, 두 번

속느냐?"는 말도 있습니다. 그러니 '일곱 번까지'라는 베드로의 물음은 우리 상식을 넘어서까지 하라는 말이냐는 것입니다. 그런데 예수님은 "일흔 번을 일곱 번까지라도 하시오"라고 말씀하십니다. 70×7 = 490번! 한없이 하라는 말씀입니다.

예수님은 이어서 비유 하나를 말씀하십니다. 일만 탈렌트를 빚진 종이 그 빚을 갚을 길이 없자, 주인은 그를 가엾이 여겨 부채를 탕감해 주었습니다. 그러나 그 종은 그곳에서 나와 자기에게 백 데나리온을 빚진 동료를 만나, 그를 가엾이 여기지도 않고 빚을 갚으라고 강요합니다. 그것이 원인이 되어 그가 주인으로부터 받은 일만 탈렌트의 용서가 취소되었다는 이야기입니다. 참고로, 한 데나리온은 그 시대 한 가정이 하루를 먹고 사는 비용입니다. 그리고 한 탈렌트는 육천 데나리온입니다. 그러니 일만 탈렌트라는 어마어마한 액수의 빚을 용서받은 자가 백 데나리온이라는 하찮은 액수의 빚을 용서하지 않았다가, 먼저 받은 혜택마저 취소되는 큰 불행을 당했다고 말합니다.

유다교의 율사와 사제들은 하느님이 용서하지 않고 사람들의 잘못에 벌을 주는 분이라고 믿었고 그렇게 사람들을 가르쳤습니다. 이 세상의 인과응보, 곧 상선벌악의 원리를 따라 하느님도 행동하신다고 상상한 결과입니다. 그들은 하느님께 용서를 받아 내는 데 필요한 절차도 만들었습니다. 죄인이 지켜야 하는 율법도 만들고, 바쳐야 하는 제물 봉헌 절차도 만들었습니다. 사람이 상상하여 만든 하느님은 이 세상의 심술궂은 권력자와 같았습니다. 죄인으로 판단된 사람은 율사가 시키는 대로 정해진 율법을 지켜야 하고, 사제들이 지시하는 대로 제물도 바쳐야 합니다.

오늘 그리스도인에게 하느님은 과연 어떤 분이신지 물어보아야 합니다. 하느님이 용서하신다고 믿고 있는지 물어보아야 합니다. 하느님은 용서하시는데, 고해성사를 통해서만 용서하신다고 믿고 있지나 않은지도 물어보아야 합니다. 하느님을 과연 베푸시는 분, 은혜로우신 분으로 믿고 있는지도 반성해 보아야 합니다. 하느님을 생각하면, 우리도 이웃을 용서하고 이웃에게 베풀고 싶은 마음이 생기는지도 스스로에게 물어보아야 합니다.

하느님이 베푸시기에 우리가 존재합니다. 우리가 없어도 아무 문제가 없는데도 우리가 있습니다. 그 있다는 사실에 놀라고 감사하는 사람이 신앙인입니다. 그리스도 신앙인은 하느님이 베풀고 사랑하고 용서하신다는 사실을 예수님께 배우는 사람입니다. 예수님은 하느님의 자비가 흘러서 세상이 있고, 생명이 있으며, 우리 삶이 있다고 생각하셨습니다. 예수님은 하느님으로부터 흐르는 자비를 우리가 차단하지 말아야 한다고 생각하셨습니다. 비유에서 일만 탈렌트를 용서받은 사람은 그 자비를 자기 선에서 차단해 버렸습니다. 자기에게 은혜로웠던 그 자비를 주변으로 흐르지 못하게 했습니다.

사랑하는 사람은 사랑하는 사람에게 자비롭습니다. 사람은 사랑하고 자비를 실천할 때 인간다운 기쁨과 행복을 맛봅니다. 대단히 제한되고 단편적이지만, 우리는 그 기쁨과 행복을 가끔 체험합니다. 예를 들면 부모가 어린 자녀를 돌보면서 느끼는 기쁨과 행복입니다. 그러나 우리는 자신을 가장 소중하다 생각하고, 많이 가지고 누릴 것에 마음을 빼앗기면서, 사랑도 자비도 외면해 버립니다. 그러면서 우리 삶은 미움과 복수에 지배당합니다. 그리고 하느님도 우리처럼 미워하고 복수하시는 분으로 만들어 버립니다.

　우리를 보호하기 위해 하느님을 믿는 것이 아닙니다. 우리는 어느 날 자신이 이 세상에 살고 있다는 사실을 발견하였습니다. 또 어느 날 하느님의 사랑과 자비의 흐름이 있다는 사실을 배웠습니다. 그리스도 신앙인이 된다는 것은, 우리도 그 사랑과 자비의 흐름 안에 합류하겠다고 나서는 것입니다. 하느님의 사랑과 자비는 나를 통해서도 이웃에게 흘러야 합니다. 사랑과 자비는 자유로운 마음이 하는 일입니다. 사랑과 자비의 흐름이 이 세상에 있다는 사실을 깨닫는 것도, 우리가 자유로울 때 가능합니다. 남이 시켜서 따르는 마음은 사랑도 자비도 모릅니다. 자비와 사랑의 실천은 우리가 참으로 자유로울 때 가능한 일입니다.

　율사와 사제들이 군림했을 때 이스라엘 안에서 사랑과 자비는 자취를 감추었습니다. 동시에 하느님도 지키고 바칠 것만 요구하는 분이 되었습니다. 사랑과 자비가 은폐되면서 하느님은 무서운 존재가 되었고, 율사와 사제들은 그 후광을 입어 행세하며 재물이나 욕심내게 되었습니다. 로마제국에서 통용되던 격언에 "사람은 사람에게 늑대"라는 말이 있습니다. 사람은 예사로 다른 사람의 희생을 강요한다는 말입니다. 이스라엘의 믿음은 하느님이 우리와 함께 계시고 "돌보아 주고 가엾이 여기는 분"(탈출 33,19)이라는 모세의 깨달음을 기초로 합니다. 예수님의 가르침은 그 하느님을 아버지로 모시는 생명을 삶으로써 '돌보아 주고 가엾이 여기며', 이웃을 섬기고 용서하며 살자는 것입니다.

　그러나 예수님은 유다인들의 저항을 받고 목숨까지 잃으셨습니다. 그분은 아버지라 부른 하느님의 생명을 살았기에, 죽음을 넘어서도 하느님 안에 살아 계십니다. 하느님은 과연 사랑하고 자비로운 분이었습니다. 그리스도 신앙인은 그 사랑과 자비 안에서 자기 생명의 기원을 보는 사람입니다. 그리고 그 자비와 사랑이 자기의 주변으로 흐르도록 섬김을 실천하는 사람입니다. 오늘 우리 교회에서 사람이 행세하면 사랑과 자비는 사라집니다. 신앙은 성직자들이 시키는 대로 사는 것이 아니라, 그들의 도움으로 하느님의 자유를 배우는 데 있습니다. 사랑하고 용서하시는 하느님의 자유를 배워 실천해야 합니다. 그런 우리의 실천 안에 그분은 살아 계십니다.

마태오복음서

선한 포도원 주인 비유

하느님은 어떤 분이신가

"사실 하늘나라는 자기 포도원에 일꾼들을 고용하려고 이른 새벽에 밖으로 나온 어떤 집주인과 비슷합니다. 일꾼들과 하루 한 데나리온을 주기로 합의하고 그들을 자기 포도원으로 보냈습니다. 또 아홉 시쯤에 나가서 보니 다른 사람들이 하는 일 없이 장터에 서 있었습니다. 그들에게 '당신들도 포도원으로 가시오. 정당한 삯을 당신들에게 주겠소' 하니 그들도 갔습니다. 다시 열두 시와, 오후 세 시쯤에 나가서도 그와 같이 했습니다. 그리고 오후 다섯 시쯤 나가서 보니 또 다른 사람들이 서 있었습니다. 그들에게 '왜 당신들은 온종일 하는 일 없이 여기 서 있습니까?' 하고 물으니 그들이 주인에게 '아무도 우리를 고용하지 않았기 때문입니다' 하고 대답했습니다. 그들에게 '당신들도 포도원으로 가시오' 하고 말했습니다. 저녁때가 되자 포도원 주인은 자기 관리인에게 '일꾼들을 불러, 맨 나중에 온 사람들로부터 시작하여 맨 먼저 온 사람들에게까지 그들의 품삯을 치러 주시오' 하고 일렀습니다. 오후 다섯 시쯤 고용된 사람들이 와서 한 데나리온씩 받았습니다. 그런데 맨 먼저 온 사람들은 더 받으려니 생각했지만 그들도 한 데나리온씩 받았습니다. 받으면서 집주인에게 투덜거리며 '이 맨 나중에 온 사람들은 한 시간만 일했는데 그들에게도 하루 종일 노고와 무더위를 견딘 우리와 같이 베푸십니까?' 하였습니다. 그러자 집주인은 그들 가운데 한 사람에게 말했습니다. '친구, 나는 당신에게 불의한 일을 하지는 않습니다. 당신은 나와 한 데나리온으로 합의하지 않았습니까? 당신의 품삯이나 가지고 가시오. 나는 이 맨 나중에 온 사람에게도 당신과 같이 주고 싶습니다. 내 것을 가지고 내 마음대로 해서는 안 된다는 말입니까? 혹은 내가 선하다고 해서 당신의 눈길이 사나워집니까?' 이와 같이 말째가 첫째가 되고 첫째가 말째가 될 것입니다." (마태 20,1-16)

어떤 포도원 주인이 아침 6시에 나가서 한 데나리온의 일당을 약속하고 일꾼들을 고용했습니다. 그가 아침 9시에 나가 보니, 아직도 일을 얻지 못한 일꾼들이 있어서 그들도 자기 포도원으로 보내어 일하게 합니다. 그리고 12시, 3시, 5시에도 일이 없어 그대로 서 있는 사람들을 자기 포도원에 보내어 일하게 했습니다. 저녁에 품삯을 주면서 주인은 늦게 온 사람들부터 시작하여 아침 일찍 온 사람들에게 같은 일당을 주었습니다. 우리 관념에는 공평하지 못한 처사입니다. 참고로, 한 데나리온은 그 시대 서민 가정의 하루 식비입니다.

이 이야기는 하느님이 어떤 분인지 말합니다. 하느님은 우리 공로에 준해서 베풀지 않으신다는 말입니다. 이 이야기에서 아침 일찍 포도원에 와서 일한 사람들은 일당을 받고 주인에게 불평합니다. "이 맨 나중에 온 사람들은 한 시간만 일했는데 그들에게도 하루 종일 노고와 무더위를 견딘 우리와 같이 베푸십니까?" 그러자 주인은 말합니다. "친구, 나는 당신에게 불의한 일을 하지는 않습니다. 당신은 나와 한 데나리온으로 합의하지 않았습니까? … 내가 선하다고 해서 당신의 눈길이 사나워집니까?" 이 마지막 말씀을 어떤 번역본은 "내가 후하다고 해서 시기하는 것이오?"라고 표현했습니다. 하느님이 후하게 베푸신다는 사실을 외면하고, 냉혹한 우리의 분배 정의에 얽매여 시기한다는 말입니다. 준 만큼 받아야 하고, 받은 만큼 주어야 하는 세상의 관행은 우리를 사납게 만듭니다.

대가나 보상을 요구하지 않고 베푸는 것을 무상으로 베푼다고 말합니다. 우리의 생존은 하느님이 무상으로 베푸셔서 시작되었습니다. 부모님이 무상으로 우리를 낳아 키웠고, 우리 주변의 많은 분들이 대가 없이 우리를 가르치고 위해 주며 도와주었습니다. 그렇게 우리 생명은 무상에 감싸여 태어나고 자랐습니다. 무상의 베풂이 흘러서 발생하고 존재하는 것이 우리의 생존입니다. 하느님은 무상으로 베풀지 않으신다고 반론을 펼 수 있습니다. 돈에 궁하고 병들었을 때 하느님에게 기도했지만, 하느님은 돈도 건강도 주시지 않더라고 말할 수 있습니다. 그러나 하느님은 우리 삶의 해결사가 아닙니다. 누구나 돈이 궁하고 병고에 시달릴 수 있듯이, 우리도 그럴 수 있습니다.

우리는 철이 들고 세상을 배우면서, 무상이라는 것과 거리를 두기 시작했습니다. 노력한 만큼 보상받는 사회를 우리는 정의로운 사회라고 말합니다. 그리고 그런 사회를 만들기 위해 노력합니다. 그것은 정당한 일입니다. 그러나 우리는 그 척도를 하느님에게도 적용하여, 하느님도 우리가 바친 만큼 공로를 쌓은 만큼 포상하신다고 단정해 버립니다. 하느님이 자비하시고 우리 죄를 용서하신다는 사실을 믿지 못하고, 스스로 죄인이라 생각되면 엄청난 보속을 하던 사람들에게 하느님이 용서하신다는 사실을 선포하기 위해 13세기에 도입된 것이 개별 고해성사입니다. 그러나 오늘날은 그것을 통하지 않으면 하느님이 용서하지 않는 것으로 만들어 버렸습니다. 고백하고 보속하는 대가를 치러야 비로소 하느님의 용서를 얻을 수 있다고 사람들이 믿게 만들었습니다. 하느님의 용서를 우리 척도에 맞춰 재단해 버린 것입니다.

우리의 관행에 준해서 하느님을 상상하지 말아야 합니다. 하느님을 베푸는 선하신 분으로, 또 우리 생명의 기원이신 아버지로 알아듣는 사람이 그리스도 신앙인입니다. 우리의 생존이 은혜롭게 베풀어졌기에, 우리도 베푸는 생명으로 살아야 한다는 것이 성서가 말하는 정의입니다. 산속에서 신선한 공기를 마시면 상쾌합니다. 높은 산에 오르거나 깊은 숲에 들어가면 대자연의 포근함을 느낍니다. 그리고 내가 살아 있다는 사실이 은혜롭게 느껴집니다. 하느님은 그렇게 상쾌하고, 그렇게 포근하고 또한 그렇게 은혜로운 분이십니다.

마태오복음서

우리는 자신을 벗어나지 못하고 우리의 욕심을 외면하지 못해서, 하느님 앞에 늘 불안합니다. 하느님은 당신 마음에 드는 사람에게만 혜택을 주고 그들만 예뻐하지 않으십니다. 하느님은 모든 이를 불쌍히 여기고 모든 이에게 베푸신다는 사실을 우리는 믿어야 합니다. 그리고 나 한 사람만을 소중히 생각하는 작은 마음에서 해방되어, 은혜로우신 하느님이 나의 자유 안에 살아 계시게 해야 합니다. 그것이 그리스도 신앙이 말하는 구원입니다.

예수님은 하느님이 베푸시는 분이시니 우리도 베풂을 실천하라고 말씀하십니다. "두려워하지 마시오 … 여러분의 아버지께서는 여러분에게 기꺼이 나라를 주시기로 작정하셨습니다. 여러분의 재산을 팔아 자선을 베푸시오"(루카 12,32-33). 신앙인은 두려워서 하느님에게 빌고, 자기 미래를 보장받기 위해 전전긍긍하는 노예가 아닙니다. 그리스도 신앙인은 예수님으로부터 배워서, 하느님의 생명이 하시는 일을 실천하는 하느님의 자녀입니다. 하느님은 심판하지 않고, 우리 생존을 무상으로 베푸시는 아버지이십니다. 복음의 포도원 주인은, 일이 없어 하루 생활비를 벌지 못하는 생명들을 데려다 일을 시키고 같은 일당을 주어서 살도록 하였습니다. 그런 하느님이라는 말씀입니다.

그리스도 신앙인은 예수님으로부터 하느님에 대해 배웁니다. 그들의 신앙 공동체가 성당을 화려하게 짓고 전례가 아름다워도, 은혜로우신 하느님의 일이 실천되지 않으면 예수 그리스도의 교회가 아닙니다. 하느님을 빙자한 높은 사람들이 있고 그들이 군림한다면, 하느님이 계시지 않습니다. 은혜로우신 하느님의 일은 보이지 않고, 높

장 프랑수아 밀레 「만종」 1857~1859년, 프랑스 파리 오르세 미술관

마태오복음서

고 많이 소유하고 강해지려는 '사나운 눈길들'만 있다면, 그것은 그리스도의 교회가 아닙니다. 어떤 형태로든 은혜로움이 실천될 때, 하느님의 선하심과 베푸심이 살아 있는 신앙 공동체일 것입니다.

두 아들 비유

죄인들의 자비로운 실천

"여러분은 어떻게 생각합니까? 어떤 사람에게 아들 둘이 있었는데 맏이한테 가서 '얘야, 너 오늘 포도원에 가서 일하여라' 하고 일렀습니다. 그러자 그는 '싫습니다' 하고 대답했지만 나중에 뉘우치고 일하러 갔습니다. 아버지는 다른 아들한테 가서도 같은 말을 했습니다. 그러자 그는 '예, 주인어른' 하고 대답했지만 일하러 가지는 않았습니다. 그 둘 가운데 누가 아버지의 뜻을 행했겠습니까?" 그들이 "맏이입니다" 하자 예수께서 그들에게 말씀하셨다. "진실히 여러분에게 이르거니와, 세리들과 창녀들이 여러분보다 먼저 하느님의 나라에 들어갑니다. 사실 요한이 여러분에게 의로움의 길을 가르치러 왔건만 여러분은 그를 믿지 않았습니다. 세리들과 창녀들은 그를 믿었습니다. 그러나 여러분은 보고도 끝내 뉘우치지 않고 그를 믿지도 않았습니다.”(마태 21,28-32)

예수님이 수석 사제들과 백성의 원로들에게 말씀하신 비유 이야기입니다. 두 아들을 가진 아버지가 있습니다. 아버지는 두 아들에게 포도밭에 가서 일하라고 말했습니다. 맏아들은 아버지 말씀에 처음에는 싫다고 하였지만 나중에 뉘우치고 일하러 갔습니다. 둘째 아들은 가겠다고 대답하고 실제로는 가지 않았습니다. 이야기 끝에 예수님은 말씀하십니다. “세리들과 창녀들이 여러분보다 먼저 하느님의 나라에 들어갑니다.” 세리와 창녀는 유다교 사회에서 자타가 공인하는 죄인입니다.

예수님이 말씀하신 대상인 수석 사제들과 백성의 원로들은 그 시대 유다의 종교와 정치를 장악한 실세입니다. 백성의 지도자로 권위를 가졌고, 백성에게 존경도 받았습니다. 그들은 하느님의 뜻을 가장 잘 알고 하느님의 말씀을 가장 잘 따른다고 자타가 인정한 지도자들입니다. 그러나 복음에서 예수님은 그들을 포도밭에 가서 일하겠다고 아버지에게 말만 하고 실제로는 가지 않은 아들과 같다고 말씀하십니다. 반면에 세리와 창녀들은 하느님의 말씀을 따르지 않는다고 알려진 죄인들입니다. 그러나 예수님은 그들이 아버지의 말씀을 따르지 않겠다고 말했지만 실제로는 포도밭에 가서 일한 맏아들과 같다고 말씀하십니다. 그 근거로 예수님은 그들이 세례자 요한의 가르침을 받아들인 사실을 말씀하십니다.

예수님은 죄인으로 알려진 세리와 창녀들이, 사제들과 백성의 원로들보다 먼저 하느님의 나라에 들어간다고 말씀하십니다. 여기서 하느님의 나라는 사람이 죽어서 가는 곳이 아닙니다. 하느님이 함께 계시면, 그것이 현세든 내세든 하느님의 나라입니다. 그리스도 신앙이 유다교의 유산으로 받아 신앙의 핵심으로 간직한 것이, 하느님은 우리와 함께 계시다는 믿음입니다. 이 믿음은 눈감고 하는 맹신이 아닙니다. 믿음은 하느님이 하시는 일을 사람이 자기 삶으로 실천하여, 하느님이 우리 삶 안에 살아 계시게 하는 행위입니다.

따라서 하느님의 나라는 현세든 내세든, 하느님이 함께 계신다는 사실을 깨닫고 그에 상응하는 실천을 하는 사람 안에 있습니다. 그 실천은 구약성서의 표현을 빌리면 "돌보아 주고 가엾이 여기는 선한 실천"(탈출 33,19)이고, 예수님의 표현을 빌리면 "아버지께서 자비로우신 것같이"(루카 6,36) 그 자비를 우리도 실천하는 것입니다. 이렇게 보면, "세리들과 창녀들이 여러분보다 먼저 하느님의 나라에 들어갑니다"라는 말씀은 죄인이라 낙인찍힌 사람들이, 권위와 존경으로 스스로를 치장하고 사람들 위에 군림하는 지도자들보다 '돌보아 주고 가엾이 여기는 선한' 실천, '하느님의 자비'를 실천하는 데 더 충실하다는 말씀입니다.

수석 사제와 백성의 원로들은 백성의 지도자로서 많은 것을 누립니다. 그들은 생활이 보장되고, 존경도 받으며, 권위도 지닙니다. 그들은 자기 신분이 보장해 주는 것에 집착하고, 특권을 계속 누리며 행세했습니다. 그러면서 그들은 함께 계시는 하느님을 잊어버렸고, 율법과 성전의 제물 봉헌이 신앙의 모든 것이라 착각했습니다. 그들은 사람들이 율법을 철저히 지키도록 율법 조항을 많이 만들고 엄격하게 준수하라고 요구하였습니다. 그들은 제물 봉헌 의례도 엄격히 준수하라고 요구했습니다. 그들은 그것으로 백성들 앞에서 행세하였습니다. 이렇게 사람이 행세하면서 하느님은 사라지고, 지켜야 할 율법과 제물 봉헌 의례만 남았습니다. 그 결과 하느님은 무자비한 그들의 배경이 되었고, 사람들은 죄인이 되었습니다.

하느님을 빙자하여 인간이 행세하면, 하느님은 무자비한 심판자가 되고 사람들은 죄인이 됩니다. 그리스도 신앙을 상징하는 십자가는 하느님이 스스로를 내어 주고 쏟는 생명과 함께 계신다는 것을 의미합니다. 또한 예수님이 가르친 '하느님의 자비'를 우리가 어디까지 실천해야 하는지도 말해 줍니다. 예수님이 돌아가시기 전에 남긴 성찬은 "너희를 위해 내어 주는 몸이다", "쏟는 피다"라는 말씀으로 예수님의 생애를 요약합니다. 성찬은 우리에게 하느님의 자비를 헌신과 희생으로 실천하라고 요구합니다. 그리스도 신앙인은 이웃을 돌보고 가엾이 여기는 선한 실천, 곧 하느님의 자비를 실천하기 위해 스스로를 내어 주고, 쏟으며, 십자가를 집니다. 그리고 신앙인이 할 말은 "저희는 쓸모없는 종입니다. 저희는 당연히 해야 할 일을 했습니다"(루카 17,10)라는 것입니다.

신앙인이 하는 일은 이 세상의 기준으로는 어리석은 것입니다. 세상의 질서와 달리 행동하는 것입니다. 그것은 보상을 얻는 길도 아니고, 입신출세하여 사람들의 존경과 찬양을 받는 길도 아닙니다. 바오로 사도는 말씀하셨습니다. "십자가의 말씀은 … 어리석음이요 그러나 … 우리에게는 하느님의 능력입니다"(1코린 1,18). 우리는 우리 자신을 중심으로 생각하려 합니다. 우리는 자신을 위한 득실을 먼저 계산하지만, 자신을 그렇게 소중히 여기는 것은 허무를 좇아 사는 것입니다. 자신만을 끝까지 긍정하고 확대하면, 그 끝에 무엇이 기다리는지 우리는 압니다. 구약성서의 코헬렛은 "하늘 아래 벌어지는 일을 살펴보니 모든 일은 바람을 잡듯 헛된 일이었다"(1,14)고 고백합니다. 그런 헛됨을 우리도 때로 체험합니다. 장례식에 참석하면서 우리가 뼈저리게 느끼는 일입니다. 우리 삶이 아무리 호화찬란했어도, 어느 날 모든 것은 허무로 끝납니다. 때가 되면 우리는 모두 한 줌의 재가 됩니다.

주일미사에 참례하고, 그것으로 하느님을 위한 한 주간의 의무를 다했다고 생각할 수 있습니다. 그러나 주일미사는 앞으로 한 주일 동안 하느님의 일을 실천하며 살겠다고 다짐하는 시간입니다. 성찬은 스스로를 '내어 주고 쏟은' 예수님의 삶에 우리를 참여시킵니다. 우리는 성찬에 참여함으로써 자신만을 보는 협소한 시야를 벗어나 예수님으로 말미암은 넓은 시야를 가지고 일하러 갑니다. 아버지의 말씀 따라 포도밭에 일하러 가는 아들과 같이, 하느님의 일을 하려고 우리는 갑니다. 스스로를 내어 주고 쏟아서, 하느님의 생명을 사셨던 예수님을 우리 안에 모시고 갑니다. 하느님은 오늘도 우리와 함께 계십니다. 우리가 예수님께 배워서 당신의 자녀로 살길 바라면서 함께 계십니다. 오늘 우리가 누리는 것은 코헬렛 말씀처럼 "바람을 잡듯 헛된 일"입니다. 하느님의 일을 실천하여 하느님이 우리 안에 살아 계시게 해야 합니다. 그것이 예수님이 가르친 하느님의 나라입니다.

악한 포도원 소작인들 우화

끝없이 새로워져야 하는 교회

"여러분은 또 다른 비유를 들어 보시오. 어떤 집주인이 있었는데 그는 포도원을 가꾸어 거기 울타리를 둘러치고 그 안에 포도즙을 짜는 확을 파고 망대를 세웠습니다. 그리고 그것을 농부들에게 도지로 내어 주고 타관에 떠나 있었습니다. 열매 거둘 철이 다가오자 그는 자기 종들을 농부들에게 보내어 소출을 받으려 했습니다. 그런데 농부들은 그의 종들을 붙잡아 하나는 때리고 하나는 죽이고 하나는 돌로 쳤습니다. 주인이 다시 다른 종들을 먼저보다 더 많이 보냈더니 그들에게도 그와 같은 짓을 했습니다. 주인은 마침내 자기 아들을 그들에게 보내면서 '내 아들이야 존중하겠지' 하고 말했습니다. 그러나 농부들은 그 아들을 보자 서로 말하기를 '이자가 상속자다. 가서 그를 죽여 버리자. 그리고 그의 유산을 우리가 차지하자' 하면서 그를 붙잡아 포도원 밖으로 쫓아내고 죽여 버렸습니다. 그러니 포도원 주인이 갈 때는 그 농부들을 어떻게 할 것 같습니까?" 그들이 예수께 말했다. "그는 그따위 악한 자들을 가차 없이 없애 버리고 제때에 자기에게 소출을 바칠 다른 농부들에게 포도원을 내어 줄 것입니다." 예수께서 그들에게 말씀하셨다. "여러분은 성경에서 이런 말씀을 읽어 본 적이 없습니까? '집 짓는 사람들이 버린 그 돌이 모퉁이의 머릿돌이 되었도다. 주님으로 말미암아 된 일이라 우리 눈엔 놀랍게 보이는도다.' 그러므로 여러분에게 말하거니와, 하느님은 여러분에게서 하느님 나라를 빼앗아 그 나라의 소출을 내는 민족에게 주실 것입니다." (마태 21,33-43)

유다교 지도자들을 포도밭 소작인에 비유한 이야기입니다. 포도밭은 구약성서의 이사야서가 이스라엘을 지칭하여 사용한 단어입니다. 이사야서는 이스라엘을 좋은 열매를 생산하지 못하는 포도밭이라고 말합니다. "어떤 밭 임자가 포도밭을 일구어 … 포도 확을 파고 탑을 세웠습니다"(5,2). 복음서가 소작인들이 그 아들을 "붙잡아 포도밭 밖으로 쫓아내고 죽여 버렸다"고 말하는 것은 예수님이 예루살렘성 밖에서 처형당한 사실을 상기시킵니다. 이스라엘이라는 포도밭에서 소작인인 유다교 지도자들이 밭의 임자이신 하느님의 아들, 곧 예수님을 죽였다는 말입니다.

이 복음은 끝에 시편을 인용하여, "집 짓는 사람들이 버린 그 돌이 모퉁이의 머릿돌이 되었도다. 주님으로 말미암아 된 일이라 우리 눈엔 놀랍게 보이는도다"(118,22-23)라고 말합니다. 이스라엘의 지도자들이 예수님을 죽였지만, 그분은 하느님의 새로운 백성의 머릿돌, 곧 그 백성이 형성되는 데 기초가 되었다는 말입니다. 예수 그리스도로 말미암아 그리스도 신앙이 발생했고, 그 신앙으로 말미암아 하느님의 새 백성이 생겨났습니다. 복음은 포도밭 주인에게 악하게 행동한 소작인들처럼, 유다교 지도자들이 하느님에게 충실하지 못했다고 말합니다. 그들 잘못 때문에 이스라엘은 하느님의 백성 자격을 잃었고, 그들이 버린 예수님으로 말미암아 발생한 새 신앙 공동체, 곧 그리스도 교회가 그 자리를 차지하게 되었습니다.

그리스도 신앙 공동체가 하느님의 새 백성이라고 자각한 것은 예수님이 돌아가시자마자 일어난 일이 아닙니다. 그리스도 신앙인들이 유다교와 결별하고 새로운 신앙 공동체, 곧 그리스도 교회를 형성한 것은 상당한 시간이 흐른 후 점차적으로 일어난 일입니다. 유다교 지도자들은 예수님이 부활하여 살아 계신다고 믿는 그리스도 신앙인들을 고운 눈으로 보지 않았습니다. 그리스도 신앙인들은 예수님에 대한 기억으로 유다교 경전인 구약성서를 유다교 지도자들과 달리, 새롭게 해석했습니다. 그들은 율법과 성전의 제물 봉헌에 대해서도 유다교 지도자들과 견해를 달리했습니다.

로마제국 식민지였던 이스라엘이 기원후 66년 로마제국의 지배를 거부하면서 전쟁을 일으켰고, 그 전쟁은 4년이나 지속되다가 70년에 이스라엘의 패전으로 막을 내렸습니다. 예루살렘 성전은 마르코복음서가 말하듯이 "돌 위에 돌 하나도 남지 않게"(13,2) 파괴되었습니다. 그리스도인들은 폐허로 변한 예루살렘과 성전을 보면서 하느님이 이스라엘을 버린 결과라고 생각했습니다. 그때부터 그리스도 신앙인들은 자기네 신앙 공동체가 이스라엘을 대신하는 하느님의 새 백성이라고 믿기 시작했습니다.

하느님은 인류 역사 안에서 말씀하시고 일하십니다. 예수님도 역사 안에 태어나 살면서 하느님의 일을 실천하셨습니다. 역사는 살아 움직이고, 시대에 따라 사람들의 감수성도 달라집니다. 그 변화를 외면하고 과거에 발생한 원칙이나 제도를 절대화하면, 역사 안에서 일하시는 하느님을 외면하는 것입니다. 구약성서의 모세가 이스라엘을 위한 사명을 자각한 것은, 동족이 이집트에서 학대받는 현실을 직시하고 그 사실을 시대적 감수성으로 읽었기 때문입니다. "돌보아 주고 가엾이 여기는 선하신"(탈출 33,19) 하느님에 대한 깨달음입니다.

유다교가 사람들을 죄인으로 판단하고 버리는 것을 보면서, 예수님은 하느님을 자비로운 아버지라고 가르쳤습니다. 예수님은 그 시대의 감수성으로 시대적 징표를 읽으면서, 하느님의 말씀을 들었기 때문입니다. 예수님은 가난한 이, 굶주리는 이, 우는 이들이 행복해야 한다는 행복 선언을 하셨습니다. 그것이 그 시대를 위한 하느님의 말씀이었습니다. 그래서 그리스도 신앙인들은 예수님을 하느님의 말씀이자 그분의 아들이라고 고백했습니다.

그리스도 신앙 공동체도 시대적 감수성을 가지고 하느님의 말씀을 들어야 합니다. 옛사람들이 남긴 말만 반복하면, 역사 안에서 일하시는 하느님을 외면하는 것입니다. 당대 사람들에게 구원으로 들리

마태오복음서

프랑수아 오귀스트 비아르 「노예 무역」 1833년경, 영국 헐 월버포스 하우스 박물관

는 하느님에 대해 말해야 합니다. "교회 밖에 구원 없다"는 말은 중세 시대 유럽에서 발생하였습니다. 그 사회는 그리스도 신앙이 지배하는 문화권이었습니다. 그때 교회 밖에 있다는 사실은 문화적 혜택을 받지 못하고, 사람 노릇도 하지 못하는 것이었습니다.

오늘 우리가 "교회 밖에 구원 없다"는 말을 반복하면, 타 문화와 타 종교에 속한 사람들을 구원받지 못한다고 매도하는 행위가 됩니다. 이웃을 사랑하고 원수까지 사랑하라는 예수님의 말씀을 외면하는 일입니다. 오늘날은 다 문화, 다 종교 사회입니다. 교회 밖에도 문화적·영성적으로 깊이 깨달으며 사는 사람들이 있습니다. 따라서 "교회 밖에 구원 없다"는 말을 지금 반복하는 것은 하느님을 왜곡하는 독선이 됩니다. 그런 말은 우리 마음속에 있는 배타적 이기심을 배설하는 행위입니다.

예수님은 "수고하고 짐을 진 여러분은 모두 내게로 오시오. 그러면 내가 여러분을 쉬게 하겠습니다"(마태 11,28)라고 말씀하셨습니다. 사람들의 감수성이 달라졌다는 사실을 모르고 옛것에 매달리지 말아야 합니다. 율법과 제물 봉헌만 고집하던 율사와 바리사이들에게 예수님은 "무겁고 [힘겨운] 짐들을 묶어 사람들의 어깨에 메우고 자신은 그것을 나르는 데 손가락도 대려 하지 않습니다"(마태 23,4)라고 비난하셨습니다. 그들은 율법과 제사에 대한 과거의 율법에만 집착한 채, '돌보아 주고 가엾이 여기시는 하느님', 자비로우신 하느님을 잊어버렸습니다.

오늘날은 과거 유럽 중세 사회처럼 신분에 따라 인간의 실효성이 정해지지 않습니다. 사람들은 다양한 정보를 다양하게 받아 소신껏 자유로이 실천하며 자기를 실현합니다. 오늘날 어느 집단에서든 제도와 조직이 경직되면 사람들의 실효성이 저하됩니다. 기업들은 계장, 과장, 국장이라는 경직된 직위 중심보다는 해결해야 하는 사안별로 태스크 포스task force 팀을 만들어 팀장 중심으로 효율성 있게 경영을 합니다. 창의력을 인간 존엄성으로 보는 것이 오늘의 의식입니다. 명령과 복종은 인간의 창의력을 저하시킵니다.

교회는 현대인을 위해 과거의 신앙 유산을 새롭게 해석하며, 복음을 선포해야 합니다. 신분 중심의 경직된 제도는 개선해야 합니다. 교회 안의 직무를 위해서도 임기는 있어야 합니다. 교회 직무를 위한 남녀 성차별도 없어져야 할 것입니다. 현 사회는 이혼이 급증하고 있습니다. 이혼의 아픔을 안고 사는 사람들을 차별하지 않고 따뜻이 감싸주는 교회라야 합니다. 복음을 실천하기 위해 구성원들이 함께 자유롭게 토의하고 결정하는 공동체가 되어야 합니다. 하느님은 언제나 누구에게나 자비로우신 아버지이십니다. 그분의 자비와 사랑을 실효성 있게 사람들에게 전달하는 교회 공동체라야 합니다. 하느님이 기대하시는 소출을 잘 내는 백성이 되어야 합니다.

혼인 잔치 비유

하느님으로부터 초대받은 생명

예수께서는 거듭 비유를 들어 그들에게 말씀하셨다. "하늘나라는 자기 아들의 혼인 잔치를 베푼 어떤 임금과 같습니다. 그는 자기 종들을 보내어 초대받은 사람들을 혼인 잔치에 불러오게 했습니다. 그러나 그들은 오려 하지 않았습니다. 다시 다른 종들을 보내며 말했습니다. '초대받은 사람들에게 이렇게 말하여라. '이제 내가 잔치를 준비했습니다. 내 황소들과 살진 짐승들을 잡았고 모든 것이 준비되었습니다. 어서 혼인 잔치에 오시오.'' 그러나 그들은 아랑곳하지 않고 한 사람은 밭으로 가고 한 사람은 자기 가게로 갔습니다. 또한 나머지 사람들은 그 종들을 붙잡아 욕하고 죽였습니다. 그러자 임금은 진노하여 자기 군대들을 보내어 그 살인자들을 없애고 그들의 고을을 불살라 버렸습니다. 그러고는 자기 종들에게 말했습니다. '혼인 잔치는 준비되었는데 초대받은 자들은 자격이 없었구나. 그러니 성문 네거리로 가서 만나는 사람마다 혼인 잔치에 초대하여라.' 그래서 그 종들은 길로 나가 악한 자들이나 선한 자들이나 만나는 사람들을 모두 모아들였습니다. 그리하여 혼인 잔칫집은 상 받은 손들로 가득 찼습니다. 임금이 상 받은 손들을 보려고 들어갔다가 거기서 혼인 잔치 예복을 입지 않은 사람을 보았습니다. 임금은 그에게 '친구, 혼인 잔치 예복도 갖추지 않고 어떻게 여기 들어왔소!' 하니 그는 말문이 막혔습니다. 그때에 임금은 시중꾼들에게 이렇게 말했습니다. '그의 손발을 묶어서 바깥 어둠 속으로 쫓아내라. 거기서는 울고 이를 갈게 될 것이다.' 사실 부르심을 받은 사람들은 많지만 뽑힌 사람은 적습니다." (마태 22,1-14)

세상에는 많은 일들이 일어났다가 사라집니다. 우리는 세상에 일어난 일들 중 지극히 작은 부분을 알고 그것에 대해 이야기하며 삽니다. 그러면서 우리는 알게 모르게 그 일들에서 영향을 받기도 하고, 그런 일은 없어야 한다고 생각하기도 합니다. 우리 삶도 지극히 작은 일부가 다른 사람들의 이야깃거리가 되고, 우리가 겪은 대부분의 일은 그냥 사라집니다. 우리는 우리와 함께 산 이들을 기억하고, 그 기억을 다른 이들에게 이야기하며 나눕니다. 이야기에 사람들이 공감하는 그만큼, 그 이야기에는 인간 삶의 진리가 들어 있습니다.

　어떤 선생님이 한 분 계셨다고 상상해 봅시다. 그분에 대한 이야기를 듣는 사람들이 모두 그분은 참다운 스승이었다고 공감한다면, 그분은 스승이라는 진리를 실천한 분입니다. 그분에 대한 이야기들은 스승이 무엇인지를 사람들에게 알려 줍니다. 그리고 그 이야기는 역사 안에 새로운 다른 스승들을 나타나게 합니다.

예수님은 2천 년 전 팔레스티나에서 사셨습니다. 그분을 따르던 제자들은 그분이 십자가에서 돌아가셨지만 부활하셨다고 말했습니다. 제자들은 그분 안에 하느님의 생명이 있었다고 믿었고, 그 믿음을 '하느님의 아들'이라는 말로 표현하였습니다. 제자들의 이야기를 듣고 예수님 안에 하느님의 생명이 있었다고 믿은 이들이 초기 신앙인들입니다. 그들은 공동체를 이루었고, 그중 몇 곳은 예수님에 대해 말하던 이야기들을 담아 문서로 남겼습니다. 그것이 오늘 우리가 가진 복음서들입니다. 그 복음서들은 2천 년 동안 인류 역사 안에 예수님에 대한 이야기들을 존속시켰습니다. 그 이야기들 안에서 하느님이 어떤 분인지 배우는 이가 그리스도 신앙인입니다. 신앙인은 그 이야기들을 읽으며 하느님이 어떤 분이고 하느님의 자녀로 사는 것이 어떤 것인지 배웁니다.

우리는 마태오복음서가 전하는, 왕이 잔칫상을 차려 놓고 사람들을 초대하는 이야기를 들었습니다. 사람들은 그 초대를 대수롭지 않게 여기고 오지 않았을 뿐 아니라, 왕의 뜻을 전하러 온 종들을 때리고 더러는 죽이기도 했습니다. 그래서 왕이 노하여 그들을 벌하고 다른 사람들을 잔치에 초대하였습니다. 초기 신앙 공동체들은 이 이야기를 듣고 옮기면서, 잔치 초대에 응하지 않고 왕이 보낸 사람을 죽이기까지 한 불손한 사람들을 이스라엘 백성이라고 생각했습니다. 이스라엘은 많은 예언자들을 박해하고 마지막에는 예수님을 죽이기까지 했습니다.

마태오복음서를 집필한 공동체는 유다교 출신 그리스도 신앙인들로 구성되어 있었고, 그들의 조국인 이스라엘의 비극적 운명에 관심이 많았습니다. 복음은 "왕이 진노하여 자기 군대들을 보내어 그 살인자들을 없애고 그들의 고을을 불살라 버렸다"고 말합니다. 이 복음서가 집필되기 불과 10여 년 전에 이스라엘이 로마의 지배를 거슬러 전쟁을 일으켰다가 참패했고, 예루살렘을 비롯한 많은 고을이 불타고 참담하게 파괴되었습니다. 이 복음은 바로 그 비극이, 하느님의 초대에 응하지 않고 하느님이 보내신 예언자들을 죽이기까지 한 이스라엘을 하느님이 응징하신 것이었다고 말합니다. 초기 그리스도 신앙인들은 그 전쟁에서 이스라엘이 패한 것은 하느님이 이스라엘을 버리셨기 때문이라고 해석했습니다.

예수님이 하느님의 나라를 잔치에 비유한 것은, 하느님의 나라가 하느님이 베푸시는 은혜로운 것이라는 뜻입니다. 잔치는 베푸는 사람이 있어서 열립니다. 잔치에 초대받은 사람들은 베풀어진 것을 함께 나누면서 즐기고 기뻐합니다. 초기 그리스도 신앙인들이 이스라엘을 대신해 잔치에 초대받았다고 생각한 것은, 복음이 그들에게 베풀어졌고 그것을 형제자매들과 나누면서 기뻤기 때문입니다. 예수님이 가르친 하느님은 그렇게 은혜롭게 베푸시는 분이었습니다.

복음은 하느님이 베푸신 잔치에 초대받았다면 그 잔치에 합당한 준비를 해야 한다고 말합니다. 그래서 복음서는 예복을 입지 않고 잔치에 들어왔다가 쫓겨나는 사람의 이야기를 만들어 넣었습니다. 초대를 받은 사실만 중요한 것이 아니고, 초대받은 사람은 스스로 준비하는 정성을 보여야 한다는 뜻입니다.

우리는 예수님에 대한 이야기들을 유산으로 받았습니다. 그리스도 신앙인은 그 이야기들 안에서 하느님을 알아듣고, 하느님의 자녀로 사는 삶이 어떤 것인지 배웁니다. 이 비유에서 하느님의 초대에 응하지 않은 이스라엘의 불행만 알아들으면, 우리 자신을 위한 말씀을 듣지 못하는 것입니다. 그리스도 신앙인은 예수님에 대한 이야기 안에서 우리가 살아야 하는 새로운 삶의 실천이 어떤 것인지 배웁니다.

이 비유 이야기는 예수님이 수석 사제들과 백성의 원로들에게 하신 말씀이었습니다. 그들은 예수님을 거부했을 뿐 아니라, 결국은 그분을 죽이고 말았습니다. 그들이 예수님을 거부한 것은, 그들이 유다교 안에서 권위를 누렸고, 자신의 신분과 권위를 빙자하여 백성의 존경을 받고 행세하며 살았기 때문입니다. 그들은 사람들을 사랑하지 않았고, 쉽게 사람들을 죄인으로 판단하고 비난했습니다. 그들은 하느님의 이름으로 사람들을 소외시키고, 자신의 권위를 과시하려 하였습니다. 사람이 행세하는 곳에서 하느님은 사라지고 예수님은 죽음을 당하셨습니다.

예수님이 하신 일은 전혀 달랐습니다. 예수님은 병든 이를 고쳐 주고, 죄인으로 낙인찍힌 사람들에게 하느님이 용서하신다는 기쁜 소식을 선포하셨습니다. 가난한 이도, 굶주리는 이도, 우는 이도 행복하게 만들어야 한다고 선포하셨습니다. 그분은 '섬기는 사람'(루카 22,27)이었습니다. 예수님의 제자들은 그분이 하신 일들 안에서 하느님의 일을 보았습니다. 하느님은 내어 주고 살리는 은혜로운 분이었습니다.

　우리는 하느님으로부터 은혜롭게 초대받은 생명들입니다. 우리는 생명을 받았고, 예수님에 관한 이야기들도 들었습니다. 잔치가 베풀어졌습니다. 그 은혜로움을 이웃과 함께 나누면서 초대에 응해야 합니다. 재물이나 권위에 집착하는 것은 그 초대를 거부하고 예수님을 죽이는 일입니다. 초대받은 잔치에 참석한 사람은 혼자 욕심내고 혼자 권위를 가졌다고 스스로를 높이지 않습니다. 잔치는 모두에게 공평하게 나누어 주는 배식이 아닙니다. 좀 더 누리는 생명이 있고, 적게 누리는 삶도 있습니다. 그러나 모두가 베풀어진 은혜로움을 자유롭게 나누면서 기뻐합니다. 그리스도 신앙인은 그 은혜로움을 나누면서 이웃도 은혜로움을 체험하게 합니다.

황제의 것은 황제에게, 하느님의 것은 하느님에게

모든 것이 하느님의 것이다

그때에 바리사이들이 가서 어떻게 하면 말로써 예수에게 올가미를 씌울까 의논하였다. 그리고 그들은 자기네 제자들을 헤로데파 사람들과 함께 예수께 보내어 이렇게 말하게 하였다. "선생님, 저희가 알기에 당신은 진실하시고 하느님의 길을 참되이 가르치십니다. 그리고 당신은 아무에게도 구애받지 않으시니 사실 사람들의 신분을 가리지 않으십니다. 그러니 당신이 어떻게 생각하시는지 저희에게 말씀해 주십시오. 황제에게 주민세를 바쳐도 됩니까, 안 됩니까?" 그러자 예수께서는 그들의 악의를 아시고 말씀하셨다. "위선자들, 왜 나를 떠보는 거요? 주민세로 바치는 돈을 내게 보여 주시오." 그들이 데나리온 한 닢을 갖다 드리자 예수께서는 "이 초상과 글자는 누구의 것이오?" 하고 그들에게 물으셨다. 그들이 "황제의 것입니다" 하고 말했다. 그때에 예수께서 그들에게 말씀하셨다. "그렇다면 황제의 것은 황제에게 돌려주시오. 그러나 하느님의 것은 하느님에게 돌려드리시오." (마태 22,15-21)

"황제의 것은 황제에게 돌려주시오. 그러나 하느님의 것은 하느님에게 돌려드리시오." 오늘 복음의 결론입니다. 세상의 정권이 하는 일과 종교가 하는 일의 영역이 다르다는 뜻으로 해석하지 말아야 하는 말씀입니다.

이 이야기는 바리사이파 사람들이 헤로데파 사람들과 의논하여 예수님에게 올가미를 씌울 계획이었다는 말로 시작하였습니다. 그 시대 유다는 로마 식민지였습니다. 예수님이 만일 황제에게 세금을 바쳐야 한다고 말하면, 예수님은 조국과 동족을 배반하는 반역자로 비난받을 것입니다. 황제에게 세금을 바치지 말라고 말하면, 예수님은 로마 정권의 통치에 저항하라고 선동하는 정치범이 될 것입니다. 예수님은 "황제의 것은 황제에게, 하느님의 것은 하느님에게"라는 모호한 말씀으로 그들이 만든 함정에 빠지지 않았습니다.

이 복음에서 예수님이 지혜로웠다는 사실만 알아들으면, 예수님은 유다인들의 함정에 빠지지 않은 지혜로운 분이고, 그 지혜는 하느님에게서 온 것으로 이해됩니다. 그러면 하느님은 지극히 지혜로운 분이고, 지혜롭지 못한 사람은 하느님과 무관한 사람이 되고 말 것입니다. 그러나 실제로 예수님은 이 세상을 살아가는 데 그렇게 지혜롭지 않았습니다. 그분은 죄가 없으면서도 젊은 나이에 죄인이 되어 십자가에서 처형되었습니다. 이 복음은 예수님을 미워하는 사람들이 예수님을 어떻게 평가하는지도 말합니다. "당신은 진실하시고 하느님의 길을 참되이 가르치십니다. 그리고 당신은 아무에게도 구애받지 않으시니 사실 사람들의 신분을 가리지 않으십니다."

예수님은 지혜롭고 영특한 분이 아니라, 하느님의 일에 열중했던 분입니다. 예수님은 재물로 자기 미래를 보장하려 하지 않았고, 일신의 영광을 위해 권력을 지향하지도 않았습니다. 예수님은 율법과 제사 의례의 무거운 짐을 지고 허덕이는 이스라엘 사람들을 그 질곡에서 해방시켜, 하느님 자녀의 삶을 살도록 하는 일에 열중했습니다. "수고하고 짐을 진 여러분은 모두 내게로 오시오. 그러면 내가 여러분을 쉬게 하겠습니다"(마태 11,28). 하느님은 유다인들이 생각하듯이, 율법 준수와 제물 봉헌으로만 만나는 분이 아닙니다. 그분은 당신의 자비를 실천하는 사람들 안에 살아 계십니다. 예수님은 그것을 가르치고 실천하기 위해 목숨을 바쳤습니다.

유다인들이 예수님에게 한 질문은 하느님에 대한 것이 아니었습니다. 하느님에 대한 말이 나올 여지가 없는 질문입니다. 세금을 내야 하느냐, 내지 말아야 하느냐 가운데 하나를 선택하여 답하라는 질문입니다. 예수님은 이 질문 앞에서도 하느님을 언급합니다. "황제의 것은 황제에게, 그러나 하느님의 것은 하느님에게" 바치라는 말씀입니다. 사실 모든 것이 하느님의 것입니다. 예수님을 지배한 것은 하느님에 대한 생각입니다. 예수님은 어떤 여건에서도 하느님을 가까이 의식하고 계셨습니다. 예수님은 "기회가 좋든지 나쁘든지 꿋꿋이"(2 티모 4,2) 하느님을 생각하고 사람들을 가르쳤습니다.

마르코복음서에 의하면, 어느 날 길에서 "선하신 선생님"이라 부르며 접근하는 사람에게 예수님은 "왜 나를 선하다고 합니까? 하느님 한 분 외에는 아무도 선하지 않습니다"(10,16-17)라고 말씀하셨습니다. 예수님은 이 세상의 모든 선은 하느님을 근본으로 한다고 믿었습니다. 예수님은 율법 준수와 성전 의례라는 좁은 종교의 테두리를 넘어, 선함이라는 넓은 삶의 이야기 안에서 하느님의 일을 봅니다. 복음서들이 전하는 수난사를 보면, 죽음을 앞두고도 예수님은 하느님의 뜻을 생각합니다. 억울하게 처형당하면서도 예수님은 살려 달라고 기도하지 않았고, 당신을 죽이는 이들에 대한 분노를 표출하지도 않았습니다. 예수님은 "제가 원하는 대로 하지 마시고 아버지께서 원하시는 대로 하소서"(마르 14,36)라고 기도하셨습니다. 그리고 "아버지, 저 사람들을 용서하소서. 사실 그들은 무슨 짓을 하는지 알지 못하옵니다"(루카 23,34)라고도 기도하셨습니다.

예수님을 지배하고 있는 것은 자비로우신 하느님입니다. 예수님은 하느님이 사람들의 마음에 살아 계셔야 한다고 믿었습니다. 하느님이 우리 안에 살아 계시면, 우리를 지배하는, 하느님이 아닌 다른 것들이 물러납니다. 예수님은 말씀하셨습니다. "가난한 사람이 행복하다. 굶주리는 사람이 행복하다. 우는 사람이 행복하다." 예수님의 이 행복 선언은 재물에 대한 욕심에서 해방된 우리 마음, 먹고 마실 것에 대한 욕심에서 자유로워진 우리 마음, 기쁨과 쾌락의 추구에서 한 걸음 물러난 우리 마음에 하느님이 계실 수 있는 공간이 있다는

에드바르 뭉크 「카를 요한의 저녁」 1892년, 노르웨이 베르겐, 베르겐 국립 미술관

마태오복음서

말씀입니다. 그래서 그분은 이 세상의 일을 부족하게 누리는 사람을 행복하다고 선언했습니다. 재물이 나빠서가 아니고, 먹고 마시는 일이 죄라서가 아닙니다. 그것은 사람이 사는 데 필요한 것들입니다. 그러나 우리 인생은 그런 것을 보람으로 삼을 수 없다는 말씀입니다. 하느님은 은혜롭게 생명을 주셨습니다. 우리 생명은 선하신 하느님의 일을 실천하며 살라고 베풀어 주신 것입니다.

하느님은 보이지도 않고, 만져 볼 수도 없습니다. 하느님은 물질 세계에 속한 분이 아니고, 우리 실천 안에서만 체험되는 분입니다. "하느님의 것은 하느님에게 돌려드리시오"라는 예수님의 말씀은, 우리의 삶을 하느님이 베푸셨으니 그 삶 안에 하느님의 사랑과 헌신이 살아 있게 함으로써 그분의 삶이 되게 하라는 말씀으로 들립니다. 하느님은 믿을 교리와 지킬 계명, 성당의 전례 안에만 계시지 않습니다. 사랑하고 헌신하는 우리의 일상생활 안에 함께 계십니다.

그리스도 신앙은 하느님이 우리 삶 안에 살아 계시게 하는 데 있습니다. 신앙은 출가하여 모든 것을 버리고 고행하길 요구하지 않습니다. 신앙은 자기 힘닿는 대로 이웃을 위해 열린 마음으로 살 것을 요구합니다. 그렇게 열린 마음으로 이웃을 이해하고 봉사하는 마음 안에 하느님이 함께 계십니다. 그 사실을 알고 실천하는 사람이 하느님의 것을 하느님에게 돌려드리는 것입니다.

하느님 사랑과 이웃 사랑

계명을 넘어서

예수께서 사두가이들의 말문을 막았다는 소문을 바리사이들이 듣고 함께 몰려왔다. 그들 가운데 [율법학자] 하나가 예수를 시험하여 물었다. "선생님, 율법에서 가장 큰 계명은 어떤 것입니까?" 그러자 예수께서 그에게 말씀하셨다. "'네 온 마음으로, 네 온 영혼으로, 네 온 정신으로 너의 하느님이신 주님을 사랑하라.' 이것이 가장 크고 첫째 가는 계명입니다. 둘째도 이와 비슷합니다. '네 이웃을 너 자신처럼 사랑하라.' 모든 율법과 예언자들의 정신이 이 두 계명에 달려 있습니다." (마태 22,34-40)

바리사이파 율법 교사 한 사람이 예수님을 시험해 보려고 율법 중에 가장 큰 계명이 무엇인지 묻습니다. 예수님은 답하십니다. "네 온 마음으로, 네 온 영혼으로, 네 온 정신으로 너의 하느님이신 주님을 사랑하라" 그리고 "네 이웃을 너 자신처럼 사랑하라". "모든 율법과 예언자들의 정신이 이 두 계명에 달려 있습니다."

하느님을 사랑하라는 말은 이 복음 외에는 더 보이지 않습니다. 복음서들이 사랑이라는 단어를 사용할 때는 하느님이 우리를 사랑하신다고 말하기 위해서입니다. 요한 사도는 그의 서간에서 이렇게 말합니다. "사랑하지 않는 자는 하느님을 모릅니다. 하느님은 사랑이시기 때문입니다 … 그 사랑이란 이것입니다. 곧 우리가 하느님을 사랑했다는 것이 아니라 오히려 그분이 우리를 사랑하셔서 당신의 아들을 우리 죄 때문에 속죄의 제물로 보내셨다는 것입니다"(1요한 4,8-10).

복음에서 예수님이 하느님을 사랑하라고 말씀하신 상대는 바리사이파 율법 교사였습니다. 그들은 율법을 철저히 지키는 것만이 구원에 이르는 길이라고 가르쳤습니다. 그들은 사람들이 율법을 완벽하게 지키도록, 인간 삶의 모든 경우를 가상하고 지켜야 하는 율법의 차림표를 만들었습니다. 그래서 예수님 시대에 사람들이 지켜야 할 율법 조항은 600개가 넘었습니다. 율법 조항을 이렇게 많이 만들어 놓고, 바리사이파 율사들은 율법을 다 배우지 못하는 사람들도 죄인이라고 말했습니다.

율법 조항이 그렇게 많으니, 사람들은 율법에 정신을 빼앗겨 살아야 했습니다. 사람들이 함께 계시는 하느님을 의식하고 살 수 있도록 도와주는 율법이었지만, 이제는 사람을 죄인으로 만드는 덫과 같은 것이 되었습니다. 따라서 "하느님을 사랑하라"는 예수님의 말씀은, 율법 조항들에 얽매이지 말고 하느님이 우리 삶 안에 살아 계시도록 하라는 의미로 들립니다.

율법은 기원전 13세기, 이집트 탈출을 앞둔 모세가 이스라엘 사람들에게 십계명을 준 데서 비롯되었습니다. 구약성서의 탈출기는 하느님이 모세와 계약을 맺으셨다고 말합니다. 그 계약 내용은 하느님이 이스라엘과 함께 계실 것이라는 약속과, 이스라엘은 그 함께 계시는 하느님에게 충실하겠다는 약속이었습니다. 이스라엘이 함께 계시는 하느님에게 충실한 것은 그분 뜻을 받들어 사람들을 "돌보아 주고 가엾이 여기는 선한 일"(탈출 33,19)을 실천하는 데 있습니다. 모세는 그 실천을 열 개의 구체적 지침으로 만들어 사람들에게 주었습니다. 그것이 율법의 기원인 십계명입니다.

그러나 세월이 흐르고 이스라엘 백성의 수가 늘어나면서, 사람들에게 율법을 가르치는 것을 직업으로 한 율사들이 생겨나고, 성전에서 제물 봉헌을 전담하는 사제들이 생겨났습니다. 율사들은 율법의 중요성만 강조하고 사제들은 제물 봉헌의 의무만 과장한 나머지, 이스라엘 백성은 하느님을 잊어버린 채, 율법 지키고 제물 바치는 데만 골몰하게 되었습니다. 본말이 전도된 일입니다. 하느님이 이스라엘 안에 살아 계신다는 사실을 상기시키는 것이 율법이었고, 하느님이 함께 계시기에 인간이 자기 노동의 대가를 하느님 앞에 가져와 하느님의 시선으로 보고 이웃과 나누게 하는 것이 제물 봉헌 의례였습니다. 그러나 사람들이 함께 계시는 하느님을 잊으면서, 율법과 제물 봉헌은 지키고 바쳐서 인간이 소원 성취하는 수단이 되고 말았습니다.

유다교 실세들은 율법 준수와 제물 봉헌만을 강조했습니다. 그와 동시에 선하고 베푸시는 하느님은 사라지고, 사람들 위에 무자비하게 군림하며 지배하는 분이 되어 버렸습니다.

예수님은 율법 준수와 제물 봉헌이 하느님 앞에 절대적이라고 생각하지 않았기에, 유다교 지도자들은 그분을 비난했습니다. 예수님은 하느님의 나라를 가르쳤습니다. 하느님의 나라는 하느님이 우리와 함께 계심으로써 열리는 삶의 공간입니다. 예수님은 하느님을 아버지라 부르셨습니다. 자녀가 부모에게 배워서 인간의 가치 질서를 살듯이, 신앙인은 하느님께 배워서 그분의 가치 질서를 사는 하느님의 자녀가 된다고 예수님은 가르쳤습니다. 하느님께서는 "은혜를 모르는 사람들과 악한 사람들에게도 인자하시기 때문입니다. 여러분의 아버지께서 자비로우신 것같이 여러분도 자비롭게 되시오"(루카 6,35-36). 예수님의 말씀입니다. 자비와 사랑이 하느님의 가치 질서입니다.

예수님은 질문하는 율사에게 하느님을 사랑하고 사람을 사랑하라고 말씀하셨습니다. 예수님이 '계명'이라는 단어를 사용한 것은 질문하는 율사가 그 단어를 사용했기 때문입니다. 율사들은 하느님과 인간의 관계를 '계명'이라는 단어로 표현했습니다. 그들은 하느님을 잊어버리고 오직 율법이라는 계명에만 집착했기에, 예수님은 그들이 집착하는 그 단어를 사용하십니다. 계명을 용의주도하게 준수하기만 하는 무자비한 사람이 되지 말고, 하느님에 대해 깨달아서 그분을 소중히 생각하고 그분의 사랑을 이웃에게 실천하는 사람이 되라는 복음 말씀입니다.

예수님이 가르친 하느님은 율법을 주고 심판하기 위해 지켜보고 계시는 분이 아닙니다. 이 세상의 강자는 사람들 위에 군림하고 그들을 지배하기 위해 법으로 질서를 세웁니다. 그들이 주는 법은 인간의 자유를 제한하고, 그 법을 범하면 벌이 따라옵니다. 그러나 예수님이 가르치신 하느님은 사람들을 자유롭게 하십니다. 하느님을 아버지로 부르는 사람은 그분이 생명을 베푸셨다는 사실을 알고, 자기도 그 베풂을 자유롭게 실천합니다. 그것이 하느님 자녀의 자유입니다.

우리는 정도의 차이는 있어도 모두 이기적이고 배타적입니다. 우리는 자신을 긍정하고 방어하면서, 우리 생명의 기원이신 하느님과 이웃에게서 고립됩니다. 복음에서 예수님은 "너의 하느님이신 주님을 사랑하라. 네 이웃을 너 자신처럼 사랑하라"고 말씀하십니다. 하느님이 자비로우시니 우리도 이웃에게 자비로워야 하고, 하느님이 돌보고 가엾이 여기며 사랑하시니, 우리도 이웃에게 그 사랑을 실천하며 살라는 말씀입니다. 하느님이 우리 안에 살아 계시게 하여, "아버지의 나라가 오시며, 아버지의 뜻이 … 땅에서도 이루어지게" 하라는 말씀입니다.

마태오복음서

율사와 바리사이들을 나무라시다
강자로 군림하지 않으시는 하느님

그때에 예수께서는 군중들과 당신 제자들에게 말머리를 돌려 이렇게 말씀하셨다. "율사들과 바리사이들이 모세의 자리에 앉아 있습니다. 그러니 그들이 여러분에게 말하는 것은 모두 행하고 지키시오. 그러나 그들의 행실을 따라 행하지는 마시오. 사실 그들은 말만 하고 행하지는 않습니다. 그들은 무겁고 [힘겨운] 짐들을 묶어 사람들의 어깨에 메우고 자신은 그것을 나르는 데 손가락도 대려 하지 않습니다. 그들은 모든 일을 사람들에게 보이기 위해 합니다. 사실 그들은 성구갑을 넓적하게 하고 옷단의 술을 크게 합니다. 그들은 잔치에서는 윗자리를, 회당에서는 높은 좌석을 차지하는 것을 좋아하며, 또한 장터에서 인사받는 것과 사람들로부터 라삐라고 불리는 것을 좋아합니다. 그러나 여러분은 라삐라고 불려서는 안 됩니다. 사실 여러분의 선생은 한 분이요 여러분은 모두 형제들입니다. 또한 여러분은 땅에서 누구를 여러분의 아버지라고 부르지 마시오. 사실 여러분의 아버지는 오직 한 분, 하늘에 계신 분입니다. 여러분은 사부라고 불려서도 안 됩니다. 여러분의 사부는 오직 한 분, 그리스도이기 때문입니다. 여러분 가운데서 가장 큰 사람은 여러분을 섬기는 사람이 되어야 합니다. 자신을 높이는 사람은 낮추어지고 자신을 낮추는 사람은 높여질 것입니다."(마태 23,1-12)

율사와 바리사이들에 대해 예수님이 비판하신 말씀입니다. 이 말씀은 예수님으로부터 비롯된 것이지만, 마태오복음서를 집필한 공동체가 새로 발족하는 교회에 필요한 말씀이라 생각하여 복음서에 넣었습니다. 교회에 봉사하는 사람들은 율사나 바리사이와 같은 처신을 하지 말라는 뜻이 담겨 있습니다.

복음서가 전하는 비난은 다음과 같습니다. 율사와 바리사이들은 말만 하고 실행하지 않습니다. 율법과 계명의 무거운 짐을 사람들의 어깨에 지우고, 자신들은 손가락 하나 까딱하지 않습니다. 그들은 옷차림으로 자기의 품위를 드러냅니다. 이마나 팔에 율법 구절이 새겨진 작은 상자를 매달아 경건한 사람임을 나타내고, 옷에는 술을 달아서 권위를 과시합니다. 그들은 잔치에 가면 맨 윗자리에 앉고, 회당에서는 높은 자리를 차지합니다. 길에 나가서는 사람들의 인사받기를 좋아하고, 사람들에게 스승, 아버지, 지도자 등 존경스러운 호칭으로 불리길 원합니다. 복음은 섬기는 사람이 되라는 말씀으로 끝을 맺습니다.

마태오복음서는 이 말씀을 전하면서 그리스도 신앙 공동체에서는 그런 처신이 없어야 한다고 경고합니다. 복음을 전하는 사람은 스스로 먼저 복음을 실천해야 합니다. 자기 위상을 높이고 대우받기 위한 처신을 하지 말라고 경고합니다. 초기 신앙인들은 예수님의 말씀을 복음福音, 기쁜 소식이라 일컬었습니다. 율법과 제사 의례에 매달려 전전긍긍하며 살던 사람들에게 예수님의 말씀은 기쁨이고 해방이었습니다. 예수님은 하느님이 사람을 고치고, 살리며, 용서하시는 분이라고 가르쳤습니다. 하느님이 하시는 일을 우리가 이웃을 위해 실천할 때, 하느님은 우리 안에 살아 계시고 우리는 하느님의 자녀가 됩니다.

율사나 바리사이들의 옷차림에 대한 말씀도 복음에 있습니다. 복장으로 다른 사람들과 차별을 만들어 존경받으려 하지 말라는 말씀입니다. 오늘 교회의 성직자나 수도자가 남과 다른 복장을 고집하면서 더 나은 대우를 받는다고 생각하면, 복음이 비난하는 차별을 만드는 것입니다. 우리는 모두 하느님의 자녀이고 형제자매들입니다. 차별을 만드는 행위는 그 사실을 부정하고 우월성을 찾는 것입니다. 옷차림으로 차별을 만들지 말라는 복음 말씀입니다. 소속 집단에서 자신의 역할을 빌미로 다른 사람들과 차별을 만들어서도 안 됩니다. 인간은 구실만 있으면, 다른 사람들과 차별을 만들고 자기 우월성을 과시하려 합니다. 남녀 성별 차이, 출신 가문이나 학벌 차이를 우리는 차별의 원인으로 만듭니다. 차별은 인간 모두가 하느님의 자녀이며 형제자매라는 사실을 부인합니다.

복음은 스승, 아버지, 지도자라는 호칭을 사용하지 말라고 말합니다. 물론 스승을 스승이라 부르지 말고, 아버지를 아버지라 부르지 말라는 뜻이 아닙니다. 지도자가 없는 사회를 만들라는 것도 아닙니다. 스승, 아버지, 지도자는 모두 어떤 헌신적 봉사가 먼저 있어서 발생한 호칭들입니다. 스승은 학생을 위해, 아버지는 자녀들을 위해, 지도자는 자기가 담당한 공동체를 위해 헌신하고 봉사하는 사람입니다. 그러나 그것을 빌미로 우월감을 가지면 봉사는 퇴색하고, 우월감과 지배권을 나타내는 호칭이 되어 버립니다. 인류 역사는 강자가 약자를 지배했지만, 신앙 공동체에서는 강자로 군림하는 사람이 없도록 하라는 말씀입니다.

예수님은 우리 모두가 이웃을 도우면서 생명을 위해 봉사해야 한다고 생각하셨습니다. 그분은 그것이 하느님 아버지의 뜻이라고 믿었습니다. 예수님은 인류 역사 안에 새 질서를 발생시켰습니다. 마르코복음서는 예수님이 제자들에게 이렇게 말씀하셨다고 합니다. "여러분도 알다시피 백성들을 다스린다는 사람들은 엄하게 지배하고 그 높은 사람들은 백성들을 억압합니다. 그러나 여러분 사이에서는 그럴 수 없습니다. 오히려 여러분 가운데서 크게 되고자 하는 사람은 여러분을 섬기는 사람이 되어야 합니다"(10,42-43). 인류 역사가 만든 질서는 다른 생명을 억누르면서 자신을 긍정하였지만, 예수님이 시작한 질서는 다른 생명을 섬겨서 인간 스스로를 꽃피우는 질서입니다.

예수님이 아버지라 부르신 하느님은 우리가 상상하던 하느님이

조셉 말로드 윌리엄 터너 「소돔의 파괴」 1805년, 영국 런던 테이트 모던 미술관

아니었습니다. 우리는 지배하면서 순종을 요구하는 하느님을 상상합니다. 그 하느님은 당신을 긍정하며 차별을 만드는 질서의 강자입니다. 그러나 예수님이 믿으신 하느님은 베풀어서 세상 만물을 존재하게 하셨고, 계속 베풀어서 이 세상에 생명의 역사가 지속되게 하십니다. 하느님은 생명을 베풀고 긍정하십니다. 하느님은 차별을 만들어 군림하지 않으십니다. 세상 만물이 서로 다르고, 인간 생명의 모습이 서로 다른 것은 차별을 위한 것이 아닙니다. 그것은 다양함이고 풍요로움입니다. 사계절의 다양함이 있어서 우리는 계절마다 감탄하며 아름다움을 만끽합니다. 사람들이 다양하기에 우리는 사랑하는 사람들 안에서 감탄스러운 모습들을 발견합니다. 인간이 자유를 지닌 것은 각자 자기 창의력을 동원하여, 다양하고 풍요로운 세상과 풍요로운 삶을 만들기 위한 것입니다. 우리가 주변 생명들의 다양함과 자유를 말살하지 않고 풍요로 받아들일 때, 이 세상은 아름답고 우리도 참으로 행복할 것입니다.

그리스도인은 자신을 긍정하기 위해 다른 생명을 부정하지 않습니다. 신앙인은 자기 주변 모든 것 안에 베푸신 하느님의 손길을 읽어 냅니다. 신앙인은 자신도 이웃에게 베풀고 섬겨서 하느님의 자녀가 된다고 생각합니다. 그리스도인은 다양함을 차별로 전락시켜서 자신을 과시하려 하지 않습니다. 다양함은 하느님이 주신 풍요로움입니다. 복음은 어떤 이유에서도 사람을 차별하거나 다른 사람 앞에 자기의 우월성을 드러내려 하지 말라고 말합니다.

오늘의 교회가 예수님의 말씀에 충실하기 위해서는 자기반성을 뼈아프게 해야 합니다. 우리 교회의 제도와 관행은 신분의 차별이 당

마태오복음서

연시되었던 유럽 중세 봉건사회의 구조를 이어받았습니다. 복장과 호칭으로 차별을 나타내던 사회구조입니다. 그것은 오늘 예수님이 가르친 섬김의 질서를 은폐합니다. 우리는 반성하고 청산하여, 섬김을 기본으로 한 그리스도적 질서를 드러내야 합니다. 신앙은 섬김을 배워 실천하여 은혜로우신 하느님의 자녀로 사는 길입니다.

등불과 열 처녀

하느님의 뜻을 행하는 슬기로운 사람

"그때에 하늘나라는 저마다 등불을 가지고 신랑을 마중하러 나간 열 처녀와 같을 것입니다. 그 가운데 다섯은 어리석고 다섯은 슬기로웠습니다. 어리석은 처녀들은 등불을 갖고 있었으나 기름은 함께 갖고 있지 않았습니다. 그러나 슬기로운 처녀들은 자기 등불과 함께 그릇에 기름도 담아 갖고 있었습니다. 신랑이 늦어지자 처녀들은 모두 졸다가 잠이 들었습니다. 그런데 한밤중에 '보라, 신랑이다. [그분을] 마중하러 나가라' 하고 외치는 소리가 들렸습니다. 그때에 그 처녀들이 모두 일어나 저마다 등불을 챙기었습니다. 어리석은 처녀들은 슬기로운 처녀들에게 '너희 기름을 우리에게 나누어 다오. 우리 등불이 꺼

마태오복음서

져 간다' 하고 말했습니다. 그러나 슬기로운 처녀들은 대답하여 '안 된다. 우리에게도 너희에게도 모자랄 터이니 차라리 상인들한테 가서 너희 것을 사라' 하고 말했습니다. 그들이 사러 나간 사이에 신랑이 왔습니다. 준비하고 있던 처녀들은 신랑과 함께 혼인 잔치에 들어가고 문은 닫혔습니다. 나중에 나머지 처녀들이 와서는 '주님, 주님, 우리에게 열어 주십시오' 하고 청했습니다. 그러나 그는 대답하여 '진실히 그대들에게 이르거니와, 나는 그대들을 모른다' 했습니다. 그러니 여러분은 깨어 있으시오. 여러분은 그 날과 그 시간을 모르기 때문입니다." (마태 25,1-13)

하느님의 나라를 혼인 잔치에 비유하는 이 이야기에는 우리의 상식으로 이해하기 어색한 부분이 있습니다. 먼저 신랑 한 사람에게 열 처녀가 결혼하겠다고 나선 것 같은 오해를 일으킬 수 있습니다. 이 이야기는 유다인들의 결혼 관습을 배경으로 하고 있습니다. 유다인들은 신랑과 신부가 약혼하면, 일 년 정도 각자의 집에 머물게 합니다. 결혼식을 거행할 날이 오면, 신랑이 신부 집에 가서 신부와 신부 친구들을 데리고 자기 집으로 갑니다. 그 후 많은 손님을 초대하여 며칠간 잔치를 합니다. 따라서 복음에 나오는 열 처녀는 신부와 함께 잔치에 갈 신부 친구들입니다.

　또 하나 어색한 것은 처녀들이 등불을 준비했다는 점입니다. 그들은 등불만 준비한 것이 아니라, 그중 다섯 사람은 예비 기름까지 준비했습니다. 본디 신랑은 등불이 필요하지 않은 낮 시간에 신부 집에

옵니다. 만일 등불이 필요하면, 준비는 당연히 신랑의 몫입니다. 이야기에서 예비 기름을 미리 준비한 다섯 처녀가 기름을 준비하지 못한 다른 처녀들에게 기름을 나누어 주지 않는 것도 이상합니다. 함께 초대받은 처지에 기름이 있으면 기쁘게 나누어 쓸 것입니다. 그러나 그들은 그러지 않습니다. 신랑도 이상합니다. 기름을 사러 갔다가 다섯 처녀가 늦게 도착하니까, 신랑은 "나는 그대들을 모른다"고 말하면서 문을 열어 주지 않습니다. 잔칫날 잔칫집 문을 잠근 것도 이상하고, 그 기쁜 날, 늦게 도착한 신부 친구들을 신랑이 그렇게 거절하는 것도 상상할 수 없는 일입니다.

이렇게 보면, 이 이야기는 하느님의 나라를 그 시대 혼인 잔치에 비유하면서 여러 가지 무리를 하고 있다는 사실을 알 수 있습니다. 이 이야기는 전하고 싶은 메시지를 위해 만들어진 것으로, 예비 기름을 준비한 사람들을 '슬기로운' 사람이라 부르고 기름을 준비하지 못한 사람들을 '어리석은' 사람이라 부릅니다. 그러면서 슬기로운 사람과 어리석은 사람의 운명이 얼마나 다른지 보여 줍니다. 그렇다면 이 복음이 말하는 슬기로운 사람은 어떤 사람이고, 어리석은 사람은 어떤 사람인지 복음서에 물어보아야 합니다.

비유 이야기를 제공한 마태오복음서는 예수님의 다음 말씀을 전합니다. "누구든지 나의 이 말을 듣고 그대로 행하는 사람은 반석 위에 제 집을 지은 슬기로운 사람과 같을 것입니다"(7,24). 이어서 "누구든지 나의 이 말을 듣고도 그대로 행하지 않는 사람은 모래 위에 제 집을 지은 어리석은 사람과 같을 것입니다"(7,26). 예수님의 말씀을 듣고 실천하는 사람이 슬기로운 사람이고, 실천하지 않는 사람은 어리석다는 말입니다. 듣고 실천해야 하는 말씀 내용을 복음서는 다음과 같이 요약합니다. "누구든지 나더러 '주님, 주님' 하는 사람마다 하늘나라에 들어가는 것이 아니고 하늘에 계신 내 아버지의 뜻을 행하는 사람이라야 들어갈 것입니다"(7,21). 결국 하느님의 뜻을 행하는 이가 슬기로운 사람이라는 말입니다.

이야기에서 하느님은 사람들을 잔치에 초대하는 분입니다. 잔치는 구약성서(이사 25,6)와 신약성서(루카 22,30)가 하느님의 나라를 설명하기 위해 사용하는 단어입니다. 잔치는 베푸는 사람이 열고, 초대받아 참여하는 사람들은 모두 기쁩니다. 하느님의 나라는 하느님이 베푸셔서 있고, 그것은 모든 사람에게 기쁨이고 즐거움입니다. 그렇다면 마태오복음서가 말하는 슬기로움은 자기 주변 사람들에게 기쁨과 즐거움을 주는 데 있습니다.

그리스도인은 예수 그리스도 안에서 하느님의 일을 봅니다. 예수님은 하느님의 선하심을 실천하다가, 유다교 지도자들로부터 배척당하여 십자가에서 돌아가셨습니다. 예수님이 사람들의 병을 고쳤다거나 마귀를 쫓았다는 말은 모두 하느님의 선하심을 실천했다는 말입니다. "이웃을 사랑하라", "원수까지 사랑하라", "달라는 사람에게 거저 주어라"와 같은 예수님의 말씀들은 하느님의 선하심을 우리도 실천하여 사람들에게 기쁨과 즐거움을 주는 사람이 되라는 말씀입니다.

우리 삶의 공간에는 하늘과 땅이 있고 사람들이 있습니다. 오늘 우리는 대도시 고층 건물의 숲속에서 아스팔트를 밟으며, 경쟁 상대로만 보이는 사람들과 더불어 삽니다. 우리는 하늘을 우러러보지 않고 땅도 보지 않습니다. 우리는 이웃을 함께 사는 동료이기보다는 사

에른스트 루트비히 키르히너 「다섯 명의 거리의 여인」 1913년, 독일 쾰른 루트비히 미술관

마태오복음서

는 데 장애물로 여기거나 경쟁자로 볼 때가 더 많습니다. 다른 사람보다 내가 더 많이 가져야 하고 더 잘살아야 합니다. 도로에서는 내 앞에 장애물 없이 달릴 수 있어야 합니다. 오늘 우리는 자신밖에 보지 못하고 살아갑니다. 현대의 어느 작가는 "남은 지옥이다"라고 말했습니다. 하늘도 땅도 보지 못하는 우리에게 이웃은 욕심, 경쟁심, 미움, 다툼 등 우리를 지옥과 같이 불행하게 만드는 원인으로만 보인다는 말입니다.

'하늘을 우러러' 하는 자기반성이 없는 세상이 되었습니다. 그러면서 땅도 공해로 죽어 가고, 사람도 땅과 함께 죽어 가고 있습니다. 오염된 공기와 물을 마시고 오염된 음식을 먹으면서, 우리는 이 지구를 오염시키고 있습니다. 우리가 더불어 살아야 하는 이웃은 불행의 원인이 되어 버렸습니다. 하늘도 두렵지 않고 땅도 소중하지 않으며, 이웃을 돌보고 가엾이 여길 필요도 느끼지 못하는 사람이 되어 가고 있습니다. 우리가 그런 세상을 만들고 있습니다. 신앙인은 하느님을 우러러 땅과 사람을 생각합니다. 그것이 아버지의 뜻을 실천하는 슬기로운 길입니다. 신앙인은 하느님이 선하시기에 선한 눈으로 세상을 보고, 이웃에게 기쁨도 주고 즐거움도 주기 위해 노력합니다.

열 처녀에 대한 비유 이야기는 기름을 준비하지 못한 사람들의 어리석음을 말합니다. 선하신 하느님의 일을 실천하지 않는 어리석은 사람은 불행하다고 말합니다. 잔치를 비유 주제로 삼은 것은 "하느님, 당신 생각에 그저 기쁘고 즐겁습니다"라는 시편(9,3) 말씀을 깨닫게 하고자 한 것입니다. 하느님의 뜻을 실천하는 사람이 되어, 하느님과 함께 사는 슬기로운 사람이 되자는 이야기입니다. 하느님은 우리에게 삶이라는 잔치를 베푸셨습니다. 하느님의 뜻은 멀리 있지 않습니다. 하느님을 우러러 세상과 이웃을 보고, 하느님으로 말미암은 기쁨을 확산시키는 데 하느님의 뜻이 있습니다. 그것이 하느님의 자녀가 이 세상에서 할 일이고, 죽음의 휘장을 넘어서도 하느님과 함께 있을 수 있는 길입니다.

탈렌트 비유

하느님의 베풂과 축복의 결과인 우리의 생명

"사실 그것은 여행을 떠나면서 자기 종들을 불러 그들에게 자기 재산을 맡긴 사람의 경우와 같습니다. 그는 각자에게 그 능력대로 하나에게는 다섯 탈렌트를, 하나에게는 두 탈렌트를, 하나에게는 한 탈렌트를 주고 여행을 떠났습니다. 즉시 다섯 탈렌트를 받은 종은 가서 그것을 활용하여 다섯 탈렌트를 더 벌었습니다. 그와 같이 두 탈렌트를 받은 종도 두 탈렌트를 더 벌었습니다. 그러나 한 탈렌트를 받은 종은 물러가서 땅을 파고 자기 주인의 은전을 숨겼습니다. 많은 시일이 지나 그 종들의 주인이 와서 그들하고 셈을 밝혔습니다. 다섯 탈렌트를 받은 이가 다가와서 다섯 탈렌트를 더 바치며 '주인님, 저에게 다

섯 탈렌트를 맡겨 주셨는데, 보십시오, 다섯 탈렌트를 더 벌었습니다'
하고 말했습니다. 그의 주인은 그에게 '잘했다, 착하고 충실한 종아,
사소한 일에 충실했으니 네게 많은 일을 맡기겠다. 와서 네 주인의 기
쁨을 함께 누려라' 하고 일렀습니다. 두 탈렌트를 받은 이가 다가와
서 '주인님, 저에게 두 탈렌트를 맡겨 주셨는데, 보십시오, 두 탈렌트
를 더 벌었습니다' 하고 말했습니다. 그의 주인은 그에게 '잘했다, 착
하고 충실한 종아, 사소한 일에 충실했으니 네게 많은 일을 맡기겠다.
와서 네 주인의 기쁨을 함께 누려라' 하고 일렀습니다. 그런데 한 탈
렌트를 받은 이는 다가와서 이렇게 말했습니다. '주인님, 저는 주인님
이 모진 사람이라, 심지도 않은 데서 거두시고 뿌리지도 않은 데서 모
으신다는 것을 알고 있었습니다. 그래서 두려운 나머지 물러가서 주
인님의 탈렌트를 땅속에 숨겼습니다. 보십시오, 주인님 것입니다.' 그
러자 그의 주인이 대답하여 그에게 말했습니다. '악하고 게으른 종아,
너는 내가 심지도 않은 데서 거두고 뿌리지도 않은 데서 모은다는 것
을 알고 있었단 말이지? 그렇다면 너는 내 은전들을 돈놀이하는 사람
들에게 내맡겼어야 했다. 그랬더라면 내가 와서 이자와 함께 내 돈을
돌려받았을 것이다. 그러니 너희는 그자에게서 한 탈렌트마저 빼앗
아 열 탈렌트를 가진 이에게 주어라. 사실, 누구든지 가진 사람에게는
더 주어 넘치게 할 것이고, 갖지 못한 사람, 그에게서는 가진 것마저
빼앗을 것이다. 너희는 이 쓸모없는 종을 바깥 어둠 속으로 쫓아내라.
거기서는 울고 이를 갈게 될 것이다.'" (마태 25,14-30)

어떤 사람이 길을 떠나면서 자기의 종들에게 재산을 맡긴 이야기입니다. 한 사람에게는 다섯 탈렌트, 또 한 사람에게는 두 탈렌트, 그리고 다른 한 사람에게는 한 탈렌트를 각각 맡겼습니다. 탈렌트는 그 시대 화폐 단위 중 가장 큰 것입니다. 한 탈렌트는 그 시대 농촌 근로자 한 사람이 20년 동안 노동하여 받는 품삯에 해당하는 거액입니다. 종에게 그런 거액을 맡기는 일은 실제로는 없을 것입니다. 복음은 현실에 없는 일을 이야기하면서, 우리가 어떤 은혜로움을 살고 있으며 어떻게 처신해야 하는지 말합니다.

복음에서 다섯 탈렌트를 받은 종과 두 탈렌트를 받은 종은 각각 그것을 값지게 활용하여, 다섯 탈렌트 혹은 두 탈렌트를 더 벌었습니다. 그러나 한 탈렌트를 받은 사람은 땅을 파고, 받은 것을 숨겨 두었습니다. 그는 받은 탈렌트를 활용하지 않고, 자기의 미래를 위해 안전하게 보관한 것입니다. 세월이 흘러 주인이 돌아와서 셈을 합니다. 다섯 탈렌트를 받은 종과 두 탈렌트를 받은 종은 그것을 값지게 활용하였다고, 주인의 축복을 받습니다. 그러나 한 탈렌트를 받아 숨겨 둔 종은 가진 것마저 빼앗기는 불행을 당합니다.

이 이야기는 하느님으로부터 우리가 받은 것을 값지게 활용해야 한다고 말합니다. 이야기에 나오는 주인은 종들과 셈을 하지만, 종에게 나누어 주었던 재산과 그가 벌어들인 것을 회수하지 않습니다. 그 주인은 자기 재산을 늘리기 위해 종들에게 맡긴 것이 아닙니다. 주인은 종들이 은혜롭게 받은 것을 내어 주고 쏟아서 활용할 것을 바랐습니다. 그래서 주인은 값지게 활용한 종을 축복합니다. 그러나 자기 미래만 생각하며 받은 것을 땅속에 묻어 두었던 종은, '악하고 게으른'

종이라는 비난과 더불어 받았던 것마저 빼앗깁니다.

하느님이 주신 은혜로운 우리의 생명입니다. 복음은 그 사실을 감사하며, 그 생명을 활용하는 사람이 되라고 말하고 있습니다. 부모로부터 받은 생명이고 부모의 자상한 보살핌이 있어 성장했다는 사실을 생각하고, 부모에게 감사하는 사람이 자녀입니다. 스승이 자기를 위해 쏟은 정성을 고맙게 생각하는 사람이 제자입니다. 자기가 사는 사회로부터 받은 것이 많다는 사실과 그 사회를 위해 자기도 헌신해야 한다고 생각하는 사람이 건전한 시민입니다. 자기가 받은 것을 전혀 감사하지 않아도, 한 인간으로 먹고사는 데 아무 지장이 없습니다. 부모에게 감사하지 않아도, 스승을 대수롭게 생각하지 않아도, 사회를 위해 공헌하지 않아도 자기 한 몸 잘 먹고 잘살 수는 있습니다.

신앙인으로 산다는 것은 강요된 일이 아닙니다. 장차 가야 할 지옥이 두려워서 신앙인이 되는 것도 아니고, 신앙인이 되어야 복을 받아 잘살 수 있기 때문도 아닙니다. 하느님을 믿으면 사업이 더 잘되고 지위가 더 올라가는 것도 아닙니다. 신앙인은 다른 사람들보다 조금 더 보는 사람입니다. 부모를 소중히 생각하고 그 은혜에 감사하는 자녀는 그렇지 않은 자녀보다 조금 더 보는 자녀입니다. 스승과 사회에 대해 감사하고 보답하겠다는 마음을 가진 사람은 그렇지 않은 사람보다 조금 더 보는 제자이고 시민입니다. 신앙인은 하느님이 베풀고 축복하셨다는 사실을 믿는 사람입니다. 베풀어진 것이 다섯 탈렌트일 수도 있고, 한 탈렌트일 수도 있습니다. 많거나 적거나 그것은 은혜로운 축복입니다. 하느님이 베풀고 축복하신 결과로 내 생명이 있습니다. 그리고 내 주변의 모든 것이 있습니다. 그 사실을 생각하고 감사하는 사람이 신앙인입니다. 감사하지 않는 사람은 나쁜 사람이 아닙니다. 중요한 사실 하나를 보지 못한 것뿐입니다. 자기 삶을 은혜로운 것으로 만들어 주는 빛 하나를 보지 못한 것입니다.

하느님과 우리를 분리해서 생각할 수 없습니다. 하느님과 우리가 하나라는 말이 아닙니다. 하느님은 저기 하늘 높은 곳에 계시고, 나는 여기 땅에 있다는 식으로 분리해 생각할 수 없다는 말입니다. 하느님이 하신 일 다르고, 내가 하는 일이 다르다고만 생각하지 말자는 말입니다. 내가 벌어서 만든 재산, 내가 노력하여 얻은 기술과 자격증, 내가 누리는 모든 것은 내가 노력해서 얻은 것입니다. 그러나 그것을 하느님이 베푸신 은혜로운 것으로 보는 사람이 신앙인입니다. 내가 가진 것을 하느님이 베푸신 것으로 보는 마음 안에 풍요와 감사와 행복이 있습니다. 그리고 그렇게 보는 사람은 자비와 헌신을 실천하며 삽니다. 그와 반대로 내가 가진 것을 나의 것, 나만을 위한 것으로 보는 마음에는 불만, 욕심, 무자비 등의 어둠이 있습니다. "빛이 어둠 속에 비치고 있다"고 요한복음서(1,5)는 말합니다. 우리 자신만 보는 어둠 속에, 베푸심을 보게 하는 신앙의 빛이 비치고 있다는 말입니다.

탈렌트 이야기는 주어진 것을 받아들고 자기 미래만을 생각하는 사람을 불행하다고 말합니다. 주인이 베풀었듯이, 받은 사람도 베풀어서 값지게 활용하라는 이야기입니다. 빛이 주어졌지만 "어둠은 빛을 받아들이지 않았다"고 요한복음서(1,5)는 말합니다. 베푸심이 있어 내가 있고 내 것이 있습니다. 그 빛을 받아들이지 않는 사람은 어둠 속에서 자신과 자기가 가진 것만 봅니다. 그러면 베푸심이라는 기원이 사라집니다. 베푸심이라는 기원이 사라지면, 우리 생명, 재산,

지위, 자격증, 이런 것이 모두 자신만을 위한 것으로 보입니다. 어둠이 빛을 받아들이지 않은 결과입니다.

신앙은 하느님의 빛을 받아들여 우리 삶을 보는 삶의 운동입니다. 자기만, 혹은 자기가 가진 것만 소중히 생각하는 데서 한발 물러서면 하느님의 빛이 다가옵니다. 신앙은 하느님께 빌고 바쳐서, 우리 욕심을 성취하려는 수작이 아닙니다. 신앙은 베풀고 축복하시는 하느님의 일을 연장하여 우리도 이웃을 보살피고 축복하며 살자는 운동입니다. 다섯 탈렌트, 두 탈렌트, 한 탈렌트 모두가 은혜로운 것입니다. 주어지지 않을 수도 있었는데 은혜롭게 베풀어졌습니다.

우리가 받아 누리는 것도, 어느 날 우리를 떠나갈 것입니다. 아름다운 단풍은 '스스로를 내어 주고 쏟는' 생명의 순리가 어떤 아름다움인지 말해 줍니다. 베풀어 주신 생명이 축복이라는 사실을 알고 그 축복을 실천하며 한껏 푸르게 살면, 그 생명은 떠나가면서도 아름답다는 사실을 보여 줍니다. 우리도 베풀어진 것을 나만을 위해 숨겨 두는 어둠 속에 머물지 않고, 베푸심의 빛을 받아 한껏 푸르고 은혜롭게 내어 주며 살아야 할 것입니다. 하느님이 베푸셨습니다. 그 빛의 순리를 따라 살아서, 낙엽이 되라고 가을은 말합니다.

최후 심판

연민과 보살핌 안에서

"인자가 자기 영광에 싸여 오고 또한 모든 천사들이 그와 함께 오면 그때에 그는 자기의 영광스러운 옥좌에 앉을 것입니다. 그러면 그의 앞에 모든 민족들이 모여들 것입니다. 그는 목자가 양들과 염소들을 갈라놓는 것처럼 그들을 서로 갈라놓을 것입니다. 양들은 자기 오른 편에, 염소들은 왼편에 세울 것입니다. 그때에 임금은 자기 오른편에 있는 사람들에게 말할 것입니다. '내 아버지의 축복을 받은 사람들아, 와서 세상 창조 때부터 너희를 위하여 마련해 둔 나라를 상속받아라. 사실 너희는 내가 굶주렸을 때에 내게 먹을 것을 주었고, 내가 목말랐을 때에 내게 마시게 해 주었다. 나그네 되었을 때에 나를 맞아들였고 헐벗었을 때에는 내게 입혀 주었다. 병들었을 때에 나를 찾아왔고, 감옥에 갇혔을 때에도 내게로 와 주었다.' 그때에 의인들은 그분께 대답하여 이렇게 말할 것입니다. '주님, 저희가 언제 주님께서 굶주리신 것을 보고 잡수시게 해 드렸으며, 목마르신 것을 보고 마시게 해 드렸습니까? 저희가 언제 주님께서 나그네 되신 것을 보고 맞아들였으며, 헐벗으신 것을 보고 입혀 드렸습니까? 저희가 언제 주님께서 병드셨거나 감옥에 갇히신 것을 보고 주님을 찾아갔습니까?' 그러면 임금은 대답하여 그들에게 말할 것입니다. '진실히 너희에게 이르거니와, 너희가 이 지극히 작은 내 형제들 가운데 하나에게 해 주었을 때마다 나에게 해 준 것이다.' 그때에 임금은 왼편에 있는 사람들에게도 말할 것입니다. '저주받은 자들아, 내게서 떠나 악마와 그 심부름꾼들을 위해서 마련된 영원한 불 속으로 가라. 사실 너희는 내가 굶주렸을 때에 내게 먹을 것을 주지 않았고, 내가 목말랐을 때에 내게 마시게 해 주지 않았다. 나그네 되었을 때에 나를 맞아들이지 않았고, 헐벗었을 때에 내게 입혀 주지 않았다. 병들고 감옥에 갇혔을 때에 나를 찾아오지 않았다.' 그때에 그들도 대답하여 이렇게 말할 것입니다. '주님, 저희가 언제 주님께서 굶주리시거나 목마르시거나 나그네 되시거나 헐벗으시거나 병드시거나 감옥에 갇히신 것을 보고도 주님께 시중들지 않았다는 것입니까?' 그때에 임금은 대답하여 그들에게 말할 것입니다. '진실히 너희에게 이르거니와, 너희가 이 지극히 작은 이들 가운데 하나에게 해 주지 않았을 때마다 나에게 해 주지 않은 것이다.' 그래서 이자들은 영원한 벌을 받으러 갈 것이고, 의인들은 영원한 생명을 누리러 갈 것입니다." (마태 25,31-46)

교회가 예수 그리스도를 왕이라 일컫는 것은, 그분이 과거에 이스라엘이 고대하던 메시아라고 고백하는 것입니다. 예수님 시대 유다인들은 메시아가 왕으로 와서 세상 만방을 통치하는 강대국 이스라엘을 만들어 줄 것이라 믿었습니다. 그리고 그들은 그것이 구원이라고 생각하였습니다. 예수님은 유다인들의 그런 믿음에 동조하지 않으셨습니다. 그러나 그분이 십자가에서 돌아가시고 부활하신 사실을 믿으면서, 제자들은 그분이 열어 놓은 구원의 새로운 삶이 있다는 사실을 깨달았습니다. 바오로 사도는 우리가 "새로운 생명 안에서 거닐 수 있기 위해"(로마 6,4) 예수의 이름으로 세례를 받는다고 가르칩니다. 초기 그리스도 신앙 공동체는 자기를 중심으로 한 삶의 방식을 버리고 예수님이 보여 주신 새로운 삶을 사는 데 구원이 있다고 믿었습니다.

옛날에는 나라에 왕이 있었습니다. 백성은 왕의 나라에서 왕이 공포한 법을 지키며, 왕이 제시하는 가치관을 따라 살았습니다. 그리스도 신앙인은 예수님이 제시한 가치관을 따라 삽니다. 그런 의미에서 초기 그리스도 신앙 공동체는 예수님을 왕이라 일컬었습니다. 우리는 미사에서 "이는 너희를 위해 내어 줄 내 몸이다 … 이는 너희와 모든 이를 위하여 흘릴 피다"라는 말씀을 듣습니다. "너희는 나를 기억하여 이를 행하라"는 말씀도 있습니다. 우리는 성찬에 참여하면서 예수님을 기억하고, 그분이 보여 준 가치관을 따라 살겠다고 약속합니다. 당신 스스로를 내어 주고 쏟은, 그분의 자비와 보살핌의 생명을 살겠다고 약속하는 것입니다.

오늘 세상에는 왕이 없습니다. 국가는 이제 왕이 통치하지 않고, 백성이 나라를 위해 일할 일꾼들을 뽑아 통치하게 합니다. 현대인은 임금님의 나라에서 황공하게 살지 않고, 자기 나라에서 당당하게 삽니다. 아직도 왕이 있는 나라들이 있지만, 그 나라에서도 이제 왕은 통치자가 아니라 의전을 위한 상징적 인물에 지나지 않습니다. 그 옛날, 왕이 당연히 있고 왕이 통치하던 시절에 '그리스도 왕'이라는 칭호가 생겼습니다. 오늘 우리가 그 칭호를 축일 이름으로 사용하는 것은 예수 그리스도로 말미암아 열린 그리스도인의 새 나라, 새 삶이 있다는 사실을 고백하는 것입니다.

오늘 복음은 최후 심판 이야기입니다. 예수 그리스도로 말미암아 우리가 어떤 가치관을 지니고 살아야 하는지 알리는 비유 이야기입니다. 이 이야기에 열거된 사람들은 굶주린 이, 목마른 이, 나그네, 헐벗은 이, 병든 이, 감옥에 갇힌 이입니다. 모두가 어려움에 처한 불행한 사람들입니다. 이 세상 사람들로부터 쉽게 외면당하는 사람들입니다. 복음은 그런 사람들을 영접하고 보살피며 살라고 말합니다. "너희가 이 지극히 작은 내 형제들 가운데 하나에게 해 주었을 때마다 나에게 해 준 것이다." 어려움에 처한 사람들을 예수 그리스도 보듯이 대하라는 말씀입니다. 그리스도인의 새 삶은 사람들로부터 외면당한 이웃을 최선을 다해 보살피는 데 있다는 말입니다. 그것이 예수님으로 말미암아 주어진 구원을 사는 길이라는 복음 말씀입니다.

예수님은 유다교가 하느님을 빙자하여 사람과 사람 사이에 차별의 벽을 만드는 것을 거부하셨습니다. 하느님은 모든 사람의 하느님입니다. 아무도 하느님 앞에서 스스로 우월하다고 주장할 수 없습니다. 유다교는 굶주리는 이, 헐벗은 이, 병든 이, 감옥에 갇힌 이 모두를 하느님이 버렸다고 가르쳤지만, 예수님은 하느님이 그들과도 함께

마태오복음서

빈센트 반 고흐 「한 켤레의 구두」 1886년, 네덜란드 암스테르담 반 고흐 미술관

계신다고 믿었습니다. 인간은 구실만 있으면, 자신이 다른 사람보다 우월하다고 생각합니다. 먹을 것을 가진 사람이 굶주리는 이를 보면서, 옷을 잘 입은 사람이 헐벗은 이를 보면서, 율법을 잘 지키는 사람이 잘 지키지 못하는 이를 보면서 우월감을 느낍니다. 예수님 시대 율사와 사제들은 율법과 제사 의례를 구실로 많은 이를 죄인으로 판단하면서, 스스로 의인이라는 우월감을 가졌습니다. 예수님은 그 생각을 거부하셨습니다.

자기가 우월하다고 생각하는 사람은 자신에게 시선을 빼앗기고 하느님을 보지 못합니다. 복음에서 예수님은 스스로 우월감을 가질 수 없는 이들, 곧 "이 지극히 작은 내 형제들 가운데 하나에게 해 준 것이" 당신에게 한 것이라고 말씀하십니다. 이 지극히 작은 사람들은 스스로 우월감을 가질 수 없는 이들입니다. 물론 다른 사람들의 선망의 대상이 되지도 못합니다. 다른 사람들의 연민과 보살핌만이 그들을 동료 인간으로 인정합니다. 연민과 보살핌은 예수님이 살아 계실 때 실천하신 것이었습니다. 예수님은 그 은혜로운 체험으로 사람들의 시선이 아버지이신 하느님에게로 가게 하셨습니다.

우리는 계명과 성사에 충실하면 하느님이 축복하신다고 생각할 수 있습니다. 하느님이 축복하시면 재물도 권력도 얻어 누린다고 생각할 수 있습니다. 하느님은 우리를 축복하십니다. 그러나 그 축복은 우리로 하여금 더 많이 갖고 더 높아지게 하지 않습니다. 그런 것은 인간이 스스로 노력하여 얻는 것입니다. 그런 것을 얻어 내는 비결을 가르치는 것이 그리스도 신앙이 아닙니다. 하느님은 우리 모두의 하느님입니다. 예수님은 최후 만찬에서 당신의 죽음을 "많은 사람을 위한"(마르 14,24) 것이라고 말씀하셨습니다. 많은 사람을 위해 스스로를 '내어 주고 쏟는' 그리스도 신앙인이 되라는 말씀입니다.

하느님은 우리가 가지고 누리는 모든 것이 주변 사람들을 위한 축복이 되기를 원하십니다. 우리가 가지고 누리는 것이 다른 사람들과 우리의 차별이나 우월감을 조장하는 계기가 된다면, 그리스도 왕으로 계시는 새로운 나라 혹은 새 삶이 우리 안에 없는 것입니다. 하느님이 축복하시면, 우리 안에 이웃을 향한 연민과 보살핌이 나타납니다.

예수님은 병자들의 병을 고쳐 주고 죄인들의 죄를 용서하면서, 유다교가 만들어 놓은 차별을 없애고 연민과 보살핌을 실천하셨습니다. 우리가 복음으로 들은 최후 심판 이야기는 우리도 인간 차별을 없애는 연민과 보살핌을 실천하라고 말합니다. 굶주린 이에게 먹을 것을 전하고, 병든 이를 돌보고, 감옥에 갇힌 이를 찾아가는 것은 이 세상이 만들어 놓은 차별을 없애는 축복의 몸짓입니다.

예수님으로 말미암아 열린 새로운 삶은 그런 실천들 안에 있습니다. 우리가 그리스도를 왕이라고 고백하는 것은, 그분을 중심으로 한 새로운 가치관을 살겠다고 고백하는 것입니다. 자기 혼자 잘되고 존경받고 우월감을 갖는 삶이 아니라, 연민과 보살핌으로 자신 안에서 자비로우신 하느님의 일이 실현되게 하면서 살겠다는 고백입니다. 복음은 그 고백의 몸짓들을 구체적 이야기 안에 담았습니다. 복음은 법이 아닙니다. 법은 우리 삶의 향기로움을 빼앗아 갑니다. 복음은 예수님이 열어 놓으신 구원의 새로운 삶, 향기로운 삶으로 우리를 초대합니다.

예수, 십자가에서 돌아가시다

하느님의 자비와 사랑

그때에 열두 제자 중의 하나인 유다 이스카리옷이라 하는 자가 대제
관들에게 가서 "내가 당신들에게 그분을 넘겨주면 당신들은 내게 무
엇을 주겠습니까?" 하고 말했다. 그들은 그에게 은전 서른 닢을 주기
로 정했다. 그리하여 그때부터 그는 그분을 넘겨주기 위해 적당한 기
회를 찾았다. 무교절 첫날 제자들이 예수께 다가와서 "해방절 음식을
드시도록 저희가 선생님을 위해 준비하려는데 어디가 좋겠습니까?"
하고 여쭈었다. 그러자 예수께서 말씀하셨다. "성안으로 이러이러한
사람에게 가서 그에게 말하시오. '선생님께서, 나의 때가 다가왔는데
당신 집에서 내 제자들과 함께 해방절 회식을 하겠소, 하십니다.'" 그

마태오복음서

래서 제자들은 예수께서 자기들에게 명하신 대로 하여 해방절을 준비하였다. 저녁때가 되어 예수께서는 열두 제자와 함께 자리 잡으셨다. 그리고 그들이 먹고 있을 때에 말씀하셨다. "진실히 여러분에게 이르거니와, 여러분 중의 한 사람이 나를 넘겨줄 것입니다." 그들은 몹시 근심하며 저마다 예수께 "저는 아니겠지요, 주님?" 하고 말했다. 그러자 예수께서 대답하여 이렇게 말씀하셨다. "나와 함께 손을 대접에 담근 그 사람이 나를 넘겨줄 것입니다. 인자는 자신에 관해서 기록된 대로 떠나갑니다. 그러나 불행하구나, 인자를 넘겨주는 그 사람! 그 사람은 차라리 태어나지 않았더라면 그 자신을 위해서 좋았을 것입니다." 그러자 그분을 넘겨주기로 한 유다가 대답하여 "저는 아니겠지요, 라삐?" 하였다. 예수께서 그에게 "그대가 그렇게 말했습니다" 하고 말씀하셨다. 그리고 제자들이 먹고 있을 때에 예수께서 빵을 드시고 축복하신 다음 떼시어 제자들에게 주시며 말씀하셨다. "받아먹으시오. 이는 내 몸입니다." 또한 잔을 드시고 감사기도를 드리신 다음 그들에게 주시며 말씀하셨다. "모두 그것을 돌려 마시시오. 정녕 이는 내 계약의 피로서 죄를 용서해 주려고 많은 사람을 위하여 쏟는 것입니다. 또한 여러분에게 말하거니와, 내가 내 아버지의 나라에서 여러분과 함께 새로운 것을 마실 그날까지, 이 포도나무 열매로 빚은 것을 이제부터는 결코 마시지 않겠습니다." 그리고 그들은 찬송가를 부른 다음 올리브산으로 떠나갔다. 그때에 예수께서 그들에게 말씀하셨다. "여러분은 모두 이 밤에 나에게 걸려 넘어질 것입니다. 성경에 '내가 목자를 치겠노라. 그러면 양 떼는 흩어지리로다'라고 기록되어 있기 때문입니다. 그렇지만 나는 부활한 후에 여러분에 앞서 갈릴래아로 갈 것입니다." 그러자 베드로가 그 말씀을 받아 예수께 "모두 주님에게 걸려 넘어질지라도 저는 절대로 걸려 넘어지지 않을 것입니다" 하고 말씀드렸다. 예수께서 그에게 "진실히 당신에게 이르거니와, 이 밤에 닭이 울기 전에 당신은 세 번이나 나를 모른다고 할 것입니다" 하고 말씀하셨다. 베드로는 다시 예수께 "주님과 함께 죽는 한이 있더라도 결코 주님을 모른다고는 하지 않겠습니다" 하고 말씀드렸다. 다른 제자들도 모두 그와 같이 말했다. 그때에 예수께서는 제자들과 함께 겟세마니라 하는 곳으로 가시어 그들에게 "내가 저기 물러가서 기도하는 동안 여러분은 여기 앉아 있으시오" 하고 이르셨다. 그리고 베드로와 제베대오의 두 아들을 데리고 가서는 근심하며 번민하시기 시작했다. 이때 그분은 그들에게 말씀하셨다. "내 영혼이 근심에 싸여 죽을 지경입니다. 당신들은 여기 머물러서 나와 함께 깨어 있으시오." 그러고는 조금 더 나아가 땅에 얼굴을 대고 기도하며 이렇게 말씀하셨다. "나의 아버지, 할 수만 있다면 이 잔이 저를 비켜 가게 하소서. 그러나 제가 원하는 대로 하지 마시고 아버지께서 원하시는 대로 하소서." 그리고 제자들에게 와서 보시니 그들은 자고 있었다. 그래서 베드로에게 말씀하셨다. "그래 당신들은 나와 함께 한 시간도 깨어 있지 못했소? 당신들은 유혹에 빠지지 않도록 깨어 기도하시오. 영은 간절히 원하지만 육신은 약합니다." 그리고 예수께서는 다시 두 번째로 가시어 "나의 아버지, 이 잔이 비켜 갈 수 없고 제가 그것을 마실 수밖에 없다면 아버지의 뜻이 이루어지게 하소서" 하면서 기도하셨다. 그다음 오셔서 보시니 그들은 다시 자고 있었다. 그들의 눈이 무겁게 감겨 있었던 것이다. 그들을 버려두고 다시 가시어 거듭 같은 말씀을 하시며 세 번째로 기도하셨다. 이윽고 예수께서는 제자들에게 돌아오시어 그들에게 말씀하셨다. "아직도 자고 쉬어야 겠소? 이제 시간이 다가왔습니다. 인자가 죄인들의 손에 넘겨집니다. 일어나 갑시다. 보시오, 나를 넘겨줄 자가 가까이 왔습니다." 예수께서 아직 말씀하시고 계실 때에 열두 제자 중의 하나인 유다가 왔다. 또한 그와 함께, 대제관들과 백성의 원로들이 보낸 많은 군중도 칼과 몽둥이를 들고 왔다. 그런데 그분을 넘겨줄 자는 그들에게 표징을 일러 주며 "내가 입맞출 사람이 바로 그 사람이니 그를 붙잡으시오!" 하고 말해 두었었다. 그는 곧 예수께 다가와서 "반갑습니다, 라삐!" 하면서 입을 맞추었다. 예수께서 그에게 "친구, 무엇 때문에 왔는가?" 하고 말씀하셨다. 그때에 그들이 다가와서 예수께 손을 대어 그분을 붙잡았다. 마침 예수와 함께 있던 이들 가운데 한 사람이 손을 펴 자기 칼을 빼어 들고 대제관의 종을 쳐서 그의 귀를 잘라 버렸다. 그때에 예수께서 그에게 말씀하셨다. "당신 칼을 칼집에 도로 넣으시오. 칼을 잡는 자는 모두 칼로 망하는 법입니다. 당신 생각으로는 내가 내 아버지께 청하지 못할 것 같습니까? 청하기만 하면 이제라도 열두 군단이 넘는 천사들을 내 곁에 세우실 것입니다. 그러나 그렇게 한다면 이렇게 되어야 한다고 한 성경 말씀들이 어떻게 이루어지겠습니까?" 그 시간에 예수께서는 군중들에게 이렇게 말씀하셨다. "여러분은 강도라도 대하듯 나를 잡으러 칼과 몽둥이를 들고 나왔단 말이오. 내가 날마다 성전에 앉아서 가르쳤으나 여러분은 나를 붙잡지 않았습니다. 그렇지만 이 모든 일이 일어난 것은 예언자들의 성경 말씀들이 이루어지게 하려는 것이었습니다." 그때에 제자들은 모두 그분을 버리고 도망갔다. 그들은 예수를 붙잡아 카야파 대제관에게 끌고 갔다. 거기에는 율사들과 원로들이 모여 있었다. 베드로는 멀찍이 떨어져서 예수를 뒤따라와 대제관의 저택에까지 이르렀다. 그는 안으로 들어가서 결말을 보려고 하인들과 함께 앉아 있었다. 대제관들과 온 의회는 예수를 죽이려고 그분에게 불리한 거짓 증언을 찾았는데 많은 거짓 증인들이 나섰지만 찾아내지 못했다. 마침내 두 사람이 나서서 말했다. "이자가 말하기를, '나는 하느님의 성전을 헐어 버리고 사흘 만에 세울 수 있다'고 했습니다." 그러자 대제관이 일어서서 예수께 "당신은 아무런 대답도 하지 않소? 이 사람들이 얼마나 당신에게 불리한 증언을 하고 있습니까?" 하였다. 그러나 예수께서는 잠자코 계셨다. 그래서 대제관은 예수께 말했다. "살아 계신 하느님을 두고 당신에게 맹세시키거니와 당신이 하느님의 아들 그리스도인지 우리에게 말하시오." 예수께서 그에게 말씀하셨다. "당신이 그렇게 말했습니다. 그러나 나는 여러분에게 말합니다. 이제부터 여러분은 인자가 전능하신 분의 오른편에 앉아 있는 것을 보고 또한 하늘의 구름을 타고 오는 것을 보게 될 것입니다." 그때에 대제관은 자기 겉옷을 찢으며 말했다. "그가 신성모독을 했습니다. 이제 우리에게 증인들이 무슨 필요가 있습니까? 보다시피 지금 여러분은 저 신성모독의 말을 들었습니다. 여러분은 어떻게 생각하십니까?" 그들은 대답하여 "그는 죽을 죄를 지었습니다" 하고 말했다. 이어서 그들은 그분 얼굴에 침을 뱉고 그분을 구타했다. 더러는 손찌검하면서 "우리에게 알아맞추어 봐라, 그리스도야, 너를 후려친 사람이 누구냐?" 하였다. 베드로는 안뜰 바깥쪽에 앉아 있었는데 하녀 하나가 그에게 다가와서 "당신도 저 갈릴래아 사람 예수와 함께 있었지요" 하였다. 그러자 베드로는 모든 사람 앞에서 부인하며 "당신이 무슨 말을 하는지 나는 알지 못하겠소" 하고 말했다. 그가 대문을 향해 나가고 있었는데 다른 하녀가 보고는 거기 있던 이들에게 "이 사람은 나자렛 사람 예수와 함께 있었어요" 하고 말했다. 그러자 베드로는 맹세까지 하면서 "나는 그 사람을 알지 못하오" 하고 다시 부인했다. 그런데 잠시 후에 서 있던 이들이 다가와서 베드로에게 "정말 당신도 그들과 한패구려. 당신의 말씨가 당신을 분명히 드러내 주니까요" 하였다. 이에 베드로는 저주하고 맹세하면서 "나는 그 사람을 알지 못하오" 하였다. 바로 그때 닭이 울었다. 그러자 베드로는 "닭이 울기 전에 당신은 세 번이나 나를 모른다고 할 것입니다" 하신 예수의 말씀을 떠올리고 밖으로 나가 슬피 울었다. 새벽이 되자 대제관들과 백성의 원로들이 모두 예수를 반대하여 그분을 죽이기로 결의를 하였다. 그래서 그분을 묶은 다음 끌고 가서 빌라도 총독에게 넘겨주었다. 그때에 예수를 넘겨주었던 유다는 그분이 유죄판결을 받으신 것을 보자 뉘우치고 은전 서른 닢을 대제관들과 원로들에게 돌려주면서 "내가 무죄한 피를 넘겨주어 죄를 지었소" 하고 말했다. 그러나 그들은 "우리에게 무슨 상관이오? 당신이 알아서 하구려" 하고 말했다. 그러자 그는 성소 쪽으로 은전을 내던지고 떠났다. 그렇게 물러가서 그는 목을 매달았다. 대제관들은 은전을 거두면서 "이것은 핏값과 같으니 성전 금고에 넣어서는 안 됩니다" 하였다. 그들은 의논한 끝에 그것으로 나그네들의 묘지로 쓰려고 옹기장이의 밭을 샀다. 그래서 그 밭은 오늘날까지도 '피의 밭'이라고 불리운다. 그리하여, 예레미야 예언자를 시켜 하신 말씀이 이루어졌다. "그들이 은전 서른 닢을 받았으니 이스라엘 자손들이 값 매긴 자의 몸값이로다. 그들은 그것을 주고 옹기장이의 밭을 샀으니 주님께서 나에게 명하신 대로 된 일이로다." 예수께서 총독 앞에 서시었다. 총독이 물었다. "당신이 유다인들의 왕이오?" 예수께서 말씀하셨다. "당신이 그렇게 말합니다." 그분은 대제관들과 원로들로부터 고발당했지만 아무런 대답도 하지 않으셨다. 그때에 빌라도가 그분께 "저들이 얼마나 당신에게 불리한 증언을 하는지 들리지 않습니까?" 하고 말했다. 그러나 그분이 한마디도 대답하지 않으시니 총독은 매우 이상하게 여겼다. 축제 때마다 총독은 군중이 원하는 죄수 하나를 풀어 주는 관례가 있었다. 그때에 [예수] 바라빠라 하는 이름난 죄수가 있었다. 사람들이 모여들자 빌라도는 그들에게 "내가 누구를 여러분에게 풀어 주기를 원하오? [예수] 바라빠요 아니면 그리스도라 하는 예수요?" 하고 물었다. 사실 그들이 시기하여 그분을 넘겨주었음을 그는 알았던 것이다. 그가 재판석에 앉아 있는데 그의 아내가 사람을 보내어 "당신은 그 의인에게 아무 상관도 하지 말아요. 내가 오늘 꿈에 그 사람 때문에 많은 고생을 했어요" 하고 전갈하였다. 그러나 대제관들과 원로들은, 바라빠를 청하고 예수는 없애 버리도록 군중들을 설득하였다. 총독이 되받아 그들에게 "내가 그 두 사람 중에서 누구를 여러분에게 풀어 주기를 원하오?" 하고 묻자 그들은 "바라빠요" 하였다. 빌라도가 그들에게 "그렇다면 그리스도라 하는 예수는 내가 어떻게 할까요?" 하고 묻자 모두 말하기를 "그는 십자가형에 처해져야 합니다" 하였다. 그러자 빌라도가 말했다. "그가 무슨 나쁜 짓을 했단 말입니까?" 그러니 그들은 더욱 외쳐 "그는 십자가형에 처해져야 합니다" 하였다. 빌라도는, 아무런 소용도 없을뿐더러 오히려 더욱 소동이 일어나는 것을 보고 물을 가져다가 군중 맞은쪽에서 손을 씻으며 "나는 이 피에 대해서 책임이 없소. 당신들이 알아서 하시오" 하고 말하였다. 그러자 백성이 모두 대답하여 "그의 피는 우리와 우리 자식들이 감당할 것입니다" 하였다. 이에 빌라도는 그들에게 바라빠를 풀어 주고 예수는 채찍으로 매질한 다음 십자가형에 처하라고 넘겨주었다. 그때에 총독의 군인들이 총독 관저로 예수를 데리고 가서 그분 주위에 전 부대를 모았다. 그러고는 그분의 옷을 벗긴 다음 그분에게 붉은 망토를 둘러 걸치게 했다. 또한 가시나무로 관을 엮어서 그분의 머리에 얹어 놓고 그분의 오른손에는 갈대를 들렸다. 그리고 그분 앞에 무릎꿇고 조롱하며 "유다인들의 왕, 만세!" 하고 소리질렀다. 또 그분에게 침을 뱉은 다음 갈대를 빼앗아 그분의 머리를 쳤다. 그렇게 그분을 조롱하고 나서 망토를 벗기고 그분의 겉옷을 입혔다. 그러고는 십자가형에 처하기 위해서 그분을 끌고 갔다. 그들이 나가다가 시몬이라는 키레네 사람을 만나자 그를 강요하여 예수의 십자가를 지게 하였다. 그들은 골고타라 하는 곳으로 갔는데 이는 해골터라 하는 곳이다. 그들은 쓸개를 섞은 포도주를 마시라고 예수께 드렸으나 그분은 맛만 보시고 마시려 하지 않으셨다. 그들은 예수를 십자가에 달고는 주사위를 던져 그분의 겉옷을 나누었다. 그리고 거기 앉아 그분을 지키고 있었다. 그들은 그분의 죄목을 그분 머리 위쪽에 붙여 놓았는데 '이는 유다인들의 왕 예수이다'라고 씌어 있었다. 그때에 그들은 예수와 함께 강도 둘을 십자가형에 처했는데 하나는 오른편에 또 하나는 왼편에 달았다. 지나가던 자들이 머리를 흔들면서 예수를 모독하여 말하기를 "성전을 헐어 버리고 사흘 안에 세우겠다던 사람아, 네가 하느님의 아들이거든 너 자신이나 구하려무나, 십자가에서 내려오려무나" 하였다. 그와 같이 대제관들도 율사들과 원로들과 함께 조롱하면서 말했다. "남들은 구했지만 자신은 구할 수 없는가 보구나. 이스라엘의 왕이렷다, 지금 십자가에서 내려와 보시지. 그러면 우리가 그를 믿을 터인데. 하느님을 신뢰했겠다, 하느님이 원하신다면 지금 그를 구출하시라지. 그가 '나는 하느님의 아들이다' 하고 말했으니까." 같은 식으로 그분과 함께 십자가에 달린 강도들도 그분을 모욕하였다. 열두 시부터 어둠이 땅을 온통 덮어 오후 세 시까지 계속되었다. 세 시쯤에 예수께서는 큰 소리로 "엘리 엘리 레마 사박타니?" 하고 부르짖으셨다. 이것은 "나의 하느님, 나의 하느님, 어찌하여 나를 버리셨습니까?" 하는 말이다. 거기 서 있던 이들 가운데 몇 사람이 듣고서 "이자가 엘리야를 부르네" 하고 말했다. 그러자 곧 그들 중의 한 사람이 달려가서 해면을 가져다가 식초에 듬뿍 적신 다음 갈대 끝에 꽂아서 예수께 마시라고 갖다 대었다. 나머지 사람들은 "자, 엘리야가 와서 그를 구해 주나 두고 봅시다" 하고 말했다. 그러나 예수께서는 다시 큰 소리로 외치면서 영을 떠나보내셨다. 그러자 갑자기 성전 휘장이 위에서 아래까지 두 갈래로 찢어지고 땅이 뒤흔들리며 바위들이 갈라졌다. 그런가 하면 무덤들이 열리고 잠들었던 성인들의 많은 육신들이 일으켜졌다. 예수께서 부활하신 다음에 그들은 무덤에서 나와 거룩한 도성에 들어가서 많은 사람들에게 나타났다. 백부장과 또 그와 함께 예수를 지키고 있던 이들은 지진과 그 일어난 일들을 보고 몹시 두려워하며 말했다. "참으로 이분은 하느님의 아들이

었다." 거기에는 많은 여자들이 멀리서 바라보고 있었는데 그들은 갈
릴래아에서부터 예수를 따르면서 그분의 시중을 들었었다. 그들 중
에는 마리아 막달레나, 야고보와 요셉의 어머니 마리아, 그리고 제베
대오의 아들들의 어머니가 있었다. 저녁때가 되자 아리마태아 출신
의 부유한 사람이 왔는데 이름은 요셉이고 그 역시 예수의 제자였다.
이 사람이 빌라도에게 나아가서 예수의 시신을 내달라고 청하였다.
이에 빌라도는 내주라고 명령했다. 요셉은 그 시신을 받아 깨끗한 삼
베로 싼 다음, 바위를 뚫어 만든 자기의 새 무덤에 안장하고는 무덤
입구에 큰 돌을 굴려 놓고 물러갔다. 그런데 마리아 막달레나와 다른
마리아는 거기 묘소 맞은쪽에 앉아 있었다. 그 이튿날, 곧 준비일 다
음 날 대제관들과 바리사이들이 빌라도에게 몰려가서 말하였다. "총
독님, 그 사기꾼이 전에 살아 있을 때에 '나는 사흘 후에 일어난다'고
말한 것을 저희가 기억하고 있습니다. 그러니 셋째 날까지 그 묘소를
단단히 지키라고 명령하십시오. 그의 제자들이 와서 그 시체를 훔쳐
내고는 '죽은 이들 가운데서 일으켜졌다'고 백성에게 말하지 못하도
록 말입니다. 마지막 사기는 그전 것보다 더 고약할 것입니다." 빌라
도가 그들에게 말했다. "여러분에게 경비대가 있으니 물러가서 여러
분이 잘 알고 있는 대로 단단히 지키시오." 그들은 가서 돌을 봉인하
고 경비대로 하여금 묘소를 단단히 지키게 하였다. (마태 26,14-27,66)

오늘은 예수님의 죽음을 기억하는 날이고, 복음은 마태오복음서가
전하는 수난사입니다. 모든 복음서가 수난사를 보도합니다. 하나의

수난이었지만, 그것을 기록한 복음서에 따라 이야기는 조금씩 다릅니다. 같은 사실을 겪었지만, 그것을 이야기로 만들어 전하는 과정에서 공동체들의 신앙 배경과 의도에 따라 이야기가 약간씩 다르게 기록되었습니다.

이 수난사는 빌라도가 '매우 이상하게 여길 정도로', 예수님이 침묵을 지켰다는 사실을 언급합니다. 이 복음서는 이사야 예언서가 말하는 학대당하는 의인의 모습을 예수님에게서 보고 있습니다. 이사야서는 말합니다. "그는 온갖 굴욕을 받으면서도 입 한 번 열지 않고 참았다. 도살장으로 끌려가는 어린양처럼, 가만히 서서 털을 깎이는 어미 양처럼, 결코 입을 열지 않았다"(53,7). 마태오복음서는 이사야서의 이 학대당하는 의인을 연상하면서 수난사를 기록했습니다. 억울하게 죽어 가면서도 입을 열지 않는다고 예언한 의인을, 마태오복음서 저자는 예수님 안에서 보고 있습니다.

마태오복음서는 예수님을 죽인 책임이 유다인들에게 있다는 사실을 의도적으로 나타냅니다. 사형을 언도하고 형을 집행한 사람은 로마 총독 빌라도였지만, 이 복음서는 예수님을 죽인 일차적 책임이 빌라도에게 있지 않다고 말합니다. 빌라도의 아내가 남편에게 사람을 보내어 "당신은 그 의인의 일에 관여하지 마세요"라고 전했다는 일화와 빌라도가 군중 앞에서 손을 씻은 일화를 소개하면서, 이 복음서는 그 죽음에 대한 책임이 빌라도에게만 있지 않다고 말합니다. 빌라도는 말합니다. "나는 이 사람의 피에 책임이 없소. 이것은 여러분의 일이오." 이 말에 유다인 군중은 "그 사람의 피에 대한 책임은 우리와 우리 자손들이 질 것이오"라고 답합니다. 마태오복음서는 예수님을 죽인 책임은 유다인들에게 있고, 이제 이스라엘의 자손들은 하느님의 아들을 죽인 민족이라는 비극적 운명을 짊어지고 살게 되었다고 말합니다.

예수님의 옷을 제비 뽑아 나누어 가졌다는 말과 예수님이 숨을 거두시기 전에 마지막으로 하신 기도, "하느님, 하느님, 어찌하여 저를 버리셨습니까?"라는 말은 구약성서 시편(22,2)에서 가져왔습니다. 그 시편은 온갖 역경을 딛고 하느님을 가르치던 사람이 고통을 당하면서 하느님께 신뢰와 희망을 표현하는 기도입니다. "해면을 가져와 신 포도주에 적시어" 예수님의 목을 축이게 했다는 이야기도 시편 (69,22)에서 가져왔습니다. 그것은 의인이 역경에서 하느님에게 부르짖는 기도 시편입니다. 마태오복음서는 구약성서를 이렇게 인용하여 예수님의 죽음은 구약성서가 이미 예고한 의인의 죽음이었다고 말하고자 합니다. 예수님은 사람들에게 하느님을 알리고 목숨을 잃은 의인이었다는 말입니다. 초기 신앙인들, 특히 마태오복음서를 집필한 공동체는 예수님이 돌아가시고 부활하셔서 하느님 안에 살아 계신다는 사실을 믿으면서, 그분이 그렇게 비참하게 죽어야 했던 의미를 구약성서에서 찾아 해설하였습니다.

예수님은 하느님의 나라를 가르치면서 인간 생명의 의미를 사람들이 깨닫게 하고자 노력하셨습니다. 요한복음서는 그 사실을 예수님의 입을 빌려 요약합니다. "내가 온 것은 그들이 생명을 얻고 또 얻어 넘치게 하려는 것입니다"(10,10). 유다교는 율법을 지키고 제물을 바쳐서 영원한 생명을 보장받는다고 가르쳤습니다. 하느님도 인과응보의 원리 안에서 행동하신다고 그들은 믿었습니다. 그러나 그것

은 인간이 생각하는 순리입니다. 예수님은 사랑이신 하느님의 원리
를 제시하셨습니다. 유다인들은 하느님이 사랑이라는 사실을 모른
채, 인과응보의 원리에 준해서 모든 불행을 해석하였습니다. 예수님
은 인간 불행의 원인을 하느님에게 두지 않았습니다. 예수님에게 하
느님은 사람들을 고치고 용서하는 아버지였습니다. 자녀를 사랑하고
살리기 위해 노력하는 아버지와 어머니의 모습에서 하느님을 이해해
야 한다는 것입니다.

　　예수님의 그런 믿음과 가르침은 유다교 지도자들이 주장하던 것
과는 달랐습니다. 예수님은 하느님을 아버지라 부르면서 아버지의
일을 포기하지 않으셨습니다. 예수님은 아버지이신 하느님의 생명을
사셨고, 유다교 기득권자들은 그분을 그대로 두지 않았습니다. 예수
님은 강자들 앞에서도 스스로를 굽히지 않으셨습니다. 예수님은 당
신의 생존이 위협당할 때도 아버지이신 하느님의 생명을 살기 위해
노력하셨습니다. 하느님은 우리 생명의 원천이시고, 우리를 고치고
살리면서 생명을 주시는 분이었습니다. 그 하느님이 예수님을 당신
생명 안에 살려 놓으셨다는 것이 그분이 부활하셨다는 초기 신앙인
들의 믿음입니다.

　　예수님은 "아버지의 나라가 오게, 아버지의 뜻이 … 이루어지게"
(마태 6,10) 기도하라고 가르쳤습니다. 아버지의 나라가 오고 아버지의
뜻이 이루어지는 것은 우리가 그분의 일을 실천할 때 가능한 일입니
다. 예수님은 당신처럼 아버지의 일을 실천하여, 그분의 자녀로 살라
고 제자들에게 가르쳤습니다. 그리고 그분은 자녀로 사는 그 일에 몰
두하셨습니다. 그것을 위해 십자가를 지고, 그것을 위해 당신 생명을

히에로니무스 보쉬 「십자가를 지신 예수」 1510~1535년경, 벨기에 겐트, 겐트 미술관

잃으셨습니다. 예수님이 설교한 하느님의 나라는 하느님의 일이 실천되는 우리 삶입니다. 그 실천이 있는 곳에 하느님은 살아 계십니다. 하느님이 살아 계시는 곳에서 우리의 허세와 욕심은 사라집니다. 하느님이 자비하신 분이니, 우리가 그 자비를 실천할 때 하느님은 우리와 함께 살아 계십니다. 하느님이 베푸시는 분이니, 우리도 우리 욕심을 접고 베풀어서 이웃을 섬길 때 하느님은 우리 안에 살아 계십니다.

가난하고 소외당한 생명이 회복되고 활력을 되찾는 곳에서 하느님의 일을 보는 사람이 그리스도 신앙인입니다. 신앙인은 하느님을 아버지라 부르면서 예수님을 따라 살기 위해 노력합니다. 오늘 우리가 들은 수난사는 예수님이 숨을 거두시자 지진을 비롯한 여러 가지 이변이 일어났다고 전합니다. 로마군 백인대장과 함께 있던 다른 사람들이 "참으로 이분은 하느님의 아들이었다"고 말합니다. 예수님의 죽음은 유다교의 세상에 지각변동과 같은 이변을 일으켰고, 이교도인 백인대장과 다른 이들로 하여금 예수님 안에 과연 하느님의 생명이 있었다는 사실을 고백하게 합니다. 유다교는 예수님을 거부했지만, 그리스도 신앙인은 그분의 죽음에서 하느님의 자비와 사랑을 보고 고백했다는 말입니다.

마태오복음서

세상 종말까지 여러분과 함께

섬기는 실천 속에 함께 계시는 분

열한 제자는 갈릴래아로 떠나 예수께서 그들에게 일러 주신 산으로 갔다. 그들은 예수를 뵙고 절을 올렸다. 그러나 몇몇은 의심을 품었다. 예수께서 다가오셔서 말씀하시며 그들에게 이렇게 이르셨다. "나는 하늘과 땅의 모든 권능을 받았습니다. 그러므로 여러분은 가서 모든 민족들을 제자로 삼아, 아버지와 아들과 성령의 이름으로 그들에게 세례를 베풀고, 내가 여러분에게 명한 것을 모두 다 지키도록 그들을 가르치시오. 보시오, 나는 세상 종말까지 어느 날이나 항상 여러분과 함께 있습니다." (마태 28,16-20)

마태오복음서의 마지막 부분입니다. 이 복음서는 예수님이 승천하셨다고 말하지 않습니다. 예수님은 하늘과 땅의 모든 권한을 받으셨고, 제자들에게 "모든 민족들을 제자로 삼아, 아버지와 아들과 성령의 이름으로 세례를 주라"고 분부하셨다고 말합니다. 그리고 복음은 이렇게 끝납니다. "나는 세상 종말까지 어느 날이나 항상 여러분과 함께 있습니다." 복음서들이 부활하신 예수님이 제자들을 떠나 하느님에게 가셨다고 말하는 양식은 각각 다릅니다.

제1독서인 사도행전(1,1-11)은 예수님이 부활하고, 40일 후 예루살렘에서 승천하셨다고 말합니다. 예수님은 사도들 앞에서 하늘로 오르시고, 구름에 감싸여 그들의 시야에서 사라지셨습니다. 제자들은 하늘만 쳐다보고 있고, 흰옷 입은 사람 둘이 나타나서 "갈릴래아 사람들아, 왜 하늘을 쳐다보며 서 있느냐? 너희를 떠나 하늘로 올라가신 저 예수는, 그분이 하늘로 가시는 것을 너희가 본 그대로 다시 오실 것이다"라고 말합니다.

루카복음서를 집필한 공동체가 사도행전도 기록했습니다. 루카복음서는 예수님이 부활하신 당일 베타니아 근처에서 승천하셨다고 말합니다. 그러나 사도행전은 부활 40일 후에 올리브산에서 승천이 있었다고 말합니다. 같은 공동체가 기록한 두 문서인데, 승천의 때와 장소가 각각 다릅니다. 그렇다면 승천에 대한 기록들은 정확한 사실 보도가 아니라, 부활하신 예수님이 하느님에게로 가셨다는 사실을 알리기 위해 다양한 양식으로 기록된 것입니다. 하늘로 올라가셨다는 말은 부활하신 예수님이 하느님 안에 살아 계신다는 그들의 믿음을 알리는 것입니다. 마태오복음서는 승천 사실은 말하지 않고, 예수님이 부활하여 갈릴래아산에서 제자들을 파견하면서 "세상 종말까지 어느 날이나 항상" 그들과 함께 계신다고 말씀하셨다고 보도합니다.

사도행전이 부활 후 40일이 지나서 예수님이 승천하셨다고 말하는 것은, 부활 후 어느 기간이 지나고 제자들이 부활하신 예수님을 선포하기 시작한 사실을 반영합니다. 예수님이 승천하셨다는 말은 부활로 영광스러워진 예수님이 그 모습으로 교회 안에 군림하지 않으신다는 말입니다. 그분은 떠나가시고, 제자들은 예수님이 살아생전 하신 말씀과 일들을 회상하면서 그 기억을 사람들에게 전하기 시작했습니다. 그들이 회상하여 기억하는 일들 안에서, 예수님은 그들과 함께 살아 계셨습니다. 제자들이 회상하며 알려 주는 그분의 말씀과 삶을 듣고 실천하는 사람들 안에 신앙이 발생하였습니다.

제자들이 사람들에게 알린 것은 예수님의 말씀과 삶이었습니다. 부활하신 분의 영광과 권위가 아닙니다. 예수님이 승천하셨다는 말은 그분이 우리 시야에서 사라졌다는 뜻입니다. 신앙은 부활하신 그리스도를 상상하며, 그분의 영광을 탐하는 데 있지 않습니다. 사도행전은 천사의 입을 빌려 말합니다. "왜 하늘을 쳐다보며 서 있느냐?" 하늘을 우러러 상상하고 하늘에서 주어지는 혜택을 바라고 기다리는 신앙이 아니라는 뜻입니다. 이어서 천사는 말합니다. "너희를 떠나 하늘로 올라가신 저 예수는, 그분이 하늘로 가시는 것을 너희가 본 그대로 다시 오실 것이다." 부활하여 보이지 않는 모습으로 하느님에게로 가신 예수님은, 그 보이지 않는 모습으로 우리 안에 다시 오실 것이라는 말입니다.

사도행전에서 부활하신 예수님을 만난 제자들은 그분에게 묻습니다. "주님, 주님께서 이스라엘에 다시 나라를 일으키실 때입니까?" 제자들이 기대하는 것은 영광스럽게 된 예수님이 기적적으로 이스라엘의 숙원을 이루시는 일입니다. 오늘도 신앙인들은 흔히 예수님 덕분에 우리의 소원을 이루고자 합니다. 그러나 부활하신 예수 그리스도가 우리에게 주는 것은 전혀 다릅니다. 우리 삶 안에서 하느님의 일이 이루어지게 하는 것입니다. 그 실현은 현실적 삶을 외면한 채, 초현실적 기적이 되지 않습니다. 예수님의 생애도 초현실적 기적이 아니었습니다. 예수님은 사람을 살리고 용서하는 아버지의 일을 자유롭게 실천하셨고, 그것 때문에 예수님은 유다교 실세에 의해 십자가에서 죽임을 당하셨습니다.

예수님의 승천은 부활하신 예수님이 교회 위에 지도자로 군림하시지 않는다는 말입니다. 그분은 당신에 대한 기억을 제자들 안에 남겼습니다. 제자들은 기억 속에 살아 계신 예수님을 선포합니다. 그 말씀을 듣고 그분이 하신 일을 자유롭게 실천하는 사람이 그리스도 신앙인입니다. 부활한 예수님은 사람들 위에 행세하지 않으시며, 사람들 위에 군림할 인물들을 교회 안에 남기지도 않으셨습니다. 승천은 부활하신 예수님이 떠나셨다고 말합니다. 다만 예수님은 당신에 대한 제자들의 기억 속에 돌아와서 그들의 실천 속에 살아 계십니다.

예수님이 보여 준 하느님의 일은 섬김이었습니다. 예수님은 사람을 고치고 살리면서 하느님의 생명을 철저히 사셨습니다. 예수님은 사람들과 복장을 달리하거나, 군림하고 명령하지 않으셨습니다. 하느님을 배경으로 당신 영광이나 위엄을 찾지도 않으셨습니다. 예수님에게는 인간의 자유가 소중하였습니다. 그분은 사람이 자유롭

마태오복음서

게 섬기길 바라셨습니다. 그것이 하느님 자녀의 삶이기 때문입니다. 사람들의 자유를 존중하는 사람은 그들의 다양함을 아끼고, 그것으로 말미암은 위험과 고통을 감수합니다. 예수님도 십자가의 위험과 고통을 겪으셨습니다. 사랑은 상대의 자유를 존중하고, 위험과 고통을 각오하고 감수합니다. "아버지께서 나를 사랑하신 것처럼 나도 여러분을 사랑했습니다. 여러분은 내 사랑 안에 머무시오." 요한복음서 (15,9)가 전하는 예수님의 말씀입니다.

예수님을 따르는 그리스도인은 예수님이 보여 주신 하느님의 사랑을 실천합니다. 하느님이 인간 위에 군림하지 않으시듯이, 부활하신 예수님도 군림하지 않으신다는 것이 승천의 메시지입니다. 교회에는 하느님의 이름으로 군림하겠다는 사람들이 과거에도 있었고, 현재에도 있습니다. 그것은 사도행전이 지적하듯이, "하늘만 쳐다보며 서 있는" 어리석음을 범하는 일입니다. 예수님의 말씀을 듣고 그분의 삶을 시야에서 잃지 말아야 합니다. 말씀을 전하는 심부름꾼이 스스로를 훌륭한 지도자로 포장하여 군림하면, 전해야 하는 메시지는 사라지고 맙니다. 예수 그리스도의 말씀과 삶을 사람들에게 알리기 위해 있는 교회 공동체입니다. 복음은 말합니다. "나는 세상 종말까지 어느 날이나 항상 여러분과 함께 있습니다." 같은 복음서는 다른 곳에서 말합니다. "너희가 여기 있는 형제 중에 가장 보잘것없는 사람 하나에게 해 준 것이 바로 나에게 해 준 것이다"(25,40). 부활하신 예수님은 우리의 그런 실천들 안에서 세상 끝 날까지 함께 계십니다.

제자들을 파견하시다

복음화, 이웃을 위한 배려와 보살핌

열한 제자는 갈릴래아로 떠나 예수께서 그들에게 일러 주신 산으로 갔다. 그들은 예수를 뵙고 절을 올렸다. 그러나 몇몇은 의심을 품었다. 예수께서 다가오셔서 말씀하시며 그들에게 이렇게 이르셨다. "나는 하늘과 땅의 모든 권능을 받았습니다. 그러므로 여러분은 가서 모든 민족들을 제자로 삼아, 아버지와 아들과 성령의 이름으로 그들에게 세례를 베풀고, 내가 여러분에게 명한 것을 모두 다 지키도록 그들을 가르치시오. 보시오, 나는 세상 종말까지 어느 날이나 항상 여러분과 함께 있습니다." (마태 28,16-20)

"나는 하늘과 땅의 모든 권능을 받았습니다. 그러므로 여러분은 가서 모든 민족들을 제자로 삼아 … 내가 여러분에게 명한 것을 모두 다 지키도록 그들을 가르치시오. 보시오, 나는 세상 종말까지 어느 날이나 항상 여러분과 함께 있습니다." 마태오복음서가 부활하신 예수님이 하신 말씀이라고 알리는 것입니다. 예수님의 말씀과 실천이 이제부터는 하늘을 위해서나 땅의 모든 민족을 위해서나 하느님을 향한 결정적 길이라고 선포하는 말씀입니다. 초기 그리스도 신앙인들은 예수님의 말씀과 삶을 배워 실천하면서, 부활하신 예수님이 그들 안에 살아 계신다고 믿었습니다. 이 세상 모든 사람들에게 예수님에 대해 가르치겠다는 마태오복음서 공동체의 결의도 담긴 말씀입니다.

오늘은 선교에 대해 생각하는 날입니다. 유럽 중세 사회는 그리스도 신앙을 근본이념으로 받아들였습니다. 유럽의 그리스도인들이 아시아를 알게 된 것은 16세기, 교역을 위한 상선들과 더불어 선교사들이 중국과 일본에 오면서부터였습니다. 그 시대 유럽의 기술 문명은 아시아보다 우월했습니다. 유럽 출신 선교사들은 기술 문명의 우월함과 백인이라는 민족적 우월감에 젖은 시선으로 아시아 현지 종교들을 보았습니다. "교회 밖에 구원 없다"는 유럽 중세의 격언은 그들에게 만고의 진리였습니다. 따라서 그들이 보기에 아시아의 종교들은 모두 미신에 불과하였습니다. 선교는 구원받지 못할 불쌍한 유색인들에게 구원 말씀을 전하는 시혜적인 것이라고 그들은 생각했습니다. 그들의 복음 선포는 우월감에 젖어 있었고 권위주의적이었습니다. 오늘도 거리나 전철 안에서 "예수 믿고 구원받으라"고 외치는 사람들의 독선적 태도에서 우리는 그 우월감과 권위주의의 잔재를 볼 수 있습니다.

그들의 우월감과 권위주의는 19세기에 들어오면서 타민족을 지배하는 식민주의로 표현되었습니다. 유럽 각국은 경쟁적으로 아시아와 아프리카를 무력으로 점령하고 식민지로 삼으면서, 원주민들에게 혜택을 준다고 생각했습니다. 19세기에 유럽 문물을 전폭적으로 수용한 일본이 20세기 초에 한국과 중국을 식민지화하려 했던 것은 유럽 식민주의에서 한 수 배운 소행이었습니다.

제2차 세계대전이 끝나고 식민주의가 퇴색하면서, 유럽의 신앙인들은 처음으로 편견 없이 아시아 문화권을 보기 시작했습니다. 과학기술 문명은 유럽 사회보다 뒤졌지만, 정신문화에 있어서 아시아는 그들이 상상하던 것처럼 열등하지 않을 뿐 아니라 깊은 영적 가치들이 살아 있다는 사실도 깨달았습니다. 그러면서 "교회 밖에 구원 없다"는 유럽 중세 격언이 더는 통용될 수 없다는 사실도 알게 되었습니다.

복음에 대한 이해도 발전했습니다. 예수님은 유다교에만 구원이 있다는 당시 유다교 지도자들의 가르침을 거부하셨습니다. 모든 사람을 하느님 안에 하나로 모으지 못하는 유다교 지도자들을 보면서, 예수님은 이스라엘을 "목자 없는 양과 같다"(마르 6,34)고 비판하셨습니다. 예수님은 어떤 사람도 버리지 않으시는 하느님을 믿고 가르쳤습니다. 예수님은 죄인들과 어울리면서, 옹졸하고 배타적인 유다교의 집단 이기주의를 곱지 않은 시선으로 보셨습니다. 예수님에게 하느님은 모든 사람을 위하고, 아끼고, 배려하시는 아버지였습니다.

오늘 우리가 이웃을 신앙으로 인도하는 것은 지옥에 갈 수밖에 없는 영혼을 구원하기 위해서가 아닙니다. 신앙인이 아니면서도 신앙인보다 더 관대하게 이웃을 사랑하며 이웃을 위해 희생적으로 봉사하는 이들도 많이 있습니다. 예수님은 그런 보살핌 안에서 하느님의 일을 보아야 한다고 믿으셨습니다. 예수님은 이웃을 사랑하고 섬기라고 가르치면서 실제로 사람들을 보살피셨습니다. 우리가 하는 선교는 사랑과 섬김이 하느님의 생명이 하시는 일이고, 보살핌을 실천하는 데 인간의 참자유가 있다는 사실을 알리는 일입니다.

어느 종교와 교파에 속한 신앙인인가 하는 문제는 각자가 사는 환경과 관계있습니다. 길에서 보험 가입을 권유하듯이, 신앙으로 사람들을 유인할 수는 없습니다. 신앙으로 말미암은 사랑과 섬김, 곧 보살핌을 자신은 실천하지 않으면서, 이웃에게 신앙을 권할 수도 없습니다. 복음화는 교세 확장이나 신자 배가 운동 같은 말로 표현하지 말아야 합니다. 기업은 수입을 올리기 위해 사세 확장과 제품 판매 배가 운동을 할 수 있습니다. 그러나 종교나 교회는 기업이 아닙니다. 교회는 예수님이 가르친 하느님을 믿고, 그분의 사랑과 섬김을 배워서 실천하는 사람들의 공동체입니다.

오늘의 세상은 배려와 보살핌을 소중히 생각합니다. 동물에서 진화하여 인류가 출현하는 데 배려와 보살핌이 결정적 원동력으로 작용하였다는, 최근 어느 진화론 학자의 연구 발표도 있습니다. 보살핌이 진화 과정에 인류를 출현시킨 힘이었다는 말입니다. 예수님은 병자를 고쳐 주고, 마귀를 쫓는 배려와 보살핌을 실천하면서 그것이 하느님의 일이라고 가르치셨습니다. 예수님은 굶주린 이에게 먹을 것을, 목마른 이에게 마실 것을 주는 배려가 하느님이 인간을 판단하시는 결정적 기준이라고도 가르쳤습니다. '착한 사마리아 사람의 비유' (루카 10,29-37)는 궁지에 빠진 이웃을 정성껏 보살펴서 그 사람의 이웃이 되어 주라고 말합니다.

그리스도 신앙 공동체는 이웃을 위한 배려와 보살핌을 스스로 실천하지 않으면서 복음화를 말할 수 없습니다. 신앙은 내세를 위한 보험 가입이 아닙니다. 신앙은 하느님의 은총으로 현세에서도, 내세에서도 잘살아 보겠다는 처세술도 아닙니다. 민족들의 복음화를 위해 노력하는 신앙인은 하느님이 사랑이고 섬김이라는 사실을 예수님에게 배움으로써, 이웃을 보살피는 실천을 하고 그것이 인간 생명을 참으로 자유롭게 사는 길이라는 사실을 보여 줄 것입니다.

마태오복음서

마르코복음서

요한 세례자의 활약

새로운 삶, 새로운 생명의 탄생

[하느님의 아들이신] 예수 그리스도의 복음은 이렇게 시작되었다. 예언자 이사야의 글에, "보라, 내 심부름꾼을 너보다 먼저 보내니 그가 네 길을 닦아 놓으리라. 광야에서 부르짖는 이의 소리니라. '너희는 주님의 길을 마련하고 그분의 굽은 길을 바르게 만들라!'"고 기록되어 있는 대로 세례를 베푸는 요한이 광야에 나타나 죄를 용서받기 위한 회개의 세례를 받으라고 선포하였다. 그래서 온 유다 지방 주민과 예루살렘 사람들이 모두 그에게로 나가서 자기들의 죄를 고백하며 요르단강물에서 세례를 받았다. 그런데 요한은 낙타 털옷을 입고 그 허리에는 가죽띠를 띠고 메뚜기와 들꿀을 먹었다. 그는 이렇게 선

포하였다. "나보다 더 굳건한 분이 내 뒤에 오십니다. 나는 허리를 꾸부려 그분의 신발 끈을 풀어 드릴 자격조차 없습니다. 나는 여러분에게 물로 세례를 베풀었지만, 그분은 여러분에게 성령으로 세례를 베푸실 것입니다." (마르 1,1-8)

마르코복음서는 세례자 요한에 대한 말씀으로 시작합니다. 이 복음서는 이사야서를 인용한다고 말하면서, 구약성서의 탈출기(23,20)와 말라키서(3,1)와 이사야서(40,3)를 한 구절씩 차례로 인용합니다. 세례자 요한이 "낙타 털옷을 입고 허리에 가죽띠를 둘렀으며, 메뚜기와 들꿀을 먹고 살았다"는 묘사는 열왕기 하권(1,8)이 전하는 엘리야 예언자 모습입니다. 이로써 마르코복음서는 세례자 요한이 이사야 예언서에 이미 예고되었고, 엘리야 예언자를 닮았다는 사실을 말하고자 합니다. 그 시대 유다인들에게 이사야와 엘리야는 잘 알려진 권위 있는 예언자였습니다.

　세례자 요한은 말합니다. "나보다 더 굳건한 분이 내 뒤에 오십니다. 나는 허리를 꾸부려 그분의 신발 끈을 풀어 드릴 자격조차 없습니다." 요한은 예수님을 예고하는 인물이지만, 예수님에 비하면 종의 자격도 없다는 말입니다. 신발 끈을 푸는 사람은 종입니다. 초기 신앙 공동체가 요한을 자리매김하는 표현입니다. 예수님은 일찍이 요한의 세례 운동에 가담한 일이 있었습니다. 예수님이 돌아가시고 제자들이 예수님에 대해 가르치기 시작했을 때, 요한의 세례 운동에 예수님이 가담했던 사실은 부담이 되었습니다. 요한의 제자들도 살아 있던 때였습니다. 그들은 예수님에게 세례를 베푼 자기네 선생인 요한이 더 위대하다고 주장할 수 있었습니다. 따라서 초기 그리스도 신앙인들은 요한을 분명하게 자리매김해야 했습니다.

예수님 시대 팔레스티나에는 서민을 대상으로 세례 운동을 하는 사람이 여럿 있었습니다. 그들은 사람의 몸을 물로 씻으면서, 죄의 용서를 선포하였습니다. 요한은 그 시대 세례 운동가들 중 한 사람이었으나, 그의 세례는 다른 세례 운동가의 것과는 달랐습니다. 그들의 세례는 죄를 씻는 정화 의례이며 일생 동안 여러 번 반복해서 받을 수 있는 것이었다면, 요한의 세례는 일생에 단 한 번만 받을 수 있는 것이었습니다. 하느님이 가까이 계시다는 사실을 알고 회개하여 삶을 근본적으로 바꿀 것을 약속하며 받는 세례였습니다.

요한의 세례 운동은 예수님의 복음 선포와 연결됩니다. 예수님은 하느님 나라를 선포하였습니다. 하느님 나라는 하느님으로 말미암아 우리 삶이 변하는 곳에 있습니다. 요한은 하느님이 가까이 오셨으니 회개하여 삶을 바꾸라고 가르쳤고, 예수님은 하느님의 일을 실천하여 그분이 우리 삶 안에 살아 계시게 하라고 가르치셨습니다. 그 함께 계심을 사는 사람 안에 하느님 나라가 있다고 예수님은 선포하셨습니다. 예수님은 사람들의 병을 고쳐 주며, 병은 죄에 대한 하느님의 벌이 아니고 하느님은 죄를 용서하신다고 가르치셨습니다. 하느님이 고치고 살리고 용서하는 분이므로, 우리도 같은 실천을 할 때 하느님이 우리와 함께 계신다고 예수님은 가르치셨습니다. 하느님이 함께 계시면, 그것이 현세든 내세든 하느님 나라입니다.

하느님이 함께 계신다는 사실을 의식한 사람은 자기 주변을 새롭게 보고, 삶의 자세도 바꿉니다. 우리 안에 있는 힘은 남을 제압하고 지배하기 위한 것이 아니라, 힘없는 사람에게 도움이 되기 위한 것으로 보입니다. 우리가 가진 물질은 우리만 편하고 사람들 앞에 자신을 자랑하기 위한 것이 아니라, 갖지 못한 이웃을 돕기 위한 것으로 보입니다. 우리가 가진 재능은 자신을 돋보이게 하기 위한 것이 아니라, 주변 사람들에게 도움이 되기 위한 것으로 보입니다. 이 사실을 알고 실천하는 사람이 하느님으로 말미암아 새 삶을 사는 그리스도 신앙인입니다. 그것은 자비와 사랑과 섬김을 실천하는 삶입니다.

그 자비와 사랑을 실천하겠다고 결심하는 것이 회개입니다. 세례자 요한은 삶을 바꾸어 회개하라고 선포하였고, 예수님은 회개가 자비와 사랑의 시선으로 주변을 보고 섬김을 실천하는 데 있다고 가르쳤습니다. 예수님은 당신 스스로 자비와 연민과 사랑을 목숨 바쳐 실천하셨습니다. 요한은 하느님의 심판이 가까이 왔다고 가르쳤지만, 예수님은 우리가 자비와 사랑을 실천할 때 하느님이 우리 안에 계시고, 그것이 하느님 나라라고 선포하였습니다. 예수님은 "하느님의 나라는 너희 가운데에 있다"(루카 17,21)고 말씀하셨습니다. 자비와 사랑은 하느님의 것이기에, 그것을 실천한 우리 삶의 순간들은 허무로 돌아가지 않습니다. 하느님이 당신 것을 당신 안에 거두어들이시기 때문입니다. 그것이 예수님이 돌아가셨을 때, 그분이 부활하여 하느님 안에 살아 계신다고 고백한 초기 신앙인들의 깨달음이었습니다.

그리스도 신앙은 교리를 믿고, 성사에 충실하고, 성직자들이 시키는 대로 행하는 데 있지 않습니다. 교리와 성사, 성직자는 하느님에 대해 우리가 깨닫고 새롭게 사는 데 도움을 줄 뿐입니다. 중요한 것은

조반니 디 파올로 「사막으로 물러나는 세례자 요한」 1454년경, 영국 런던 국립 미술관

우리 삶입니다. "나더러 '주님, 주님!' 하는 사람마다 하늘나라에 들어가는 것이 아니고 하늘에 계신 내 아버지의 뜻을 행하는 사람이라야" (마태 7,21) 하느님 나라에 들어간다는 것이 예수님의 말씀입니다. 자비와 사랑을 실천하는 사람이 하느님의 일을 행하는 사람입니다. 그 사람 안에 하느님 나라는 이미 있습니다. 그 실천은 자유롭게 자기 방식대로 다양하게 행하도록 우리에게 맡겨져 있습니다.

복음에서 세례자 요한은 "나는 여러분에게 물로 세례를 베풀었지만, 그분은 여러분에게 성령으로 세례를 베푸실 것입니다"라고 말합니다. 물로 베푸는 세례는 물속에 사람을 잠기게 하면서 하느님을 모르고 살았던 과거에 죽고, 물에서 다시 나오면서 하느님과 더불어 새 삶을 살겠다고 약속하는 것입니다. 그러나 성령으로 받는 세례는 하느님의 숨결이 우리 안에 살아 계시게 합니다. 이제부터 하느님의 자비와 사랑을 실천하며 새롭게 사는 것입니다.

성령은 역사 안에 새로움을 일으키는 하느님의 숨결입니다. 성령으로 예수님이라는 새 삶이 태어났고, 성령으로 자비와 사랑을 사는 새 공동체, 곧 교회가 태어났습니다. 성령은 우리를 자비와 사랑의 새 삶으로 인도하십니다. 성령은 어떤 특정인에게 특별한 혜택이나 기적의 능력을 주지 않습니다. 바오로 사도는 "하느님께서는 사람을 차별하지 않으시기 때문입니다"(로마 2,11)라고 말합니다. 하느님의 숨결이 우리 안에 살아 계시면, 자비와 사랑으로 실천하는 섬김이 우리의 인간관계를 지배할 것입니다. 성령은 이 자비와 사랑의 섬김이 나타나게 하는 원동력으로 우리 안에 살아 계십니다.

세례를 받으시다

하느님의 자녀가 되어 그분의 생명을 살겠다는 약속

그는 이렇게 선포하였다. "나보다 더 굳건한 분이 내 뒤에 오십니다. 나는 허리를 꾸부려 그분의 신발 끈을 풀어 드릴 자격조차 없습니다. 나는 여러분에게 물로 세례를 베풀었지만, 그분은 여러분에게 성령으로 세례를 베푸실 것입니다." 그 무렵의 일이다. 예수께서는 갈릴래아 나자렛으로부터 오셔서 요르단강에서 요한에게 세례를 받으셨다. 그리고 즉시 물에서 올라오시면서 보시니, 하늘이 갈라지고 하느님의 영이 비둘기처럼 당신에게 내려왔다. 이어 하늘에서 이런 소리가 울려 왔다. "너는 내 사랑하는 아들이니, 나는 너를 어여삐 여겼노라." (마르 1,7-11)

우리가 예수님이 세례 받은 사실을 기억하는 것은 예수님이 위대한 인물이라서가 아니라, 그 사실을 전하는 이야기들 안에 초기 신앙인들의 믿음이 담겨 있기 때문입니다. 그들은 자신들이 구원자라고 믿은 예수님을 알리기 위해 여러 이야기를 남겼습니다. 그중 하나가 예수님이 세례 받은 이야기입니다. 역사 안에서 살아가는 신앙인들은 그 이야기들을 들으면서 그리스도 신앙이 무엇인지 배웁니다.

예수님 시대 이스라엘에는 서민들을 대상으로 여러 세례 운동이 있었습니다. 세례자 요한뿐만 아니라, 여러 사람이 다양하게 세례 운동을 하였습니다. 그중 요한은 하느님의 심판이 가까웠다고 말하면서, 회개하여 올바르게 살 것을 약속하는 세례 운동을 펼쳤습니다. 요한은 유다교의 어느 분파에도 속하지 않으면서 하느님 앞에 우리의 삶을 바꾸어 올바르게 살자고 외치는 이스라엘의 예언자였습니다.

네 복음서가 모두 예수님이 세례 받은 사실을 기록하고 있습니다. 복음서들은 그 사실을 이야기하면서, 초기 신앙인들이 믿고 있던 예수님이 어떤 분인지 동시에 알립니다. 예수님은 주님이십니다. 그러나 그분이 주님이신 것은 요한으로부터 세례를 받았기 때문이 아니라, 하느님으로부터 부르심을 받고 파견되었기 때문입니다.

예수님이 세례를 받고 물에서 올라오실 때 "하늘이 갈라지고 하느님의 영이 비둘기처럼 당신께 내려왔다"고 말합니다. 하느님의 영을 받은 예수님은 우리 안에 하느님의 숨결이 살아 있게 하는 분입니다. 예수님은 요한으로부터 세례를 받았지만, 회개하여 올바르게 살라는 요한의 교훈을 계승하지는 않았습니다. 예수님은 사람들의 삶 안에 하느님의 숨결, 곧 하느님의 생명이 살아 있게 해야 한다고 가르쳤습니다. 하느님의 자녀가 되어 살라는 가르침입니다.

　예수님이 유다교 지도자들과의 갈등으로 목숨을 잃기까지 한 것은 하느님에 대한 그분의 생각이 그들과 근본적으로 달랐기 때문입니다. 이사야 예언서(42장)는 이렇게 말하였습니다. "여기에 나의 종이 있다. 그는 내가 붙들어 주는 이, 내가 선택한 이, 내 마음에 드는 이다." 초기 신앙인들에게 이 말씀은 예수님에 대한 예언으로 들렸습니다. 예수님은 하느님을 아버지로 부르면서 아버지의 후광으로 사람들에게 군림하려 하지 않았습니다. 예수님은 "섬김을 받으러 온 것이 아니라 오히려 섬기러 왔습니다"(마르 10,45)라고 말씀하셨습니다. 예수님은 하느님이 당신 마음에 들어 선택하신 종이었습니다.

　이사야서는 또 말합니다. "내가 그에게 나의 영을 주었으니 … 그는 외치지도 않고 목소리를 높이지도 않으리라." 예수님은 하느님에 대해 가르쳤지만, 목소리를 높여 외치며 사람들에게 군림하지 않으셨습니다. 예수님은 하느님이 벌주신다고 사람들을 위협하지도 않았습니다. 그분은 성전 의례를 강요하지도 않았습니다. 예수님은 몇 명되지도 않는 제자들을 모아서 초라하게 또 조용하게 가르치면서, 하느님의 종이 되어 하느님의 일을 스스로 실천하셨습니다. 하느님의 자비, 하느님의 용서를 몸소 실천하셨습니다. 그분은 하느님의 영을 받들어 사는 종이었습니다.

　"그는 부러진 갈대를 꺾지 않고, 꺼져 가는 심지를 끄지 않으리라." 이사야서가 이어서 하는 말입니다. 유다교 지도자들이 죄인으로 단죄하여 부러뜨려 놓은 약자들을 예수님은 꺾어 버리지 않았습니다. 예수님은 그런 사람들과 어울리면서 하느님은 용서하시는 아버지라는 확신과 희망을 그들의 마음속에 심으셨습니다. 육체적 혹은 정신적 병이 있어서 꺼져 가는 생명들을 절망 속에 버려두지 않으셨습니다. 예수님은 그들을 고쳐서 하느님이 그들을 버리지 않으셨다는 사실을 깨닫게 하여, 새 삶을 살도록 도우셨습니다.

초기 신앙인들은 예수님의 그 실천들 안에서 하느님의 영이 하시는 일을 보았습니다. 복음은 예수님이 세례를 받고, 물에서 올라오자 "하늘이 갈라지고 하느님의 영이 비둘기처럼 당신에게 내려왔다"고 전하며, 이어서 "너는 내 사랑하는 아들이니, 나는 너를 어여삐 여겼노라"는 말씀이 하늘에서 들렸다고 말합니다. 초기 신앙인들이 예수님을 '주님', '하느님의 아들'이라 부른 것은 성령이 그분 안에 계셨고, 그분 삶이 하느님의 생명이 하시는 일의 실천이며, 그분이 하느님 마음에 드는 아들이었기 때문입니다.

우리도 모두 세례를 받았습니다. 세례는 하느님의 자녀가 되어 그분 생명을 살겠다는 약속입니다. 하느님의 영을 우리 숨결로 삼아 살겠다는 약속입니다. 세례는 하느님 앞에서 우리 신분이 높아진 것이 아닙니다. 세례 받은 우리는 하느님에 대해서 모든 것을 알고 있는 듯 외치지 않고, 믿지 않는 사람은 지옥에 간다고 목소리를 높이지도 않습니다. 우리는 갈대가 부러졌다고 꺾어 버리지 않습니다. "수고하고 짐을 진 여러분은 모두 내게로 오시오"(마태 11,28). 예수님의 말씀입니다. 신앙인인 우리는 좌절한 사람, 실패한 사람, 무거운 짐에 허덕이는 사람들을 위해 할 일이 있다고 생각하고, 기회가 오면 그들을 돌봅니다. "너희가 이 지극히 작은 내 형제들 가운데 하나에게 해 주었을 때마다 나에게 해 준 것이다"(마태 25,40). 예수님의 말씀입니다.

우리는 꺼져 가는 생명들 안에서 주님이신 예수님을 보고 그들을 위해 우리가 해야 할 일을 봅니다. 하느님을 믿고 세례를 받는 것은 나한 사람 잘되자고 나선 것이 아닙니다. 세례는 하느님의 영이 우리 안에 살아 계심을 통해 하느님의 일을 실천하는 종이 되겠다고 약속하는 의례입니다.

갈릴래아 전도를 시작하시다

함께 계시는 하느님과 더불어 사는 삶

그리고 곧 영이 예수를 광야로 내보냈다. 그분은 광야에 사십 일 동안 계시면서 사탄에게 유혹을 받으셨다. 또한 들짐승들과 함께 지내셨는데 천사들이 그분의 시중을 들었다. 요한이 잡힌 후에 예수께서는 갈릴래아로 가셔서 하느님의 복음을 선포하시며 이렇게 말씀하셨다. "때가 차서 하느님의 나라가 다가왔습니다. 여러분은 회개하고 복음을 믿으시오." (마르 1,12-15)

예수님이 광야로 나가셨다는 복음입니다. 광야는 이스라엘 백성이 그들의 신앙 초기에 하느님을 체험하고 하느님의 백성임을 자각한 곳이었습니다. 예수님이 세례를 받고 광야로 나가셨다는 것은, 그분이 그때부터 하느님에 대한 깊은 체험을 하기 시작했다는 뜻입니다. 40이라는 날수는 옛날 모세가 40일 동안 시나이산에서 단식했다(탈출 34,28)는 사실과 엘리야 예언자가 40일을 걸어 호렙산에서 야훼를 만났다(1열왕 19장)는 고사를 상기시킵니다. 예수님도 그들과 같이 하느님을 깊이 체험한 기간이 있었다는 뜻입니다.

이 복음에서 예수님의 가르침은 이렇게 요약됩니다. "때가 차서 하느님의 나라가 다가왔습니다. 여러분은 회개하고 복음을 믿으시오." 이 말씀을 알아듣기 쉽게 풀어서 말하면, 율법과 성전에 예속되어 살던 때는 지나갔다, 하느님은 우리와 함께 계신다, 우리는 모두 자기 삶 안에서 하느님이 일하시게 하여, 하느님이 우리의 자유와 기쁨의 원천이 되게 하자는 뜻입니다.

예수님은 유다교가 절대적이라 말하던 율법과 성전 의례에 구애받지 않고, 자유롭게 처신하셨습니다. 예수님은 그 시대 유다교 실세인 율사와 사제들을 비판하셨습니다. 예수님은 그들이 율법과 제물 봉헌을 절대화하여 사람들에게 강요하면서 하느님과 인간의 관계를 왜곡한다고 생각하셨습니다. 어느 날, 율사 한 사람이 예수님과 이야기하면서 "하느님을 사랑하고 이웃을 사랑하는 것이 율법의 정신"이라고 말하자, 예수님은 그가 현명하게 대답한다고 하시며 "당신은 하느님의 나라에서 멀리 떨어져 있지 않습니다"(마르 12,34)라고 칭찬하셨습니다.

예수님은 하느님과 우리의 관계를 부모 자식의 친밀한 관계에 비유해 말씀하십니다. 그래서 그분은 하느님을 아버지라 부릅니다. 부모 앞의 자녀는 지키고 바치는 사람이 아닙니다. 자녀는 부모로부터 생명을 받아 출생하고, 돌보고 가르치는 부모의 사랑 안에서 성장하여 사회에 기여하는 사람이 됩니다. 부모로부터 비롯된 은혜로운 베풂의 흐름에서 부모 자식 관계가 시작됩니다. 그 은혜로움에 대한 자각을 유교 문화권에서는 '효'孝라고 불렀습니다. 예수님은 부모에 대한 효를 넘어서, 자녀는 부모의 은혜로운 사랑을 부모와 주변의 모든 이에게 실천해야 한다고 믿으셨습니다. 부모의 은혜에 비추어 하느님의 은혜로우심을 알아듣고 배워 실천하라는 것이 예수님의 가르침입니다.

예수님은 밭에서 익어 가는 곡식을 보면서도 하느님을 생각하고, 하늘을 나는 새와 들에 핀 꽃을 보면서도 하느님을 생각하셨습니다. 모두가 은혜로운 하느님이 베푸신 결과입니다. 예수님은 우리 인간이 이 은혜를 자유롭게 실천해야 한다고 믿었습니다. 우리의 자유는 베풀고 살리는 하느님의 사랑을 배워 실천하라고 주어진 것입니다. 자녀가 부모의 사랑을 자유롭게 배우듯이, 인간은 하느님 아버지의 사랑을 배워 자유로이 실천합니다. 그것이 하느님 나라입니다. 예수님은 말씀하십니다. "두려워하지 마시오, 작은 양 떼여! 사실 여러분의 아버지께서는 여러분에게 기꺼이 나라를 주시기로 작정하셨습니다"(루카 12,32). 하느님을 아버지로 생각하는 사람 안에 하느님의 나라가 있다는 말씀입니다.

하느님 나라를 내세로 생각할 수 있습니다. 그러나 하느님은 현세에도 내세에도 하느님이십니다. 현세에서 하느님의 자녀이면, 내세에서도 그분의 자녀일 것입니다. 내세에 대해 우리는 아무것도 모릅니다. 내세는 우리의 상상과 언어로는 담아내지 못합니다. 부활하신 예수님에 대해서도 성서는 그분이 하느님과 함께 살아 계신다는 사실 빼고는 더 말해 주지 않습니다.

예수님은 그 시대 유다인들의 통념을 넘어 생각하셨습니다. 하느님은 우리가 두려워할 대상이 아니라 감사와 기쁨으로 영접하고, 그분이 하시는 일을 우리가 실천하며 살아야 하는 아버지십니다. 그분을 영접하고 깨닫는 길은 그분의 베푸심과 사랑을 실천하는 데 있습니다. 그것이 예수님이 가르친 회개입니다. 회개는 자기의 과거를 샅샅이 성찰하여 죄를 찾아 아파하는 자학적 행위가 아닙니다. 회개는 과거를 돌아보고 부르짖는, 절망의 "내 탓이오"가 아닙니다. 하느님은 뒤를 돌아보고 살도록 사람을 만들지 않으셨습니다. 눈, 코, 입, 귀 등 우리의 감각기관은 모두 앞을 향해 있습니다. 회개는 과거를 잠시만 보고, 앞에 계신 하느님을 향하여 자기 삶의 궤도를 수정하는 작업입니다. 우리는 자신을 가장 소중히 여기며 편협하게 사고합니다. 우리는 속단하고, 미워하고, 분노합니다. 회개는 이기적이고 편협한 우리의 행보를 하느님의 은혜로운 사랑에 비추어 조정하는 작업입니다. 아버지의 생명이 우리의 자유 안에 살아 있게 합니다.

이기적 욕심으로 복음을 읽으면, 복음은 우리에게 말하는 바가 없습니다. 복음은 지혜도 깨달음도 주지 않습니다. 복음에 접근하는 사람은 이기심의 수위를 낮춰야 합니다. 성서가 말하는 유혹은, 자신만을 소중히 생각한 나머지 하느님에 대해 아랑곳하지 않는 마음입

카라바조 「성 바오로의 회심」 1601년, 이탈리아 로마 산타 마리아 델 포폴로 성당

마르코복음서

니다. 그리스도 신앙은 대단한 고행을 요구하지도, 우리의 이기적 욕구를 충족시켜 주지도 않습니다.

자기만 정의를 다 알고 있다는 듯이 정의를 부르짖는 사람은 결국 그 정의 때문에 사람들에게 횡포를 부리고 피해를 줄 것입니다. 하느님을 아버지로 생각하는 신앙인은 자기 생각을 내세우지 않고, 하느님의 시선에서 보고 생각하고 판단하려 노력합니다. 예수님은 당신 자신을 중심으로 하느님과 세상을 생각하지 않으셨습니다. 그래서 당신이 "섬김을 받으러 온 것이 아니라 오히려 섬기러 왔다"(마르 10,45)고 말씀하셨고 헌신하셨습니다.

예수님은 황량한 사막을 당신 거처로 삼지 않으셨습니다. 그리스도 신앙은 하느님을 아버지로 부르면서 그분의 사랑과 은혜로우심을 이웃에게 실천하려고 노력합니다. 그것이 "아버지의 나라가 오시길" 빌며 사는 자유로운 신앙인의 행보입니다. "회개하고 복음을 믿으라"는 예수님의 말씀은 잘못된 우리 자유의 궤도를 수정하여, 베풀고 사랑하시는 하느님의 일이 우리 안에 살아 있게 하라는 말씀입니다. 회개하고 복음을 믿는 것은 우리가 하느님의 자비를 실천하여 주변을 기쁘고 살맛 나고 은혜롭게 만드는 데 있습니다.

네 어부를 제자로 삼으시다
제자의 자비로운 실천 안에 있는 하느님 나라

요한이 잡힌 후에 예수께서는 갈릴래아로 가셔서 하느님의 복음을 선포하시며 이렇게 말씀하셨다. "때가 차서 하느님의 나라가 다가왔습니다. 여러분은 회개하고 복음을 믿으시오." 예수께서 갈릴래아 호숫가를 지나가시다가 보시니, 시몬과 시몬의 동기 안드레아가 호수에 그물을 던지고 있었다. 그들은 어부들이었다. 예수께서는 그들에게 "내 뒤를 따르시오. 당신들이 사람 낚는 어부가 되게 하겠소" 하고 말씀하셨다. 그러자 즉시 그들은 그물을 버려두고 그분을 따랐다. 그리고 그분은 조금 더 가시다가 제베대오의 아들 야고보와 그의 동기 요한을 보셨는데 그들은 배에서 그물을 손질하고 있었다. 그분이 선뜻 그들을 부르시니 그들은 아버지 제베대오를 삯꾼들과 함께 배에 남겨두고 그분의 뒤를 따라 나섰다. (마르 1,14-20)

예수님은 사람들의 병을 고쳐 주고, 죄인으로 낙인찍힌 이들에게 용서를 선포하셨습니다. 초기 신앙인들은 예수님의 그런 활동들 안에서 하느님의 생명이 하시는 일을 보았습니다. 그들은 예수님이 하신 말씀과 일들을 이야기로 남기면서, 그것을 '기쁜 소식'인 복음福音이라 불렀습니다. 유다교 지도자들이 가르치듯이, 하느님은 사람들을 벌주는 분이 아닙니다. 우리가 겪는 불행은 우리 죄에 대한 하느님의 벌이 아닙니다. 하느님은 우리가 당신을 알고 당신의 일을 실천하길 원하십니다. 우리는 자신의 일에 얽매여서 자기를 기준으로 하느님을 생각합니다. 일이 순조로울 때는 하느님이 축복하신 것이라 믿고, 순조롭지 못하거나 불행한 일이 발생할 때는 하느님이 벌주신 것이라 생각합니다. 그렇게 자기를 기준으로 하느님에 대해 상상합니다.

"회개하고 복음을 믿으라"는 말씀은 자기중심의 생각에서 벗어나 하느님을 중심으로 생각하며 살라는 말씀입니다. 하느님은 사람들을 고치고 용서하며 살리는 분이시니, 우리도 같은 실천을 하는 사람이 되라는 말씀입니다. 하느님이 전능하시다는 말은 그분이 우리를 행복하게도 불행하게도 하실 수 있다는 뜻이 아닙니다. 그런 전능은 인간이 상상하는 전능입니다. 인간은 능력과 권력을 가지면, 다른 사람을 행복하게도 불행하게도 할 수 있습니다. 조직폭력배 두목은 그 부하들 앞에 전능합니다. 부하를 행복하게도 불행하게도 할 수 있습니다. 정치권력을 가진 사람은 자기 마음에 드는 사람을 등용하여, 그를 행복하게 해 줄 수도 있고 불행하게 만들 수도 있습니다. 이 세상 권력 구조의 상위에 있는 사람은 하위에 있는 사람에 대해 그렇게 전능합니다.

그러나 "하느님이 전능하시다"는 말은 전혀 의미가 다릅니다. 하느님은 선하고 자비로운 분입니다. 전능하신 하느님이 창조하고 섭리하신다는 말은 당신의 선과 자비를 실천하신다는 뜻입니다. 인간은 하느님을 외면하고도 얼마든지 잘살 수 있습니다. 우리가 외면하였다고, 하느님은 상처받거나 복수하지 않으십니다. 하느님을 외면하는 것은 우리 삶에서 '선과 자비'를 외면하는 것입니다. 선하신 하느님을 외면하면, 선과 악의 기준은 자신입니다. 우리 마음에 드는 일은 선하고 마음에 들지 않으면 악하다고 생각합니다. 자비하신 하느님을 외면하면, 우리가 이웃에게 자비로워야 할 이유가 사라집니다. 그러면 우리는 강자 앞에서 약하고 약자 앞에서 강하면서, 자기 한 사람의 이득만 추구하는 볼품없는 인간이 되고 맙니다. 공산주의는 무신론을 주장하면서 사람들의 뇌리에서 하느님에 대한 언어를 지워 버렸습니다. 동시에 선과 자비도 인간 삶에서 사라졌습니다. 그 결과 공산주의는 살벌한 사회와 무자비한 인간을 만들었습니다.

예수님은 하느님을 아버지라 부르면서 그분 일을 실천하셨습니다. 하느님에 대해 아버지라는 남성 호칭만 사용한 것은 부권 사회였기 때문입니다. 하느님을 아버지라 부르는 것은 인간 생명이 하느님으로부터 주어졌고, 하느님으로부터 배워서 인간 본연의 삶을 살 수 있다는 말입니다. 인간 생명의 기원에 선과 자비가 있고, 인간은 그

마르코복음서

선과 자비를 받들어 배워 실천해야 하는 생명체로 태어났다는 말입니다. 자녀는 부모를 이용하여 자기가 잘되는 길을 찾지 않습니다. 자녀는 부모와 함께 있으며 부모의 뜻을 받들어 삽니다. 그것이 자녀의 기쁨입니다. 예수님은 하느님을 아버지라 부르면서 그분 뜻을 소중히 생각하고, 그분 일을 실천하셨습니다. 인류 역사상 어떤 인간도 하느님의 일을 그렇게 철저히 실천한 일이 없었다는 의미에서, 초기 신앙인들은 예수님을 하느님의 "유일한 아드님"이라 불렀습니다.

하느님은 선하고 자비로운 분입니다. 하느님이 우리 삶 안에 살아 계시면, 우리도 선하고 자비로운 일을 실천합니다. 예수님이 실천한 '병 고침'과 '죄의 용서'는 하느님의 생명이 하시는 일이었습니다. 우리가 사는 세상에는 악과 고통, 병고와 배신, 실패가 있습니다. 인간관계에서 겪는 실망과 아픔도 있습니다. 인간 생명은 울면서 이 세상에 태어납니다. 그런 세상에서 우리는 웃고 울면서 살아갑니다. 하느님을 믿는 것은 그런 현실을 벗어나는 일이 아닙니다. 신앙생활을 열심히 하면, 고통과 불행이 사라지고 좋은 혜택만 누리는 것도 아닙니다.

신앙인은 자신만을 소중히 생각하지 않고, 인간의 현실을 바로 봅니다. 선하고 자비하신 하느님의 시선으로 주변을 봅니다. 그것이 회개하고 복음을 믿는 일입니다. 그것이 '하느님의 나라'가 우리 안에 오시게 하는 일입니다. 초기 신앙인들이 예수님의 말씀과 실천을 복음, 곧 기쁜 소식이라 부른 것은 그 말씀과 실천이 인간을 참으로 자유롭고 풍요롭게 한다는 사실을 깨달았기 때문입니다.

예수님을 따라 나선 네 명의 어부가 있었다는 말씀을 통해, 예수님을 따르는 제자가 되는 것이 어떤 결단을 요구하는지 알려 줍니다. 그들은 그물을 버리고 아버지와 삯꾼들을 배에 남겨 둔 채 예수님을 따라나섰습니다. 예수님이 보여 주신 하느님의 일을 실천하는 사람이 예수님을 따르는 제자입니다. 자기가 과거에 소중히 생각하던 인간관계와 사물에 얽매이지 않고, 선하고 자비로운 하느님의 일을 실천하기 위해 나선 사람이 예수님의 제자입니다. 그 제자의 실천 안에 하느님의 나라가 있습니다.

어느 날, 하느님을 우리 삶 안에 모실 수밖에 없는 날이 올 것입니다. 우리가 애착하는 인간관계와 사물을 버리고 떠나야 하는 날이 올 것입니다. 화려했던 우리의 꿈들도 그 실상을 드러낼 것입니다. 그것은 인간이면 아무도 거역하지 못하는 인간 생명체의 순리입니다. 예수님은 우리의 의욕과 욕심과 꿈이 아직 살아 있을 때, 그 안에 하느님이 살아 계시게 하자고 가르쳤습니다. 하느님의 일을 소중히 생각하고, 그것을 받아들이는 자녀가 되자는 운동을 일으킨 분입니다. "하느님의 나라가 다가왔으니 회개하고 복음을 믿으라"는 말씀은 우리 삶 안에 하느님의 선하심과 자비가 살아 계시게 결단하고 실천하라는 말씀입니다. 예수님은 말씀하십니다. "보시오, 사실 하느님 나라는 이미 여러분 가운데 있습니다"(루카 17,21).

회당에서 미친 사람을 고치시다

더러운 영이 물러나는 곳에

그리고 그들은 카파르나움으로 들어갔다. 바로 안식일에 예수께서는 회당으로 들어가서 가르치셨다. 사람들은 그분의 가르침에 매우 놀랐다. 그분은 율사들과는 달리 권위를 가진 분으로서 그들을 가르치셨기 때문이다. 마침 그때 그들의 회당에 더러운 영에 사로잡힌 사람이 있었는데 그가 외쳐 말했다. "나자렛 사람 예수님, 당신이 우리와 무슨 상관이 있습니까? 당신은 우리를 없애러 오셨지요? 나는 당신이 누구인지 압니다. 당신은 하느님의 거룩한 분입니다." 그러자 예수께서는 그를 꾸짖으시며 "잠자코 그에게서 떠나가라" 하셨다. 이에 더러운 영은 그에게 경련을 일으켜 놓고 큰 소리를 지르며 떠나갔다.

그러니 모두 놀라서 서로 캐어물으며 "이게 웬일이냐? 권위 있는 새로운 가르침이다. 저분이 더러운 영들에게 지시하니 그들도 복종하는구나" 하였다. 그리하여 그분의 소문은 곧 갈릴래아 인근 온 지방에 두루 퍼져 나갔다. (마르 1,21-28)

어느 안식일에 카파르나움의 회당에서 일어난 이야기입니다. 예수님이 회당에서 가르치셨고, 사람들은 그분의 가르침에 놀랐습니다. 마침 그 회당에 더러운 영이 들린 사람이 하나 있었는데, 그가 소리 질렀습니다. "나는 당신이 누구인지 압니다. 당신은 하느님의 거룩한 분입니다." 더러운 영이 예수님의 신원에 대해 고백하자, 예수님은 그에게 함구하라고 말씀하십니다. 그리고 그 더러운 영을 내쫓아 그 사람을 치유하셨습니다. 그 사실을 본 사람들은 모두 놀라서 "새롭고 권위 있는 가르침"이라고 경탄하였습니다.

이 이야기는 일어난 사실 그대로를 보도하는 오늘의 신문 기사와는 다릅니다. '더러운 영이 들린' 사람은 정신 질환자를 지칭합니다. 복음서들이 기록된 시대에는, 자기 사상을 전하려는 사람이 이야기를 만들고 그 안에 전하고 싶은 사상을 담았습니다. 사람들은 그 이야기를 듣고 다른 이들에게 옮기면서, 그 안에 있는 저자의 사상에 공감하여 자기 것으로 삼거나 거부했습니다. 이 이야기도 마르코복음서를 기록한 공동체가 사람들에게 전하고 싶은 그리스도 신앙을 담아 각색한 것입니다.

마르코복음서는 처음에 "[하느님의 아들이신] 예수 그리스도의 복음은 이렇게 시작되었다"고 기록하고 있습니다. 예수님을 하느님의 아들이라고 고백하는 초기 신앙인들이 믿는 복음을 시작한다는 말입니다. 또 예수님의 생애를 끝내면서, 예수님이 십자가에서 숨을 거두시자 "예수님을 마주 보고 곁에 서 있던 백인대장"이 "이 사람은 참으로 하느님의 아들이었다"(15,39)고 신앙을 고백했다고 기록했습니다. 이렇게 마르코복음서는 예수님을 하느님의 아들이라 말하는 신앙고백을 시작과 끝에 두고 있습니다. 그렇다면 이 복음서를 기록한 사람들의 의도는 분명합니다. 예수님을 하느님의 아들이라 고백하는 신앙이 어떤 것인지 기록하겠다는 것이지요.

인간이 세상을 살면서 지대한 관심을 보이는 문제들은 흔히 생로병사生老病死로 요약됩니다. 사는 것, 늙는 것, 병고와 죽음은 인생의 네 가지 현실입니다. 이는 인간이 지대한 관심을 보이는 일들이지만, 불가사의하여 인간 번뇌의 원인이기도 합니다. 불교에서 석가세존으로 추앙받는 고타마 싯다르타 태자가 왕위를 버리고 출가하여 수도를 시작한 것도 이 네 가지 번뇌를 해결하기 위한 것이었습니다. 인류 역사상 각양각색의 종교들이 생겨나고 번창한 것도 바로 인류가 이 네 가지에 대한 해답을 꾸준히 찾았음을 가리킵니다. 사람들은 해나 달을 보고 빌고, 정화수를 떠 놓고 정성을 바치기도 했습니다. 모두가 이 주제들을 해결하거나 극복하고자 했던 것입니다.

이 이야기의 무대는 유다인들이 하느님의 말씀을 듣기 위해 모이는 회당입니다. 그곳에서 "더러운 영이 들린 사람이" 예수님을 보자 소리를 지르며 고백합니다. "당신은 하느님의 거룩한 분입니다." 예수님이 그에게 함구령을 내리면서 더러운 영을 그 사람에게서 쫓아내시자 그 사람은 나왔습니다. 이 복음서는 이 이야기로 더러운 영이 지배하던 세상에 하느님이 보내신 거룩한 분, 곧 예수님이 오셨다고 말합니다. 사람들은 그분을 알아보지 못하였지만, 더러운 영은 벌써 알고 있었다는 것입니다. 이제 예수 그리스도가 계신 곳에서는 사람들이 더러운 영의 지배를 받지 않습니다. 이 믿음이 근거가 되어 오늘의 세례성사 의례 중 마귀를 끊어 버린다고 신앙고백을 하는 관습이 생겼습니다. 하느님이 아니면서 사람을 지배하는 모든 것을 세례에서 끊어 버리고, 예수님을 따르는 제자가 되겠다는 고백입니다.

마르코복음서는 함구령을 자주 언급합니다. 더러운 영들에게, 기적적으로 치유된 이들에게, 또 제자들에게 예수님은 함구령을 내리십니다. 예수님을 하느님의 아들이다, 메시아다, 거룩한 분이다 등으로 신앙고백적인 말을 할 때마다 예수님이 함구령을 내리셨다고 기록하였습니다. 그러다가 예수님이 십자가에서 숨을 거두시자 이 복음서는 백인대장으로 하여금 예수님을 '하느님의 아들'이라 고백하게 합니다. 십자가 죽음을 모르면, 예수님에 대해 올바른 신앙고백을 할 수 없습니다. 예수님에 대한 올바른 인식은 십자가 죽음을 시야에서 잃지 않을 때, 비로소 가능하다는 것입니다. 이 복음서는 십자가를 포함하여 예수님을 인식해야 하고, 그 인식을 기반으로 그분을 하느님의 아들이라 고백할 수 있다고 알려 줍니다.

십자가는 예수님의 생애를 요약하는 상징입니다. 사람들을 보살피는 일에 당신 스스로를 내어 주고 쏟으신 결말이 십자가였습니다. 마르코복음서는 그 사실을 모르면 예수님에 대해 말하지 말라고 합니다. 예수님이 하느님의 아들이라는 고백은, 십자가에서 끝맺은 그

파울 클레 「야인」 1922년, 독일 뮌헨 렌바하 하우스 미술관

분 삶이 하느님의 생명이 어떤 것인지 보여 주었기 때문입니다. 하느님은 전능하시고 지극히 높으시다는 우리의 통념으로, 예수님을 하느님의 아들이라고 생각하지 말라는 것입니다.

그리스도 신앙은 예수님과 하느님을 믿어서 인간이 더 잘살 수 있다고 말하지 않습니다. 신앙은 더 많은 재물과 더 존경스러운 지위를 얻도록 해 주지 않습니다. 인류 역사가 하느님을 생각하며 줄곧 품어 온 그 염원은, 인간을 자유롭지 못하게 하는 더러운 영에서 오는 것입니다. 그 염원을 성취해 주는 것이 신앙이라는 망상은, 예수 귀신의 힘으로 팔자 한번 고쳐 보겠다는 인간의 염원에서 오는 것입니다.

그리스도 신앙인은 십자가에서 돌아가신 예수님을 하느님의 아들이라 고백합니다. 생로병사의 인간 현실을 살면서, 예수님은 이웃을 섬기고자 당신 스스로를 내어 주고 쏟으셨습니다. 그분의 실천에서 참다운 인간의 자유를 읽어 내고 배우는 것이 바로 그리스도 신앙입니다. 재물이든 지위든, 자기 혼자만 잘되게 해 준다고 약속하는 더러운 영이 물러나는 곳에, 예수님이 가르친 하느님 생명을 사는 신앙의 길이 있습니다. 회당에 모인 사람들은 '권위 있는 새로운 가르침'이라고 말하였습니다. 하느님 생명이 하시는 일을 실천하며 살 때, 그분의 자녀가 된다는 고백입니다.

마르코복음서

시몬의 장모를 고치시고 회당에서 복음을 선포하시다

고치시고 살리시는 분

그리고 그들은 곧 회당에서 떠나 야고보와 요한과 함께 시몬과 안드레아의 집으로 갔다. 그런데 시몬의 장모가 열이 나서 누워 있었다. 그래서 사람들은 즉시 부인의 사정을 예수께 말씀드렸다. 그분은 다가가서 손을 잡아 부인을 일으키셨다. 그러자 열이 떨어지고 부인은 그들의 시중을 들었다. 저녁이 되어 해가 지자, 사람들이 앓는 이들과 귀신 들린 이들을 모두 예수께 데려왔다. 그리하여 온 고을 사람들이 문 앞에 모여들었다. 예수께서는 갖가지 질병으로 앓고 있는 많은 이들을 고쳐 주시고 또 많은 귀신들을 쫓아내셨다. 그런데 그분은 귀신들이 함부로 말하는 것을 그냥 두지 않으셨다. 그들이 당신을 알아보았기 때문이다. 그리고 이른 새벽 몹시 어두울 때에 예수께서는 일어나서 밖으로 나가, 외딴곳으로 물러가서는 거기서 기도하셨다. 그러자 시몬과 그의 일행이 그분을 찾아 나섰다. 그러다가 그분을 찾아내고 "모두 선생님을 찾고 있습니다" 하고 말씀드렸다. 그러자 그분은 이렇게 말씀하셨다. "다른 곳, 인근의 작은 읍들을 찾아갑시다. 거기서도 나는 복음을 선포해야겠습니다. 사실 나는 이 일을 하러 떠나왔습니다." 그리고 그분은 온 갈릴래아의 회당들을 찾아다니며 복음을 선포하시고 귀신들을 쫓아내셨다. (마르 1,29-39)

이 복음은 갈릴래아에서 활동한 예수님의 하루 일과를 소개합니다. 예수님은 회당에 들렀다가 시몬과 안드레아 집으로 가십니다. 그리고 열병으로 누워 있는 시몬의 장모를 고쳐 주었습니다. 저녁이 되자 사람들은 갖가지 질병을 앓고 있는 이들을 데려왔습니다. 예수님은 그들을 모두 고쳐 주고, 많은 마귀를 쫓아내었습니다. 다음 날 새벽에는 먼동이 트기 전에 일어나 외딴곳으로 가서 기도하시고, 다른 동네를 향해 길을 떠나십니다.

예수님이 십자가에서 돌아가시고 부활하신 후, 제자들 중심의 신앙 공동체들은 예수님에 대해 회상하면서 그것을 이야기로 남겼습니다. 그것들이 입에서 입으로 전해지다가 상당한 시일이 지난 후에야 기록되어, 오늘의 복음서들이 되었습니다. 예수님에 대한 제자들의 체험은 같았지만, 그들이 회상하고 이야기하고 문서로 만드는 과정에서 각기 차이가 생겼습니다. 네 복음서들이 서로 다른 이유입니다.

마르코복음서의 첫 구절(1,1)이자 제목은 "[하느님의 아들이신] 예수 그리스도의 복음"입니다. 예수 그리스도를 하느님의 아들이라 말하게 된 경위와 그분의 가르침이 어떤 기쁜 소식인지 알리는 기록입니다. 이 복음은 예수님이 당신에 대해 "귀신들이 함부로 말하는 것을 그냥 두지 않으셨다"고 설명합니다. 신앙 공동체가 예수님을 하느님의 아들이라 고백한 것은 마귀들이 알려 준 정보에 기원하지 않는다는 말입니다.

우리가 복음을 읽으면서, 예수님은 하느님의 아들이니까 초능력을 지니고 원하는 대로 기적을 행하셨을 것이라 상상하면, 우리의 예수님 이해는 잘못된 것입니다. 예수님을 하느님의 아들이라 고백하는 것은 그분이 다양한 기적을 행하였기 때문이 아니라, 그분이 하느님에 대해 가르쳤고 하느님의 생명을 몸소 사셨기 때문입니다. 당시는 기적과 귀신이라는 단어들이 일상에서 통용되던 시대였습니다. 따라서 우리는 기적이나 귀신이라는 단어에 시선을 빼앗기지 말고, 예수님이 하신 일을 보고 하느님이 어떤 분인지 알아들어야 합니다. 이 복음에서 예수님은 시몬의 장모와, 사람들이 데려온 병자들을 고쳐 주셨고 귀신을 쫓으셨습니다. 예수님은 사람들에게 좋은 일을 행하셨습니다. 그것이 하느님의 일입니다. 하느님은 사람들을 고치고 살리는 분이십니다.

예수님은 그 시대 종교 지도자들과 달리 행동하셨습니다. 유다교 지도자들은 인간이 겪는 모든 불행을 하느님이 주신 벌이라 믿고, 자기 죗값을 치르기 위해 그 불행을 감수해야 한다고 가르쳤습니다. 예수님은 그 가르침을 거부하였습니다. 하느님은 우리에게 자비하신 아버지이십니다. 루카복음서는 다음의 예수님 가르침을 전합니다. "여러분 가운데 어느 누가 아비된 자로서, 아들이 생선을 청하는데 생선 대신 그에게 뱀을 주겠습니까? 그리고 달걀을 청하는데 그에게 전갈을 주겠습니까?"(11,11-12). 인간도 사랑하는 자녀에게 재앙을 주지 않는다는 말씀입니다. 인간이 겪는 불행을 하느님으로부터 온 것이라 생각하지 말아야 합니다. 마태오복음서가 전하는 예수님의 말씀입니다. "그분은 악한 사람들에게나 선한 사람들에게나 당신의 해를 떠오르게 하시고, 의로운 사람들에게나 의롭지 못한 사람들에게나 비를 내려 주시기 때문입니다"(5,45). 예수님이 믿고 계신 하느님은 선한 아버지 같은 분입니다. 예수님이 죄인과 세리들과 어울려 음식을 먹는다고 비난하는 율사들에게 예수님은 말씀하십니다. "나는 의인들을 부르러 온 것이 아니라 죄인들을 부르러 왔습니다"(마르 2,17). 죄인으로 버려지고 좌절한 사람들이 그 절망에서 벗어나, 자비하신 하느님에게 돌아오게 하는 데 당신 사명이 있다는 말씀입니다.

세상에는 각종 불행이 있습니다. 병고, 가난, 인간의 횡포와 실패와 사고 등이 있습니다. 예수님은 그런 불행을 하느님이 주신다고 생각하지 않으셨습니다. 인간은 각종 어려움을 겪고 극복하면서 성숙하고 마음의 깊이도 가집니다. 돈이 많고 권력을 얻었다고, 걱정이 없다고 해서 행복하고 성숙해지지 않습니다. 재물과 권력을 과시하면서 살고 싶은 사람은 열등의식에 시달리는 미숙한 인간입니다. 자녀를 제대로 키우는 부모는 재물과 권력으로 행세하는 사람이 되라고 가르치지 않습니다. 성숙한 부모는 자녀들과 함께 어려움들을 극복하면서, 그들을 이해하고 사랑합니다. 그래서 자녀들이 다른 이들과 더불어 사는 행복을 아는 성숙한 인간이 되게 합니다.

이 세상에 사는 인간은 아무도 고통을 피할 수 없습니다. 하느님은 그런 것에서 우리를 면제시켜 주는 분이 아닙니다. 하느님은 인류역사 안에 우리와 함께 살아 계십니다. 그 하느님은 우리가 아쉬울 때 동원하여 이용할 수 있는 해결사가 아닙니다. 하느님은 우리가 당신일을 실천하여 당신 자녀로 살 때, 생명의 기원인 아버지로 우리와 함께 계십니다. 이웃을 고치고 살리며 행복하게 하는 우리의 노력 안에서 하느님은 우리와 함께 계십니다. 이 복음은 예수님이 이른 새벽에 일어나 외딴곳에서 기도하셨다고 말합니다. 예수님이 우리를 고치고 살리시는 하느님과 특별히 교감하는 시간을 가지셨다는 말입니다.

그리스도 신앙인은 예수님이 가르치신 하느님을 믿고 배웁니다. 예수님에게서 하느님의 일을 배워 그것을 실천하여 그분의 자녀로 살기 위해 노력합니다. 예수님이 병을 고치고 마귀를 쫓은 것은, 그 시대 유다교가 주장하듯이 그들이 하느님께 벌 받은 사람들이 아님을 사람들에게 알리고, 하느님이 그들에게 새 미래를 열어 주신다는 사실을 알리는 행동들입니다. 오늘도 우리는 여러 어려움에 시달리는 사람들을 주변에서 많이 봅니다. 우리가 하느님의 자녀라면 그들을 위해 무엇인가 해야 합니다. 내 손에 들어온 것은 모두 내 것이고, 나 한 사람만을 위한 것이 아닙니다. 명절에 가족끼리 모여 가족들만 행복하면, 그것으로 다 된 것이 아닙니다. 우리가 행복한 그만큼 주변의 불행한 생명들에게 우리의 시선이 가야 합니다. 예수님은 그들도 행복해야 한다고 가르치셨고, 그것을 위해 노력하신 하느님의 아들이십니다. 예수님을 따르는 신앙인들도 같은 실천으로 하느님의 자

녀가 되어 삽니다. 그것이 예수님을 따라 하느님의 자녀가 된 우리를
참으로 자유롭게 만드는 기쁜 소식입니다.

나병환자를 고치시다

관계 회복

나병환자 한 사람이 예수께 와서 [무릎을 꿇고] 간청하며 "선생님은 하고자 하시면 저를 깨끗하게 하실 수 있습니다" 하였다. 그러니 예수께서는 측은히 여기시고 당신 손을 펴 그를 만지시며 "내가 하고자 하니 깨끗하게 되시오" 하셨다. 그러자 즉시 그에게서 나병이 물러가고 그는 깨끗하게 되었다. 예수께서는 그에게 엄히 경고하여, 곧 그를 내보내셨다. 그분은 이렇게 말씀하셨다. "어느 누구에게도 아무 말 하지 않도록 주의하시오. 그 대신, 가서 제관에게 당신 몸을 보이고, 당신이 깨끗해진 데 대하여 모세가 지시한 제물들을 바쳐 그들에게 증거가 되게 하시오." 그러나 그는 떠나가서 널리 알리고 그 이야기를 퍼뜨리기 시작했기 때문에, 그분은 더 이상 드러나게 고을로 들어가실 수 없었고, 바깥 외딴곳에 머물러 계셨다. 그래도 사람들은 사방에서 그분을 찾아왔다. (마르 1,40-45)

예수님이 나병환자 한 사람을 치유하신 이야기입니다. 복음서들은 예수님에 대해 이야기하면서 그분이 믿은 하느님을 알립니다. 그분의 믿음이 우리 신앙이고, 그분이 아버지라 부른 하느님이 우리 하느님이십니다. 요한복음서는 말합니다. "일찍이 아무도 하느님을 보지 못했다." 그러나 "외아들 하느님이신 그분이 알려 주셨다"(1,18). 같은 복음서는 예수님의 입을 빌려 이렇게도 말합니다. "나를 본 사람은 이미 아버지를 보았습니다"(14,9). 그리스도 신앙인은 예수님의 삶에서 하느님이 어떤 분인지 알아듣습니다.

　나병환자 한 사람이 예수님에게 고쳐 달라고 애원하자, "예수님께서는 가엾은 마음이 드셔서 손을 내밀어 그에게 손을 대며" 고쳐 주십니다. 나병은 예나 오늘이나 법정전염병이어서, 사회는 그들을 격리시킵니다. 우리나라에도 그들을 격리하는 시설이 여럿 있었고 현재도 있습니다. 격리 시설이 없던 옛날에는, 그들을 동네에 들어오지 못하게 하여 격리하는 경우가 많았습니다. 과거에는 병 진단 방식도 비과학적이어서, 피부가 불결하면 나병환자로 취급받기도 하였습니다. 예수님 시대 팔레스티나에서도 나병환자는 마을에 들어올 수 없었습니다. 그들은 길에서 사람을 만나면, "불결! 불결!" 하고 외쳐서 남들이 자기에게 접근하지 못하게 해야 했습니다.

이스라엘 역사에서 나병은 부정不淨입니다. 하느님께 벌 받은 죄인이라 피부가 더러운 상태로 살게 되었다는 것입니다(레위 13,44-46). 유다교 율법은 부정한 그들과 신체 접촉을 금합니다. 접촉한 사람도 부정한 사람, 곧 죄인으로 취급됩니다. 그러나 예수님은 율법을 범하면서까지 그 사람에게 '손을 대어' 그를 고친 다음, 사제에게 가서 보이고 부정을 벗어나는 절차를 밟으라고 말씀하십니다. 유다교는 나병을 죄의 대가로 주어진 벌이라 믿었기에, 치유 여부를 사제가 확인하게 하였습니다. 그런데 이 환자는 "떠나가서 널리 알리고 이 이야기를 퍼뜨리기 시작합니다". 그래서 예수님은 드러나게 고을로 들어가지 못하셨다고 복음은 말합니다. 곧 예수님은 나병환자와 접촉하고 임의로 격리를 해제하였기에, 율법을 범한 것입니다.

우리나라에서도 나병을 하늘이 내린 벌, 천형天刑이라 일컬었습니다. 나병에 걸렸던 시인 한하운韓何雲은 천형이라는 말이 얼마나 어이없는 것인지 다음과 같이 표현했습니다.

죄명은 문둥이 …
이건 참 어처구니없는 벌이올시다.
아무 법문의 어느 조항에도 없는
내 죄를 변호할 길이 없다.
옛날부터
사람이 지은 죄는
사람으로 하여금 벌을 받게 했다.
그러나 나를

아무도 없는 이 하늘 밖에 세워 놓고
죄명은 문둥이 …
이건 참 어처구니없는 벌이올시다.

이 병이 '어처구니없는' 불행인 것은 하느님 혹은 하늘이 주신 벌이라고 말하면서 환자를 하느님과의 관계에서 소외시키고, 그 전염성으로 말미암아 이웃과의 관계에서도 소외시켜 버리기 때문입니다. 한하운 시인의 말을 빌리면, 환자를 하느님도 사람도 없는 '하늘 밖에 세워 놓은' 것입니다. 그러나 예수님은 그를 가엾이 여겨 '당신 손을 펴 그를 만지시며' 고쳐 주면서, 먼저 당신과의 관계를 회복시키십니다. 그리고 그를 사제에게 보내어 하느님과의 관계를 회복시키려 하십니다. 예수님은 선하고 자비로운 하느님을 믿었습니다. "하느님 한 분 외에는 아무도 선하지 않습니다"(마르 10,18), "여러분의 아버지께서 자비로우신 것같이 여러분도 자비롭게 되시오"(루카 6,36) 같은 예수님 말씀을 복음서들은 전합니다. 예수님은 자비를 실천하기 위해 당신이 부정한 인간이 되는 것도 마다하지 않으셨습니다.

이 세상에는 우리가 그 원인을 알 수 없는 일이 많이 있습니다. 장애를 지니고 태어나는 생명들이 있습니다. 원인을 설명할 수 없는 육체적 · 정신적 고통을 당하는 생명들도 있습니다. 선의의 사람이 짓밟히고 고통을 겪는 반면, 악의를 지닌 사람들이 높은 지위와 재물을 누리기도 합니다. 정직하게 최선을 다한 사람이 반드시 대우받는 세상이 아닙니다. 노력하지 않고 게으름만 피우던 사람이 더 대우받기도 합니다. 그런 불가사의한 일들이 벌어지는 세상입니다.

마르코복음서

케테 콜비츠 「죽은 아이를 안고 있는 어머니」 1903년, 미국 워싱턴 국립 미술관

예수님은 그 불가사의한 일들을 합리적으로 설명하려 하지 않으셨습니다. 예수님은 병자를 고치고, 마귀 들렸다는 사람들에게서 마귀를 쫓으셨습니다. 이 복음에서도 예수님은 율법을 범하여 스스로 죄인이 되면서까지 나병환자를 고쳐 사회에 복귀시킵니다. 제자들에게도, 병자를 고치고 마귀를 쫓아 주며 기쁜 소식을 전하라고 당부하셨습니다. 예수님은 '목숨을 구하는 일', 곧 "선한 일"(마르 3,4)을 하며 세상에 사셨습니다. 그러나 그분에게 돌아온 대가는 십자가의 죽음이었습니다. 초기 신앙 공동체는 그런 예수님을 생각하며, 구약성서 이사야서가 말하는 '고통당하는 하느님의 종'을 그분 안에서 보았습니다. 이사야서는 말합니다. 그분은 "우리가 앓는 병을 앓아 주었으며 … 그 몸에 상처를 입음으로 우리의 병을 고쳐 주었구나 … 그는 죄인들과 함께 처형당하였다"(53,4-5.9). 예수님은 제자들에게 십자가를 지고 당신을 따르라고 말씀하셨습니다. 그리스도 신앙은 예수님의 그런 실천들 안에 하느님이 살아 계신다고 믿습니다.

예수님에게는 사랑은 있어도 정의를 빙자한 분노는 없었습니다. 그분은 죄인들을 환영하고 그들과도 어울리셨습니다. 그분은 "나는 의인들을 부르러 온 것이 아니라 죄인들을 부르러 왔습니다"(마르 2,17)라고 말씀하셨습니다. 바오로 사도는 로마서에서 예수님이 "죄의 권하에 있는 육신을 갖춘 모습으로, 죄를 속량하기 위하여"(8,3) 오셨다고 말합니다. 우리는 사도신경에서 "모든 성인의 통공을 믿는다"고 고백합니다. 모든 신앙인은 하느님 안에서 같은 친교를 누린다는 뜻입니다. 예수님이 믿으신 하느님은 당신과의 친교에서 아무도 제외하지 않으십니다. 정의구현을 하겠다면서 사람들 안에 분노를 볼

어넣는 행위는 인류 공동체에서 우리를 분리시키고 스스로를 높여서, 사람들 위에 군림하려는 사심에서 옵니다. 그것은 "자기 친구들을 위해서 목숨을 내놓는"(요한 15,13) 사랑이 아닙니다.

　"사랑하지 않는 자는 하느님을 모릅니다. 하느님은 사랑이시기 때문입니다"라고 요한의 첫째 편지(4,8)는 말합니다. 사랑 안에서 하느님의 일을 알아들으라는 말씀입니다. 하느님은 우리가 고통당할 때도, 우리를 사랑하고 불쌍히 여기며 함께 계십니다. 예수님은 당신이 실천하신 하느님의 일을 빙자하여 사람들 위에 군림하려 하지 않으셨습니다. 사랑은 사랑을 부르지, 군림할 기회를 찾지 않습니다. 예수님은 이런 말씀을 우리에게 남기셨습니다. "여러분도 지시받은 일을 모두 하고 나서도 '저희는 쓸모없는 종입니다. 저희는 당연히 해야 할 일을 했습니다' 하시오"(루카 17,10).

중풍병자를 고치시다

살리고 용서하시는 분

며칠 후에 예수께서 다시 카파르나움으로 들어가시니, 그분이 집에 계시다는 소문이 퍼졌다. 그래서 많은 사람들이 모여들어 문 앞에도 빈자리가 없었다. 예수께서는 그들에게 복음 말씀을 설교하셨다. 이때 네 사람이 중풍병자를 떠메고 그분께 데리고 왔다. 그러나 군중 때문에 그분 가까이 데려갈 수 없어서, 그분이 계신 처소의 지붕을 벗기고 구멍을 내어, 중풍병자가 누워 있는 침상을 달아 내려보냈다. 그러자 예수께서는 그들의 믿음을 보시고 중풍병자에게 "아들이여, 그대의 죄는 용서받았소" 하고 말씀하셨다. 그러니 율사 몇 사람이 거기 앉아 있다가 마음속으로 생각했다. '이 사람이 어쩌자고 이런 말을 하는가? 하느님을 모독하는구나. 하느님 한 분이 아니고서야 감히 누가 죄를 용서할 수 있단 말인가?' 예수께서는 그들이 속으로 이렇게 생각하는 것을 얼른 당신의 영으로 알아채시고 그들에게 말씀하셨다. "왜 당신들은 마음속에 그런 생각을 품습니까? 어느 편이 더 쉽겠습니까? '그대의 죄는 용서받았다'고 중풍병자에게 말하는 것이겠습니까? 혹은 '일어나 그대의 침상을 들고 걸어가라'고 말하는 것이겠습니까? 인자가 땅에서 죄를 용서하는 권한을 가지고 있음을 당신들이 알도록 하겠습니다." 이어 그분은 중풍병자에게 말씀하셨다. "그대에게 이릅니다. 일어나 그대의 침상을 들고 집으로 가시오." 그러자 그는 일어나 곧 침상을 들고 모든 사람이 보는 앞에서 밖으로 나갔다. 이에 모두 넋을 잃고 하느님을 찬양하며 "이런 일은 일찍이 본 적이 없다" 하고 말했다. (마르 2,1-12)

복음서들은 예수님으로 말미암아 발생한 신앙을 알리는 문서입니다. 예수님이 믿었던 하느님을 믿고 그분이 하신 일을 실천하는 사람이 그리스도 신앙인입니다. 복음서들은 예수님의 전기 같지만, 예수님에 대한 역사적 사실을 정확히 보도하기보다는 초기 신앙인들의 믿음을 알려 줍니다. 따라서 복음서를 읽으면서 주목해야 하는 것은 그 이야기들이 전해 주는 초기 신앙인들의 믿음입니다.

사람들이 중풍병자 한 사람을 침상째 떠메고 예수님에게 옵니다. 예수님 주변에 모인 사람들이 많아서, 그 집 지붕을 벗기고 구멍을 내어 병자를 예수님에게 내려보냅니다. 전문가들은 그 시대 유다인들의 집 구조가 지붕을 쉽게 벗길 수 있었다고 말합니다. 그 병자는 예수님을 찾아 나섰다가 어렵게 만났고, 예수님은 그 중풍병자를 고쳐주셨습니다. 사람들은 이 사실을 보자, 넋을 잃고 하느님을 찬양했다는 말로 이야기는 끝납니다. 예수님은 중풍병자를 고치는 놀라운 일을 하셨고, 사람들은 그 일로 하느님이 어떤 분인지 알아듣고 하느님을 찬양했습니다.

중풍병자는 육체적으로나 정신적으로나 정상인으로 살 수 없는 사람입니다. 사람들의 도움을 받아 간신히 최소한의 생존을 누리는 위축된 생명의 소유자입니다. 이 이야기에서 예수님은 이 사람의 병을 고치기 전에 "그대의 죄는 용서받았소"라고 말씀하십니다. 유다교는 병에 걸린 사람은 하느님께 벌을 받고 있다고 가르쳤습니다. 예수님이 중풍병자에게 죄의 용서를 선언하신 것은 그 병이 하느님의 벌이 아니라는 뜻입니다. 예수님이 병을 고쳤다는 복음서 이야기들은 병을 하느님의 벌이라고 주장하는 그 시대 유다교를 반박하는 메시지를 담고 있습니다.

우리는 불행이 닥치면 즉시 그 원인을 찾고, 그 원인을 모르면 하늘 혹은 하느님이 주신 불행이라고 생각합니다. 자녀의 진학이 뜻대로 되지 않았을 때, 사업이 실패했을 때, 회복 불가능한 병을 선고받았을 때 신앙인들은 흔히 그 원인을 하느님에게서 찾습니다. 인과응보 원리를 하느님에게 적용하여, 우리 죄의 대가로 하느님이 주신 벌이라 여기는 것입니다. 그런 논리는 동네 성황당에서 빌던 옛사람들의 것이기도 합니다.

인간은 누구나 한계를 지니고 삽니다. 세상의 생명체이기에 한계와 약점이 있습니다. 병고, 실패, 각종 장애, 죽음 등이 그러합니다. 인간이 더불어 살기에 발생하는 한계들로는 경쟁과 실패도 있습니다. 예수님이 가르친 신앙은 하느님의 힘으로 그런 약점과 한계를 극복하려는 수작이 아닙니다. 그 한계를 겪으면서도, 선하신 하느님이 우리와 함께 계시다는 사실을 믿는 데 신앙이 있습니다. 예수님의 가르침은 유다교 지도자들의 것과는 달랐습니다. 그분은 율사도 사제도 아닙니다. 유다교 지도자들은 예수님을 못마땅해했습니다. 기득권자들이 싫어하고 미워하면, 죽을 수밖에 없는 시대였습니다.

예수님은 당신 앞에 가로놓인 죽음의 한계를 치워 달라고 하느님께 기도하지 않으셨습니다. 죽음을 앞두고 아버지께 드린 기도는 "제가 원하는 대로 하지 마시고 아버지께서 원하시는 대로 하소서"(마르 14,36)입니다. 예수님은 죽음 앞에서도 하느님의 뜻이 이루어지길 빌었습니다. 하느님이 함께 계신다는 사실을 깨달은 모습입니다. 예수님의 부활 이야기는 죽음의 한계를 넘어서까지 하느님은 살리는 분으로 그분과 함께 계셨다는 사실을 말합니다.

이 복음에서 하느님은 사람을 벌하고 죽이는 분이 아니라, 사람을 살리는 분이라고 말합니다. 그것이 예수님이 믿고 계신 하느님이었습니다. 하느님은 인간의 한계를 기적적으로 뛰어넘게 하여 독야청청하게 해 주지 않습니다. 신앙인은 인간으로서 지닌 자기의 한계를 받아들입니다.

이 복음은 예수님이 실천하신 하느님의 일이 무엇인지 말해 줍니다. 예수님은 생명이 위축되고 도움이 필요한 사람을 위해 일하셨습니다. 그분은 죄의 용서를 선포하고 병을 고쳐서, 그 환자를 위축된 삶에서 벗어나 정상 생활로 돌아가게 하셨습니다. 정신적 혹은 육체적 도움을 조금만 받으면, 불행에서 벗어나 정상 생활을 할 수 있는 사람이 우리 주변에도 많이 있습니다. 우리가 그들을 위해 할 수 있는 일은 많습니다. 그리스도 신앙은 그런 우리의 실천 안에서 하느님이 일하신다는 사실을 믿습니다.

그런 가능성과 힘이 감춰지고 계발되지 않은 것은 우리 마음 한가운데 자신만이 자리 잡고 있기 때문입니다. 우리는 모두 자신에 얽매여 삽니다. 예수님이 하느님의 나라를 가르치신 것은 자신에게만 집착하지 말고 하느님의 뜻을 소중히 생각하는 마음으로, 주변을 돌아보라는 것이었습니다. "여러분은 무엇을 먹고 무엇을 마실까 찾지도 말고 염려하지도 마시오. 이런 것은 다 세상의 이방인들이 힘써 찾는 것입니다 … 여러분은 오히려 그분의 나라를 찾으시오"(루카 12,29-31). 하느님을 믿는 사람은 먹고 마시는 일에만 얽매이지 않고, 하느님의 시선으로 주변을 본다는 것이 예수님의 말씀입니다. 그때 비로소 감춰져 있던 우리의 가능성과 힘이 나타납니다. 그러면 위축되어 살던 우리 주변의 생명들이 충만한 삶으로 돌아오고, 그 사실을 본 사람들은 하느님을 찬양할 것입니다.

하느님은 사람을 살리고 용서하십니다. 고해성사는 하느님이 용서하지 않아서 궁여지책으로 있는 것이 아니라, 하느님이 용서하신다는 사실을 믿지 못하는 우리에게 하느님의 용서를 선포하는 성사입니다. 우리는 차별을 만들어 사람들을 갈라놓습니다. 가진 이와 갖지 못한 이, 병든 이와 건강한 이, 의인과 죄인, 높은 사람과 낮은 사람, 성공한 사람과 실패한 사람을 갈라놓습니다.

마르코복음서

하느님은 그런 차별과 갈등을 없애십니다. 하느님이 살아 계신 곳에서 차별과 갈등은 사라집니다. 그리스도 신앙이 우리를 하느님의 자녀라고 말하는 것은, 우리 모두가 하느님의 생명이 하시는 일을 실천할 수 있기 때문입니다. 예수님이 행하신 하느님의 일은 복음서들이 전하는 이야기들 안에 펼쳐져 있습니다. 우리는 그 이야기들을 읽고 배워서 자유롭게 하느님의 일을 실천하여 하느님의 나라가 오시게 합니다. 그렇게 살겠다고 우리는 세례에서 약속하였습니다.

저절로 자라는 씨, 겨자씨 비유

하느님 나라의 씨앗

또 예수께서 말씀하셨다. "하느님의 나라는 이런 경우와 같습니다. 어떤 사람이 땅에 씨를 뿌리고는 자고 일어나곤 하며 밤과 낮이 가는데 그가 알지 못하는 사이에 씨는 싹터 무럭무럭 자랍니다. 땅은 저절로 열매를 맺게 합니다. 처음에는 줄기가 자라고, 다음에는 이삭이 패고, 그다음에는 이삭에 가득한 밀알이 맺힙니다. 그리고 열매가 익으면 그 사람은 곧 낫을 댑니다. 추수 때가 왔기 때문입니다." 또 예수께서 말씀하셨다. "우리는 하느님의 나라를 무엇과 비교할까, 혹은 무슨 비유로 그것을 밝혀 보일까? 하긴 겨자 씨앗과 같습니다. 그것이 땅에 뿌려질 때에는 지상의 어떤 씨보다도 작습니다. 그러나 뿌려지면 자라서 어떤 푸성귀보다도 더 크게 되어 큰 가지들을 뻗칩니다. 그리하여 하늘의 새들이 그 그늘에 깃들일 수 있게 됩니다." 예수께서는 이런 여러 가지 비유로, 그들이 알아들을 수 있을 만큼 복음 말씀을 설교하셨다. 비유를 들지 않고는 그들에게 말씀하시지 않았고, 당신 제자들에게는 따로 모든 뜻을 풀이해 주셨다. (마르 4,26-34)

예수님은 하느님의 나라를 두 비유로 설명하셨습니다. 먼저 하느님의 나라는 땅에 뿌려진 씨와 같습니다. 씨를 뿌려 놓으면 땅이 저절로 열매를 맺게 하듯이, 하느님의 나라도 사람들에게 선포되면 그들이 자유롭게 그것을 자라게 한다는 말씀입니다. 또 하나는 겨자씨의 비유입니다. 땅에 뿌려질 때는 "세상의 어떤 씨앗보다도 작지만 … 자라나서 어떤 풀보다도 커지고 큰 가지들을 뻗어, 하늘의 새들이 그 그늘에 깃들일 수 있게 된다"는 말씀입니다. 하느님의 나라는 사람이 그것을 수용할 때는 보잘것없지만, 그 사람 안에 성장하여 자리 잡으면 주변 사람들에게 큰 도움을 준다는 말씀입니다.

　　예수님 시대 유다교는 율법을 지키고 성전이 요구하는 제물 봉헌에 충실하라고 가르쳤습니다. 이스라엘의 율법은, 본디 함께 계신 하느님과 살아가기 위한 생활 지침이었습니다. 그러나 율법 준수를 담당하는 율사라는 직업이 생기면서 율법 조항들이 늘어나고, 반드시 지켜야 하는 것이 되었습니다. 율사들이 행세하자, 사람들은 함께 계시는 하느님을 잊어버리고, 죄인이 되지 않기 위해 율법 지키기에만 골몰하게 되었습니다.

이스라엘 안에 제물 봉헌이 생긴 것도 함께 계시는 하느님을 의식하며 살기 위한 것이었습니다. 사람이 노동하여 얻은 수확의 만물을 성전에 봉헌하면, 하느님의 시선이 그 위에 내려옵니다. 자기 노동의 산물을 하느님의 시선으로 보겠다고 마음 다짐을 하는 것이 제물 봉헌 의례입니다. 하느님의 시선으로 보면, 자기가 거둔 수확은 하느님이 은혜롭게 베푸신 것입니다. 그 은혜로움을 의식한 사람은 그것을 절실히 필요로 하는 이웃과 나누면서, 함께 기뻐하고 하느님께 감사드립니다. 그러나 제물 봉헌도 그 일을 전담하는 사제들이 행세하면서 하느님은 은폐되고, 많이 바치면 많은 축복을 받는 장치로 전락하였습니다.

이렇게 율사와 사제라는 직업이 등장하여 행세하면서, 이스라엘은 함께 계시는 하느님을 잊어버리고, 지켜야 하는 율법과 바쳐야 하는 제물 봉헌에 시달렸습니다. 하느님의 은혜로움도 잊어버리고, 기쁨도 모르는 이스라엘이 되었습니다. 예수님은 율사와 사제들의 가르침을 따르지 않았습니다. 예수님은 하느님이 우리 안에 살아 계시는 하느님 나라를 선포하셨습니다. 율사와 사제들은 병을 비롯한 인간의 모든 불행을 하느님이 주신 벌이라고 가르쳤습니다. 율법을 준수하지 못하고, 제물 봉헌에 충실하지 못한 죄의 대가라는 것입니다. 예수님은 하느님이 그런 벌을 주지 않으신다는 사실을 알리기 위해, 사람들의 병을 고쳐 주고 죄의 용서를 선포하셨습니다. 예수님은 부모가 자녀를 사랑하듯이, 하느님이 사람들을 조건 없이 사랑하신다고 믿었습니다. 요한복음서는 예수님이 어느 안식일에 벳자타 못가에서 38년 동안 앓아 온 사람을 고친 후에 하신 말씀을 전합니다. "아직까지 내 아버지께서 일하고 계시며 나도 일하고 있습니다"(5,17). 아버지가 고치고 살리는 분이므로, 당신도 고치고 살리는 일을 한다는 말씀입니다.

마르코복음서가 전하는 이 두 비유 말씀은 예수님이 선포한 하느님 나라는 우리 안에서 스스로 자라고, 그것이 자라면 주변에 은혜로운 혜택을 준다고 말합니다. 뿌려진 씨는 땅이 '저절로 열매를 맺게' 합니다. 그리고 땅은 씨를 뿌린 사람이 상상하지 못한 결과를 가져다 줍니다. "하늘의 새들이 그 그늘에 깃들일 수 있게 됩니다."

요한복음서는 예수님이 제자들을 떠나기 전에 다음 말씀을 그들에게 남기셨다고 말합니다. "아버지께서 나를 사랑하신 것처럼 나도 여러분을 사랑했습니다. 여러분은 내 사랑 안에 머무시오"(15,9). 예수님이 사람들 안에 뿌린 씨는 사랑입니다. 그것은 우리가 상상하는 사랑이 아니라, 아버지께서 예수님과 우리를 사랑하신 그 사랑이었습니다. 그리고 그 사랑이 사람들 안에서 자라나 열매 맺으면, 사람들이 그것을 수확하여 혜택을 받습니다. 사랑은 주변의 모든 사람과 하늘의 새까지도 기쁘고 행복하게 만든다는 말씀입니다.

예수님이 제자들에게 '가난한 사람', '굶주리는 사람', '우는 사람'(루카 6,20-21)이 행복하다고 말씀하신 것도 바로 그 사랑에 충실하기 위해 가난하고 굶주리고 우는 사람이 되기를 주저하지 말라는 말씀으로 들립니다. 예수님은 제자들에게 섬기는 사람이 되라고도 가르쳤습니다. 마르코복음서의 말씀입니다. "여러분도 알다시피 백성들을 다스린다는 사람들은 엄하게 지배하고 그 높은 사람들은 백성들을 억압합니다. 그러나 여러분 사이에서는 그럴 수 없습니다. 오히려 여러분 가운데서 크게 되고자 하는 사람은 여러분을 섬기는 사람이 되어야 합니다"(10,42-43). 우리 안에 자라야 하는 하느님의 나라는 사랑으로 섬김을 실천하는 우리 삶 안에 있습니다.

율사와 사제들은 이스라엘 역사 안에 하느님이 함께 계시다는 사실을 백성에게 환기시키기 위해 생겼습니다. 그러나 실제로 그들이 섬김을 잊어버리고 사람들 위에 군림했을 때, 함께 계시는 하느님은 은폐되고, 지켜야 하는 율법과 바쳐야 하는 제물 봉헌만 남았습니다. 그리고 사람들은 죄인이 되었습니다. 그러면서 하느님은 인간을 벌하는 분, 곧 인간 불행의 원인이 되었습니다.

"아버지께서 제게 주신 이들을 위해서 청하는 것입니다. 이들은 아버지의 사람들이기 때문입니다"(요한 17,9). 예수님이 세상을 떠나시기 전에 하신 기도입니다. 예수님은 하느님 나라를 선포하면서 사람들을 신뢰하고, 아버지께서 맡겨 주신 사람들이라고 믿었습니다. 하느님을 신뢰하고, 그 신뢰를 살았던 예수님이었습니다. 그분은 당신 스스로를 돋보이게 하지 않으셨습니다. 당신의 권위를 나타내기 위한 복장을 하지도 않고, 존경스러운 호칭을 요구하지도 않았습니다. 그분은 섬기는 분이었습니다. 우리가 배워야 할 일입니다.

우리가 뿌리지만, 그것은 하느님 나라의 씨앗이고, 하느님이 비옥하게 만드시는 땅입니다. 우리가 행세하고 우리의 독선과 횡포가 작용하면 사람들은 불행해집니다. 우리가 뿌려야 하는 씨는 하느님 나라의 씨앗입니다. 하느님께서 우리를 사랑하시는 그 사랑의 씨앗입니다. 바오로 사도는 그 사랑을 이렇게 설명하였습니다. "사랑은 너그럽습니다. 사랑은 친절합니다 … 사랑은 무례하지 않으며 자기

마르코복음서

이익을 찾지 않습니다. 사랑은 분통을 터뜨리지 않고 억울한 일을 따지지 않습니다"(1코린 13,4-5). 우리가 뿌려야 하는 씨앗은 바로 하느님 사랑의 이런 씨앗입니다.

풍랑을 가라앉히시다

세상의 질서와 자비의 질서

그리고 그날 저녁때가 되자 예수께서는 제자들에게 "호수 건너편으로 갑시다" 하고 말씀하셨다. 그래서 그들은 군중을 남겨 두고 배에 타신 예수를 그대로 모시고 갔는데 다른 배들도 함께 갔다. 그런데 거센 회오리바람이 일어 파도가 배 안으로 덮쳐 들어와서 배는 곧 물로 가득 차게 되었다. 그러나 예수께서는 고물에서 베개를 베고 주무시고 계셨다. 그래서 제자들은 그분을 깨우며 "선생님, 우리가 죽게 되었는데도 걱정이 안 되십니까?" 하고 여쭈었다. 그러자 예수께서는 일어나 바람을 꾸짖으시고 호수더러 "잠잠해져라, 조용히 있어라" 하고 이르셨다. 그러니 바람이 멎고 매우 고요해졌다. 그러고 나서 그분

마르코복음서

은 그들에게 "여러분은 왜 겁냅니까? 아직도 믿음을 갖지 못합니까?" 하고 말씀하셨다. 그들은 몹시 질리어 두려워하면서 서로 말하기를 "도대체 이분이 누구신데 바람과 호수조차 이분에게 순종할까?" 하였다. (마르 4,35-41)

예수님은 어느 날 갈릴래아 호숫가에서 사람들을 가르치다가 저녁때가 되자 제자들과 함께 호수 건너편으로 배를 타고 떠나셨습니다. 예수님과 제자들이 탄 배가 앞서가고 다른 배들이 뒤따르고 있습니다. "그런데 거센 회오리바람이 일어 파도가 배 안으로 덮쳐 들어와서 배는 곧 물로 가득 차게 되었다. 그러나 예수께서는 고물에서 베개를 베고 주무시고 계셨다"고 전합니다. 제자들은 당황하여 예수님을 깨우면서 "선생님, 우리가 죽게 되었는데도 걱정이 안 되십니까?"라고 말씀드립니다. 예수님은 일어나서 바람을 꾸짖고 호수를 잠잠하게 하신 다음, 제자들에게 말씀하십니다. "여러분은 왜 겁냅니까? 아직도 믿음을 갖지 못합니까?"

복음서들은 예수님이 얼마나 놀라운 기적을 행하셨는지 알리려고 기록한 문서가 아닙니다. 예수님으로 말미암아 하느님을 믿게 된 사람들이 그들 안에 어떤 삶의 변화가 일어났는지 알리는 문서입니다. 예수님의 말씀과 행업이 하느님의 것이라고 믿게 된 제자들은 예수님을 하느님의 아들이라고 고백합니다. 그들은 예수님을 만나서 하느님이 어떤 분인지 알게 되었습니다. 그들은 예수님을 배우고 그분을 따라서 하느님의 자녀가 된다고 믿었습니다. 그들은 예수님으로 말미암아 발생한 여러 이야기들을 회상하여 전하면서, 하느님과 신앙인의 관계가 어떤 것이지 말합니다. 따라서 복음서를 읽으며 주목해야 하는 것은, 그 안에 나타나는 예수님과 하느님에 대한 초기 신앙인들의 믿음입니다.

이 이야기에서 주목할 것은 바람을 꾸짖고 호수를 잠잠하게 하신 예수님의 놀라운 능력이 아니라, 예수님과 제자들의 관계입니다. 제자들은 예수님의 말씀을 따라 그분을 모시고 배를 타고 떠납니다. 예수님의 말씀을 듣던 다른 이들도 다른 배로 그들을 뒤따릅니다. 이것이 예수님 안에서 하느님의 일을 보는 신앙 공동체 모습입니다. 신앙인은 예수님을 모시고 예수님을 따라 떠난 사람입니다. 이 복음을 보면 예수님은 배에서 주무십니다. 하느님은 우리 일에 사사건건 개입하고 명령하면서 함께 계시지 않습니다. 하느님은 우리와 함께 계시지만, 배의 고물에서 주무시는 예수님처럼 마치 없는 듯이 함께 계십니다. 예수님이 제자들과 함께 계시지만, 거센 돌풍과 성난 파도는 그들을 비켜 가지 않았습니다. 하느님은 우리와 함께 계시지만, 그 사실은 우리를 세파와 고통에서 안전하게 보호해 주지 않습니다. 하느님이 함께 계셔도 신앙인은 다른 사람들과 마찬가지로 삶의 위기를 겪습니다. 바람에도 시달리고 절망의 늪에 빠져들기도 합니다.

제자들은 당황하여 예수님에게 구조를 요청하고, 예수님의 말씀이 있자 바람은 멎고 호수는 잠잠해졌습니다. 예수님은 말씀하십니다. "여러분은 왜 겁냅니까? 아직도 믿음을 갖지 못합니까?" 하느님이 함께 계시기에, 세파에 시달리고 절망의 심연이 위협해도 두려워하지 않는 것이 믿음이라는 말씀입니다. 신앙은 세상의 온갖 어려움

마르코복음서

앞에서 하느님을 불러 그것을 해결하고 걱정 없이 사는 것이 아닙니다. 예수님이 제자들에게 하신 말씀이 있습니다. "누구든지 나더러 '주님, 주님' 하는 사람마다 하늘나라에 들어가는 것이 아니고 하늘에 계신 내 아버지의 뜻을 행하는 사람이라야 들어갈 것입니다"(마태 7,21). 하느님의 침묵에도 불구하고 그분이 함께 계신다는 사실을 믿고, 그분의 일을 실천하는 사람이 신앙인입니다.

예수님은 하느님을 아버지라 불렀습니다. 성숙한 아들은 아버지를 방패로 삼아 세상을 안전하고 편안하게 살려고 하지 않습니다. 아버지의 뜻을 실천하는 하느님의 자녀라는 의미로, 예수님은 하느님을 아버지라 부르셨습니다. 우리는 우리가 만든 인과응보라는 질서에 더 안심합니다. 각자가 한 일에 대해 보상이나 벌을 받아야 한다는 질서입니다. 예수님은 그 질서를 넘어서는, 자비로우신 아버지 하느님의 질서를 가르치셨습니다. 그 시대 유다교는 병자를 비롯하여 불행한 사람은 모두 그들의 죄 때문에 벌을 받고 있다고 가르쳤습니다. 인과응보의 질서를 하느님에게 적용하여 하느님을 상상한 것입니다. 예수님은 병든 이들을 고쳐 주고 용서를 선포하시면서, 하느님은 인과응보의 질서가 아닌 자비의 질서 안에 계신다고 가르쳤습니다.

우리는 재물 소유를 중시하는 질서 안에 삽니다. 우리는 재물의 유무로 사람을 평가합니다. 예수님은 가진 것에 구애받지 않는 행복을 가르쳤습니다. 재물은 하느님의 자녀로 사는 길을 보장하지 않습니다. 예수님은 말씀하셨습니다. "아무도 두 주인을 섬길 수 없습니다 … 여러분은 하느님과 재물을 함께 섬길 수는 없습니다"(마태 6,24). 또 우리는 입신출세해야 성공한 삶이라고 생각하는 질서 안에 삽

조셉 말로드 윌리엄 터너 「눈보라 속의 증기선」 1842년경, 영국 런던 테이트 모던 미술관

마르코복음서

니다. 그러나 예수님은 말씀하셨습니다. "여러분 사이에서는 … 크게 되고자 하는 사람은 여러분을 섬기는 사람이 되어야 합니다"(마르 10,43). 하느님은 군림하거나 다스리지 않고 섬기십니다. 재물과 높은 지위는 사람들 위에 군림하게 하지만, 그것은 하느님을 아버지라 부르는 자녀의 생활 질서가 아닙니다. 군림하고 다스리는 것을 좋아하는 우리의 질서를 넘어, 하느님의 자녀들은 섬김이라는 하느님의 질서를 살아야 합니다.

신앙인 중에는 기적을 행하신 예수님을 흉내 내려는 사람들이 있습니다. 그들은 하느님이 함께 계시면 기적적인 일이 일어나고, 하느님께 기도를 잘하면 재물을 주시고, 하느님의 힘을 빌리면 모든 일에 성공한다고 믿습니다. 그것은 우리가 사는 세상의 질서 안으로 하느님을 끌어들여 상상하는 것입니다. 인간 사회에서는 강자의 힘을 빌리면, 자기 능력 이상의 일을 성취하거나 재물을 많이 차지하거나, 부귀영화를 누릴 수 있습니다. 그래서 권력자들 주변에서는 부패와 비리가 자주 발생합니다. 그러나 그것은 하느님의 자녀가 되어 하느님의 질서 안에 사는 방식이 아닙니다. 하느님은 이 세상을 안전하게, 행세하면서 살게 해 주는 해결사가 아닙니다. 하느님이 함께 계셔도 우리는 고통과 위기를 맞이합니다. 예수님의 가르침을 따라 십자가를 지고 고통과 위기를 극복하는 사람이 그리스도 신앙인입니다.

신앙인은 예수님을 모시고 또 그분의 뒤를 따라 배를 타고 떠난 사람입니다. 바람이 불고 파도가 들이쳐도, 그들은 예수님을 배우고 뒤를 따르며 삽니다. 그들은 절망의 순간에도 하느님께 기도하며 용기와 힘을 얻습니다. 그러나 신앙인은 이 세상의 질서에서 발생한 위기를 극복하는 수단이 신앙이라고 생각하지 않습니다. 그리스도 신앙인은 예수님의 삶에서 하느님의 자비와 사랑을 배우고 배운 것을 자기 삶에 실천하여, 하느님의 자녀로서 하느님의 질서를 살기 위해 노력하는 사람입니다.

야이로의 딸을 되살리고 하혈하는 부인을 고치시다

예수님의 시선

예수께서 [배를 타고] 다시 호수 건너편으로 가시자 많은 군중이 그분께로 모여왔는데 그분은 호숫가에 계셨다. 그런데 야이로라 하는 회당장 한 사람이 와서 예수를 뵙고 발치에 엎드려서 "제 어린 딸이 다 죽게 되었습니다. 부디 오셔서 그 아이에게 손을 얹어, 아이가 구원받아 살도록 해 주십시오" 하고 간곡히 청했다. 그래서 예수께서는 그와 함께 그곳을 떠났다. 많은 군중이 뒤따르면서 그분에게 마구 몰려들었다. 그중의 한 부인은 열두 해 동안이나 하혈을 해 왔는데, 그동안 여러 의사들을 찾아다니며 숱한 고생을 하고 가진 것을 모두 탕진했지만, 아무런 효험도 없을 뿐 아니라 오히려 더 심해지고 있었다.

그 부인이 예수의 소문을 들은 바 있어, 군중 속에 끼어들어서는 뒤에서 그분의 옷을 만졌다. 그는 속으로 "내가 그분의 옷만 만져도 구원받겠지" 하고 혼잣말을 했던 것이다. 그러자 그의 피 나던 곳이 금세 말끔해졌다. 그는 자신이 병고에서 낫게 된 것을 몸으로 느껴 알았다. 한편 예수께서는 당신에게서 능력이 나간 것을 스스로 즉시 알아채시고 군중을 뒤돌아보면서 "누가 내 옷을 만졌습니까?" 하고 말씀하셨다. 그러니까 제자들이 "보시다시피 군중이 선생님께로 마구 몰려들고 있는데 '누가 나를 만졌느냐?'고 말씀하시다니오?" 하고 여쭈었다. 그래도 예수께서는 그렇게 만진 사람을 찾으려고 둘러보셨다. 그러자 부인은 자기에게 일어난 일을 알았기에 두려워 떨며 나왔다. 그리고 예수 앞에 엎드리어 모든 사실을 말씀드렸다. 예수께서는 그에게 "딸이여, 그대의 믿음이 그대를 구원하였소. 평안히 가시오. 그리고 병고에서 나아 건강해지시오" 하고 말씀하셨다. 예수께서 아직 말씀하시고 계실 때에 회당장의 집에서 사람들이 와서는 "당신 딸이 죽었습니다. 이제 무엇 때문에 선생님을 수고하시게 하겠습니까?" 하고 일렀다. 예수께서는 그들이 한 말을 귓결에 들으시고 회당장에게 "두려워하지 말고 믿기만 하시오" 하고 말씀하셨다. 그리고 베드로와 야고보와 야고보의 동기 요한 외에는 어느 누구도 당신을 따라오는 것을 허락하시지 않았다. 일행은 회당장의 집으로 갔다. 거기서 예수께서는 소란스러운 법석판과 우는 사람들, 큰 소리로 통곡하는 사람들을 보셨다. 그분은 안으로 들어가시면서 그들에게 "무엇 때문에 여러분은 소란을 피우며 울고 있습니까? 그 어린이는 죽은 것이 아니라 자고 있습니다" 하고 말씀하셨다. 그러자 사람들은 예수를 비웃었

마르코복음서

다. 그분은 모두 내쫓고 어린이의 아버지와 어머니, 그리고 당신 일행을 데리고 어린이가 있는 곳으로 들어가셨다. 거기서 어린이의 손을 붙잡고 "탈리타 쿰" 하고 말씀하셨다. 번역하면 "어린 소녀야, 너에게 이르노니 일어나거라"이다. 그러자 어린 소녀는 즉시 일어나서 걸어 다녔다. 열두 살이나 되었기 때문이다. 사람들은 몹시 놀라 그만 넋을 잃었다. 예수께서는 그들에게 아무도 이 일을 모르게 하라고 엄하게 명하시고는, 먹을 것을 소녀에게 주라고 말씀하셨다. (마르 5,21-43)

복음서들 안에는 기적에 관한 이야기가 많이 있습니다. 복음서는 21세기에 사는 우리를 위해 기록되지 않았습니다. 약 2천 년 전 팔레스티나 혹은 로마제국에서 살던 사람들을 위해 기록되었습니다. 따라서 그 안에는 그 시대, 그 지역 사람들이 가졌던 교양, 지식, 편견 등이 함께 기록되어 있습니다. 오늘 우리에게 기적은 자연법으로 설명되지 않는 현상을 의미합니다. 그러나 그 시대 사람들에게 기적은 자연법과 관계없이 놀랍고 은혜로워서, 하느님이 하신 일로 보이는 사건이었습니다. 그들에게는 이 세상도 하느님이 주신 놀랍고 은혜로운 것이었습니다. 따라서 세상이 있는 것도 하느님이 하신 기적이었습니다. 아침에 동쪽 하늘에서 해가 뜨는 것도 기적이고, 사람이 살아 있는 것도 기적이었습니다.

현대 과학은 대자연의 신비를 하나씩 벗겨 가고 있습니다. 과학은 우주 공간도 정복하여 우주에 대해 많은 정보를 주었습니다. 과학이 인간 유전자를 해독하여, 사람의 성격과 장차 발생할 병까지 정확하게 알아낼 수 있는 날도 그리 멀지 않은 것으로 보입니다. 과거에는 알 수 없는 신비라고 생각하던 것들을 오늘 우리는 알아 가고 있습니다. 신비스러운 것이 없어진, 오늘 현대인의 삶입니다. 현대인은 지금 현재 이해할 수 없는 일이라도 그것을 신비라고 말하지 않고, 아직은 모르지만 장차 이해하고 설명할 날이 올 것이라 기대합니다.

성서가 기적 이야기들을 전하는 것은 하느님이 하신 놀랍고 은혜로운 일이 있었다는 사실을 알리기 위해서입니다. 현대인은 이야기 하나를 들으면, 그것이 세상에 실제로 일어난 사실인지 먼저 묻습니다. 그러나 성서가 기록될 당시의 사람들은 이야기의 사실 여부를 중요하게 생각하지 않았습니다. 그 이야기를 하는 사람이 그 안에 담아 전하는 의미가 무엇인지 물었습니다. 성서에는 실제 있었던 역사적 사실도 기록되어 있지만, 그 시대 신앙인들이 체험하고 믿던 바도 함께 기록되어 있습니다. 그것을 읽은 사람도 같은 믿음에 동참하라는 것입니다.

이 복음에는 두 기적 이야기가 있었습니다. 하나는 열두 해 동안 병을 앓았다는 어떤 부인이 예수님을 만나 치유된 이야기이고, 또 하나는 회당장 야이로의 딸이 소생한 이야기입니다. 첫 번째 이야기에서는 병을 고치기 위한 부인의 모든 노력이 수포로 끝났습니다. 찾아다닌 의사들도, 가진 재물도 아무 소용이 없었습니다. 병은 오히려 더 악화되고 있었습니다. 그 부인은 예수님에 대해 소문을 들은 바가 있어 그분에게 접근했습니다. '내가 그분의 옷만 만져도 구원받겠지' 생각하고 예수님에게 접근하자 과연 병은 나았고, 예수님의 시선이 그에게로 왔습니다. 그 여인은 예수님 앞에 엎드려 모든 것을 말씀드렸

마르코복음서

빈센트 반 고흐 「슬픔」 1882년, 영국 월솔 뉴 아트 미술관

습니다. 그러자 예수님은 말씀하십니다. "딸이여, 그대의 믿음이 그 대를 구원하였소. 평안히 가시오. 그리고 병고에서 나아 건강해지시오." '엎드려 모든 것을 말씀드린' 것은 경신敬神 행위를 뜻하고, '딸'은 이스라엘 역사에서 하느님이 여인을 부를 때 사용한 호칭입니다.

복음이 전하는 여인 이야기는 예수님에게 접근하는 신앙인이 지녀야 하는 자세를 말해 줍니다. 구원은 인간에게서, 혹은 가진 재물에서 오지 않고 예수님에게 접근해서 얻습니다. 여인은 예수님에게 다가가 그분 안에서 하느님의 일을 알아보았습니다. 많은 군중이 있어서 예수님에게 접근하기 힘들었지만, 그 여인은 어려움을 무릅쓰고 예수님 앞으로 나아갔고, 예수님의 시선이 그에게 와닿았습니다. 그리고 그것이 구원이었습니다. 사람은 예수님에게 접근하여, 그분 안에서 하느님의 일을 보고 구원받아야 한다는 이야기입니다. 복음서는 예수님의 입을 빌려 "네 믿음이 너를 구원하였다"고 말합니다.

두 번째 기적은 예수님이 죽은 소녀를 살린 이야기입니다. 두 이야기가 우리에게 알리는 것은 예수님은 고치고 살리는 하느님의 일을 하셨다는 것입니다. 예수님은 기적을 행해서 사람들을 당신에게 끌어모으거나 초능력을 과시하여 그들에게 믿음을 강요하지 않으셨습니다. 예수님은 당신께 접근하는 약자에게 시선을 주어, 고치고 살리는 하느님의 일을 행하셨습니다. 두 기적 이야기는 예수님에게 구원을 기대하고 접근하여 그분 안에서 하느님이 어떤 분인지 알아듣고 하느님을 경배하는 사람이 그리스도 신앙인이라고 말해 줍니다.

하느님은 기적으로 일하지 않으십니다. 예수님을 십자가에 못 박은 유다인들은 말합니다. "지금 십자가에서 내려와 보시지. 그러면 우리가 그를 믿을 터인데"(마태 27,42). 십자가에서 내려오는 기적을 하면 믿겠다는 말입니다. 그러나 하느님은 예수님을 기적으로 십자가에서 내려오게 하지 않으셨습니다.

신앙은 자유로운 인간이 내리는 결단입니다. 하느님의 심판이 두려워, 혹은 기적에 놀라서 하느님을 믿는 신앙이 아닙니다. 하느님이 우리 안에서 일하신다는 사실을 믿는 사람이 신앙인입니다. 자연법의 질서 안에서 일어나는 일이라도 생명을 고치고 살리는 일은 하느님이 하시는 일입니다. 이웃을 돌보고 헌신하는 우리의 모든 노력이 하느님의 일입니다. 이웃을 위한 우리의 헌신이 우리를 놀라게 하는 은혜로운 기적입니다.

재물에 목숨을 걸고 더 갖기 위해 이웃을 속이고 해치기까지 하는 사람들이 많은 세상입니다. 그런 세상에 살면서, 이웃을 위해 스스로 가난한 자 되기를 마다하지 않는 사람이 복음 말씀을 따라 사는 사람이고, 하느님의 일, 곧 기적을 행하는 사람입니다. 지위와 권력을 얻어 사람들 위에 군림하며 살고자 하는 사람들 사이에서, 가진 것 없고 힘없는 사람들의 말에 귀 기울이고 그들을 돌보는 사람이 하느님의 일, 곧 기적을 행하는 사람입니다. 사람들로부터 많은 것을 얻어 내어 제 한 몸 편하게 살려는 사람들 사이에서, 자기가 가진 것을 무상으로 베풀면서 "저희는 쓸모없는 종입니다. 저희는 당연히 해야 할 일을 했습니다"(루카 17,10)라고 말하는 사람이 하느님의 일, 곧 기적을 행하는 사람입니다. 은혜로운 일이 하느님의 일입니다. 하느님이 함께 계시면, 우리에게도 은혜로운 일이 발생합니다. 복음서의 기적 이야기들은 그 놀라움과 은혜로움을 우리도 실천하라고 초대합니다.

나자렛에서 배척당하시다

선입견을 벗어난 새로운 시야

예수께서 거기를 떠나 당신 고향으로 가셨는데 제자들도 따라갔다. 그리고 안식일이 되자 그분은 회당에서 가르치기 시작하셨다. 많은 사람들이 듣고는 놀라 이렇게 말하였다. "이 사람이 어디서 힘을 얻어 이런 일을 하는가? 이 사람한테 내린 지혜는 어떤 것일까? 그의 손으로 이런 기적들이 이루어지다니? 이 사람은 고작 장인이며, 마리아의 아들로서 야고보, 요세, 유다, 시몬과 형제간이 아닌가? 또한 그의 누이들도 여기서 우리와 함께 지내고 있지 않은가?" 그러면서 그들은 예수를 인정하지 않았다. 그래서 예수께서 그들에게 말씀하셨다. "예언자는 어디서도 모욕을 당하지 않는데 다만 자기 고향에서, 친척

마르코복음서

들 사이에서, 바로 자기 집안에서는 그렇지 않습니다." 그리하여 예수께서는 거기서 아무런 기적도 행하실 수 없었고, 단지 병자 몇 사람에게 손을 얹어 고쳐 주셨을 뿐이다. 그분은 그들의 불신에 대해서 놀라워하셨다. 예수께서는 촌락들을 두루 돌아다니면서 가르치셨다. (마르 6,1-6)

예수님이 당신 고향 나자렛에서 복음 선포를 하지 못하셨다는 이야기입니다. 예수님의 고향 사람들은 그분에 대해 이미 알고 있었습니다. 그분은 목수이고, 그분의 가족들에 대해서도 압니다. 그들은 자기네가 알고 있는 것으로 만족합니다. 그들은 그분의 말씀을 듣고 병자에게 하시는 일을 보면서도, 그분을 새롭게 보지 못합니다. 그들은 선입견에 머물러 있습니다. 예수님은 한번 가진 선입견에 머물지 말고, 이웃 안에서 새로움을 보라고 가르치셨습니다. 원수를 사랑하라는 말씀은, 이웃이 밉게 보였을 때 그것을 선입견으로 삼지 말고 그 사람의 새로운 모습을 보기 위해 노력하라는 말씀입니다. 형제를 용서하라는 말씀도 형제에 대한 한 순간의 선입견에 머물지 말고, 형제 안에서 새로운 모습을 보도록 노력하라는 말씀입니다. 예수님이 사람들의 병을 고쳐 주고 죄를 용서하신 것도, 그들이 과거의 선입견에서 벗어나 새 삶을 살게 하는 일이었습니다.

과거로부터 전해진 우리 신앙언어를 통해서도 선입견을 가질 수 있습니다. 신약성서는 예수님을 하느님의 아들이라고 말합니다. 그것은 하느님이 하늘에서 세상을 다스리는 지엄한 분이고, 예수님은 그분의 막강한 아들이라는 뜻으로 이해할 수 있습니다. 그러면 예수님은 왕이신 하느님의 후계자, 곧 세자 같은 분으로 보입니다. 그런 선입견에 머물면, 예수님의 삶과 가르침은 우리에게 아무 의미를 지니지 못합니다.

하느님에 대한 선입견도 있을 수 있습니다. 하느님을 지고지엄하신 분이라고 생각할 수 있습니다. 이 세상의 높고 엄한 사람에 준해서 생긴 말입니다. 그 선입견은 하느님이 우리를 무섭게 심판하실 것이라 생각하게 합니다. 그 선입견은 하느님이 자비하시다, 사랑하신다는 말을 무의미하게 만들어 버립니다. 그런 경우, 하느님의 자비와 사랑은 허울 좋은 빈말에 불과하고, 신앙인이 선행을 많이 하여 공로를 쌓는 데 신앙생활의 의미가 있다고 생각하게 합니다. 할인권을 모아 상품을 저렴하게 구매하듯이, 신앙생활도 전대사全大赦와 한대사限大赦를 부지런히 얻어 모아서, 지엄하신 하느님의 엄한 벌을 면하는 것이라 생각할 수 있습니다.

우리가 세상을 살아가면서 터득한 처세술의 선입견으로 하느님을 생각하면, 예수님이 가르친 하느님과 다른 하느님을 믿을 수 있습니다. 이 세상의 분배 정의를 선입견으로 삼으면, 정의로우신 하느님이라는 말은 자비와 사랑을 모르는 하느님이라는 뜻으로 들립니다. 사람들은 많이 받는 것을 좋아합니다. 그것을 하느님에 대한 선입견으로 삼으면, 하느님은 많이 바치는 사람을 돌보아 주신다고 생각할 수 있습니다. 그러면 하느님을 아버지라 부르신 예수님의 가르침은 왜곡됩니다. 『심청전』에서 효녀 심청은 아버지 눈을 뜨게 하려고 자기 몸을 인당수에 던지는 대가로 마련한 공양미 삼백 석을 바쳐야 했습니다. 대가를 치러 아버지의 눈을 뜨게 한 것입니다. 심청의 효심에 우리는 감동하면서, 공양미를 바치게 하여 아버지의 눈을 뜨게 해 준 용왕의 처사를 당연한 것으로 생각합니다. 그것이 우리의 관행이기 때문입니다.

우리가 예수님을 하느님의 아들이라 부르는 것은 예수님이 당신을 그렇게 부르라고 말씀하셨기 때문이 아닙니다. 평소에 예수님은 하느님을 아버지라 불렀지만, 그 시대 모든 유다인은 자신을 하느님의 자녀라고 믿었기에 특별한 의미를 부여하지 않을 수도 있었습니다. 예수님이 돌아가시고 부활하셔서 하느님 안에 살아 계신다고 믿던 제자들이 그분 말씀과 행적을 회상하면서, '하느님의 아들'이라는 호칭이 자연스레 나타났습니다. 제자들이 회상한 예수님은 당신이 가르친 하느님의 생명을 그대로 살고 실천하신 분이었습니다. 그 시대는 아들이 아버지의 생명을 이어받아서 산다고 생각했기에 나타난 것이 '하느님의 아들'이라는 신앙고백입니다.

예수님을 하느님의 아들이라 부르는 신앙은, 과거 인류 역사나 종교들이 상상하던 하느님이 아니라 예수님 안에서 하느님을 새롭게 이해한다는 뜻입니다. 예수님의 삶을 보면서, 하느님을 새롭게 알 수 있게 되었다는 뜻입니다. 초기 그리스도 신앙인은 유다교에서 얻은 하느님에 대한 선입견을 버리고, 예수님 안에서 알아들은 하느님의 새로움을 받아들였습니다. 그 하느님은 자비롭고 사랑하는 분이었습니다. 하느님의 자녀 된 사람은 자비롭고 사랑하시는 하느님의 생명을 이어받아, 이웃에게 실천하며 살아야 한다고 그들은 믿었습니다.

고향 사람들의 선입견 때문에 예수님은 기적을 행하실 수 없었다고 복음은 말합니다. 그들은 예수님에 대해 알던 바를 선입견으로 삼은 나머지, 그분 안에서 하느님으로 말미암은 새로움을 보지 못했습니다. 예수님이 병든 이를 고쳐 주고 마귀를 쫓으셨다는 복음서들의 말은, 병은 하느님이 주신 벌이 아니라는 사실을 보여 주었다는 뜻입니다. 벌주는 일은 자비롭고 사랑이신 아버지 하느님이 하실 일이 아니었습니다. 그것이 우리가 예수님 안에서 보아야 하는 새로움입니다. 예수님이 십자가에서 처형당하는 불행을 겪은 것은, 우리의 실패가 하느님으로부터 오는 벌이라는 선입견을 깨는 일이었습니다. 옳은 일이 옳은 일로만 통하지 않는 우리의 세상입니다. 하느님의 일을 행하신 예수님이 실패자로 생을 마감한 것은, 이 세상이 의인을 의인으로 알아보지 못한다는 사실을 보여 줍니다. 예수님의 부활은 하느님만이 인간에 대해 올바로 평가하신다는 사실을 알려 줍니다.

우리는 재물과 부귀영화를 인생 성공의 척도로 생각하는 선입견에 사로잡혀 있습니다. 그러나 예수님에게 최종 척도는 하느님이었습니다. 하느님이 사랑하고 용서하시는 분이라 우리도 사랑하고 용서해야 하고, 하느님이 자비하신 분이라 우리도 자비롭게 살아야 한다는 것이 예수님 안에서 알아듣는 새로움입니다. 복음은 예수님의 실패가 고향 사람들의 선입견에서 시작되었다고 말합니다. 그들은 선입견을 택하고 예수님의 새로움을 버렸습니다. 하느님은 불쌍히 여기고 사랑하십니다. 우리가 불행해도 고통스러워도 하느님은 가까이 계십니다. 우리가 하느님을 아버지라 부른다면, 우리도 불행하고 고통 중에 있는 사람들 가까이 있으면서 사랑하는 노력을 해야 할 것입니다.

마르코복음서

열두 제자를 파견하시다

단순하고 유연한 길

그리고 열두 제자를 가까이 부르시고, 그들을 둘씩 짝지어 파견하시며 그들에게 더러운 영들을 제어하는 권능을 주셨다. 또한 길을 떠날 때에 지팡이 외에는 아무것도 가져가지 말 것을 그들에게 명하셨으니, 곧 빵도 자루도 전대의 돈도 가져가지 말고 다만 신발은 신되 속옷도 두 벌은 껴입지 말라고 하셨다. 그리고 그들에게 이렇게 말씀하셨다. "어디서나 일단 어떤 집에 들어가거든 그곳을 떠날 때까지 거기 머물러 있으시오. 또한 어느 곳이든 여러분을 받아들이지 않고 여러분의 말도 듣지 않거든 거기서 나가며 여러분의 발밑 티끌을 털어 그들에게 증거로 남게 하시오." 그리하여 제자들은 떠나가서 사람들에게 회개하라고 선포하였다. 또한 많은 귀신들을 쫓아내고 많은 환자들에게 기름을 발라 고쳐 주었다. (마르 6,7-13)

예수님의 제자들은 그분의 죽음과 부활을 겪은 후, 그분 안에 하느님의 생명이 살아 있었다는 사실을 깨달았습니다. 그들은 예수님의 말씀과 삶을 회상하면서 그것을 배워 실천하면, 그들 안에도 하느님의 생명이 살아 있어 그들도 하느님의 자녀가 된다고 믿었습니다. 그들이 그런 노력을 하면서 문서로 남긴 것이 복음서들입니다. 마르코복음서는 예수님이 돌아가시고 약 40년 뒤인 기원후 70년경에 기록되었습니다. 이 복음은 초창기 신앙 공동체의 상황도 엿보게 해 줍니다.

복음은 예수님이 제자들을 파견하면서 당부하신 말씀을 전합니다. 초기 신앙인들은 부활하신 예수님이 성령으로 그들과 함께 살아 계신다고 믿었습니다. 따라서 복음서에는 예수님이 살아 계실 때 실제로 하신 말씀도 있고, 초기 신앙인들의 활동 상황과 마음 다짐도 함께 들어 있습니다.

예수님은 살아 계실 때, 열두 제자를 택하여 함께 살면서 그들을 가르치셨습니다. 그들은 예수님이 십자가 처형으로 돌아가시자, 실망하여 흩어져 각자 생업으로 돌아가기도 했습니다. 그들은 예수님이 부활하여 하느님 안에 살아 계신다는 사실을 각자 체험하면서 다시 모여들었습니다. 그들은 예수님이 가르치고 실천하신 바를 사람들에게 알립니다. 유다교의 율사와 사제들은 하느님께 권한과 신분을 받았다고 주장하며, 다른 사람들 앞에서 우월감을 가지고 응분의 대접을 받아야 한다고 생각하였습니다. 그리고 자기들이 만든 조직과 제도를 하느님의 이름으로 절대화하여 경직시켰습니다. 예수님의 제자들은 그런 우월감도 경직성도 주장하지 않았습니다. 예수님은 당신 제자들이 그런 우월감이나 경직성 없이, 하느님의 자녀로 자유롭게 살길 원하셨습니다. 부모를 사랑하는 자녀는 서로를 소중히 생각하며 서로의 의견을 듣고 서로를 섬깁니다. 예수님은 그 섬김이 서로의 발을 씻어 주기까지 하는 겸손한 것이길 바라셨습니다.

제자들은 예수님으로부터 "더러운 영들을 제어하는 권능"을 받았다고 복음은 말합니다. 그러나 그것은 다른 사람들이 갖지 못한 신비스러운 지배권을 받았다는 뜻이 아닙니다. 제자들의 역할이 인간을 지배하는 나쁜 힘, 곧 더러운 영들에서 사람을 해방시키는 데에 있다는 말씀입니다. 예수님으로 말미암은 신앙은 하느님과 인간의 관계를 새롭게 정립합니다. 인간 안에 어떤 무질서가 있음을 가리켜서, 그 시대 사람들은 '더러운 영' 혹은 '악령'이라고 표현했습니다. 신체적·정신적 질병과 사회적 무질서를 '더러운 영'의 조화라고 믿던 시대였습니다. 예수님의 복음 선포는 그런 무질서의 해악에서 인간을 해방시키는 일이었습니다. 마르코복음서는 예수님의 첫 번째 기적이 회당에서 정신병자를 고친 일이었다고 말하면서 "권위 있는 새로운 가르침이다. 저분이 더러운 영들에게 지시하니 그들도 복종하는구나"(1,27)라고 말합니다. 따라서 예수님이 제자들에게 주셨다는 "더러운 영들을 제어하는 권능"은 예수님이 하신 일을 제자들도 지속한다는 뜻입니다.

복음에는 "지팡이 외에는 아무것도" 가져가지 말라는 말씀이 있었습니다. "빵도 자루도 전대의 돈도 가져가지 말고 다만 신발은 신되 속옷도 두 벌은 껴입지 말라." 가벼운 옷차림과 홀가분한 마음으로 가라는 뜻입니다. 사실 그 시대 사람들은 여행을 떠날 때 많은 것을 가지고 다니지 않았습니다. 예수님은 당신 제자들이 그들보다 더 가벼운 차림으로 다니길 원하셨습니다. 가지고 다니는 짐이나 옷차림이 예수님의 제자를 만들지 않는다는 뜻입니다. 그 시대에 남의 눈에 띄는 복장을 하고, 불편에 대비하여 많은 짐을 지고 다니는 사람은 권력과 재물을 가진 자들이었습니다. 예수님의 제자들은 그런 사람들 흉내를 내지 않고, 섬기는 사람답게 단순한 옷차림과 홀가분한 마음으로 다녔다는 말입니다.

"어디서나 일단 어떤 집에 들어가거든 그곳을 떠날 때까지 거기 머물러 있으시오"라는 말씀은 얼마든지 민폐를 끼쳐도 된다는 뜻이 아닙니다. 초기 신앙 공동체는 가정 공동체였습니다. 신자들 중 넓은 집을 소유한 사람이 자기 집을 공동체의 집회 장소로 제공하고, 그런 집을 중심으로 신앙 공동체가 발족하였습니다. 따라서 집 하나가 집회 장소로 정해지면, 모두 그 집을 이용해야만 했습니다. 여기저기 옮겨 다니면 그 지역 신앙인들에게 혼란을 일으키기 때문입니다. 사도행전이나 바오로 사도의 서간들을 보면, 제자들이 선교 여행 중 거점으로 정한 곳은 가정교회라 부를 수 있는 개인 집들이었습니다.

이 복음은 신앙 공동체의 특수 계층을 위한 말씀이 아닙니다. 마르코복음서가 기록될 당시 선교는 어느 신분과 관련된 것이 아니었습니다. 신앙인들은 복음을 충실히 살며 예수님의 뒤를 따랐고 다른 사람들에게 예수님의 뒤를 따르라고 권했습니다. 그들은 가진 것과

마르코복음서

옷차림에 구애받지 않고, 홀가분한 마음으로 다니면서 복음을 전하고, 신체적 혹은 사회적 무질서의 해악에서 자유로워지도록 사람들을 가르쳤습니다. 그것은 서로 신뢰하고 사랑하며, 불쌍히 여기고 가엾이 여기는 마음으로 사는 것이었습니다.

오늘의 인류 사회는 조직의 유연함을 추구합니다. 제국주의, 봉건주의, 공산주의 사회보다 더 유연한 것이 민주주의 사회입니다. 오늘 민주주의 사회는 자발적 시민운동들을 중요하게 생각합니다. 그것은 더 큰 유연함을 향한 행보입니다. 앞으로 세계는 인간의 창의력을 존중하면서 모두가 자발적으로 참여하고 기여하는, 더 유연한 조직으로 발전할 것입니다. 오늘 우리가 가진 통신 매체들은 사람들 모두가 정보를 쉽게 공유하게 해 줍니다. 세상은 상호 의사소통이 원활하고, 서로의 다름을 존중하는 사회가 되어 가고 있습니다. 그런 사회에서는 스스로를 개방하고 유연하게 현실에 대처하는 사람과 단체가 실효성을 지닙니다. 경직된 개인이나 집단은 고립되고 실효성이 떨어지는 세상이 되었습니다. 오늘 유럽의 많은 지역에서 교회가 신앙인들로부터 외면당하는 것은, 성직자 중심의 경직된 중세 유럽의 조직을 고수한 데 그 원인의 하나가 있다고 보아야 합니다.

오늘의 교회는 예수님이 보여 주신 하느님의 일을 사람들의 삶 안에 되살려 내는 노력을 해야 합니다. 그런 갱신을 하자고 개최된 것이 '제2차 바티칸공의회'였습니다. 과거 유럽 중세 사회에서 얻은 언어와 옷차림과 제도적 경직성을 벗어던지고, 가벼운 옷차림과 홀가분한 마음으로 현대인들 안에 하느님이 사랑과 섬김으로 살아 계시게 하자는 것이었습니다. 높은 관을 쓰고 거창하게 입고 권위주의적

언어로 가르치는 교회가 아니라, 구성원들이 함께 토의하며 생각하고 서로 생각을 나누며 서로 섬기는 유연한 교회 공동체로 다시 태어나야 할 것입니다.

조상 전통 논쟁

욕망의 성취와 하느님의 축복

바리사이들과 예루살렘에서 온 율사 몇 사람이 예수께 몰려왔다. 그들은 그분의 제자 몇 사람이 부정한 손으로, 곧 씻지 않은 손으로 빵을 먹는 것을 보았다. 본디 바리사이들과 모든 유다인들은 조상들의 전통을 지켜, 한 움큼의 물로라도 손을 씻지 않고서는 음식을 먹지 않는다. 또한 시장에서 돌아와서도 몸을 씻지 않고서는 음식을 먹지 않는다. 그 밖에도 지켜야 할 전통이 많이 있으니, 잔이나 옹자배기, 놋그릇이나 [침대] 따위도 씻곤 하는 것이다. 그래서 바리사이들과 율사들은 예수께 "어찌하여 당신의 제자들은 조상들의 전통을 따라 걷지 않고 부정한 손으로 빵을 먹습니까?" 하고 물었다. 그러자 예수께서 그들에게 말씀하셨다. "이사야는 위선자들인 여러분을 두고 잘도 예언했으니, 이렇게 기록되어 있습니다. '이 백성이 입술로는 나를 공경하지만 그들의 마음은 내게서 멀리 떠나 있도다. 헛되이 나를 흠숭하나니, 그들은 사람의 계명을 교리로 가르치는도다.' 여러분은 하느님의 계명을 저버리고 사람의 전통을 지키고 있는 것입니다." 그리고 예수께서는 군중을 다시 가까이 불러 모아 그들에게 말씀하셨다. "여러분은 모두 내 말을 듣고 깨달으시오. 사람 밖에서 사람 안으로 들어가 그를 더럽힐 수 있는 것이란 아무것도 없습니다. 도리어 사람에게서 나오는 것이야말로 사람을 더럽히는 것입니다. 안에서, 곧 사람의 마음에서 나쁜 생각들이 나오는 것입니다. 음행, 도둑질, 살인, 간음, 탐욕, 악의, 속임수, 방탕, 악한 눈길, 모독, 교만, 우둔함 같은 것들입니다. 이런 악한 것들은 모두 안에서 나와서 사람을 더럽힙니다." (마르 7,1-8.14-15.21-23)

율법은 이스라엘이 함께 계시는 하느님을 기억하며 살기 위해 필요한 지침이었습니다. 모세는 설명합니다. "우리가 부를 때마다 가까이 계셔 주시는, 주 우리 하느님 같은 신을 모신 위대한 민족이 또 어디 있느냐?"(신명 4,7). 율법은 하느님이 가까이 계신 사실을 사람들에게 상기시키고, 이를 깨달은 사람은 하느님이 자신 안에서도 일하시도록 그분의 일을 스스로 실천합니다. 율법은 바로 그 깨달음과 실천이 발생하게 하는 지침이었습니다.

　　인간 사회에는 각종 법이 있습니다. 그 법을 잘 지키면 사회에서 무사히 살지만, 잘못 지키면 화를 입기도 합니다. 도로교통법을 예로, 우리가 그것을 잘 지키면 모두가 도로를 자유롭게 이용하여 잘 이동할 수 있지만, 지키지 않으면 교통사고를 내거나 범칙금을 물어야 합니다. 이스라엘에 주어진 율법은 하느님이 함께 계신 사실을 환기시키고, 그분과 함께 사는 혜택을 누리도록 도와줍니다. 그것은 인간의 자유를 제한하는 것이 아니라, 하느님과 함께 사는 자유의 혜택을 누리도록 합니다. 하느님의 일을 인간이 자유롭게 실천하도록 도와주는 것이 율법입니다.

이스라엘은 600년 가까운 세월을 강대국의 식민지로 살았고, 예수님 시대에는 로마제국 식민지였습니다. 오랜 식민지 생활을 겪은 이스라엘이 식민 지배를 벗어나 국권을 회복하는 것은 그들의 숙원이었습니다. 그 민족적 숙원을 성취하기 위해, 당시 유다교 실세들이 제시한 것은, 율법을 충실히 지켜 하느님의 도움을 얻어서 독립하자는 것이었습니다. 이 복음의 '바리사이파 사람과 율사'는 그런 주장을 하던 유다교의 실세들입니다. 그들이 오늘 시비是非의 주제로 삼은 것은 '조상의 전통'이라 불리는 당대의 위생법입니다.

팔레스티나는 서쪽에 지중해를 두고, 북쪽과 남쪽과 동쪽을 사막이 둘러싸고 있습니다. 비는 1월과 2월 사이 한 달 동안만 오고, 평소는 매우 건조합니다. 바람이 불면, 주변 사막의 모래가 날려 옵니다. 우리나라가 한 해에 몇 번씩 겪는 황사현상이 그곳에서는 우기雨期인 1~2월을 제외하고 일 년 내내 일어난다고 생각하면 됩니다. 물이 귀한 지방이라 사람들은 물을 아낍니다. 그 지역 여건을 생각하면, 이 복음이 말하는 '조상의 전통'이라는 위생법을 쉽게 이해할 수 있습니

폴 시냐크 「아비뇽 교황청」 1909년, 프랑스 파리 오르세 미술관

마르코복음서

다. 음식 먹기 전에는 반드시 손을 씻고, 시장에서 돌아오면 몸을 씻으라는 법입니다. 잔이나 단지나 놋그릇 등, 음식물을 담는 용기들도 자주 씻으라는 법입니다.

율법을 철저히 지켜야 한다는 강요는 율법의 존재 의미는 제쳐 둔 채, 지켜야 한다는 강박관념만 심어 주었습니다. 숲은 보지 못하고 나무만 보게 된 것입니다. 복음에서 '조상의 전통'을 따르지 않는다고 항의하는 자들에게 예수님은 말씀하십니다. "여러분은 하느님의 계명을 저버리고 사람의 전통을 지키고 있는 것입니다." 율법은 인간과 함께 계시는 하느님의 일을 실천하여, 하느님이 인간 삶 안에 주님으로 살아 계시게 하는 데 그 목적이 있었습니다. 그러나 유다교 실세들은 율법을 이스라엘 국권 회복이라는 인간 욕망의 성취 수단으로 삼아 버렸습니다. 그러면서 율법을 문자대로 철저히 지켜야 한다고 사람들에게 강요하였습니다.

우리 욕망을 성취하고, 그것을 하느님이 주신 축복이라 생각하는 경우는 우리에게도 흔히 있습니다. 예수님 시대 유다교 지도자들이 하던 오해와 같은 것입니다. 입학시험에 자녀가 성공하면 하느님의 축복이고, 사업이 잘되거나 선거에 출마하여 당선되면 하느님이 축복하셨다고 생각하는 오해들입니다. 모든 일이 하느님 안에서 이루어지는 것은 사실입니다. 그러나 하느님은 몇 사람을 예뻐해서 그들의 염원을 이루어 주고, 다른 사람들은 실패하게 하는 분이 아닙니다. 이스라엘이 예쁘다고, 그들을 지배하던 로마제국을 망하게 하지 않으셨습니다. 하느님은 당신을 믿는 축구 선수들을 예뻐해서, 상대 팀을 패배하게 하지 않으십니다. 하느님께 빌어서 다른 사람보다 더 많은 것을 얻어 내어, 자기 혼자 잘되겠다는 것은 인류가 생겨나면서부터 가져 온 욕심입니다. 우리 조상들은 중요한 일 앞에 정화수를 떠놓고 빌고, 가물면 기우제를 지냈습니다. 『심청전』에 나오는 심청은 공양미 300석을 바치고 아버지 눈을 뜨게 하는 특권을 얻었습니다.

중요한 일을 앞두고 하느님에게 기도하지 말자는 말이 아닙니다. 받은 것을 은혜롭게 생각하지 말자는 것도 아닙니다. 다만 나 한 사람의 뜻이 이루어진 것을 하느님의 축복으로 생각하고 말하지 말자는 것입니다. 복음은 말합니다. "여러분은 하느님의 계명을 저버리고 사람의 전통을 지키고 있는 것입니다." 하느님에게 빌면 나에게 특혜를 베풀어 주신다는 생각은 인간 이기심의 소치입니다. "하느님 나라는 이미 여러분 가운데 있습니다"(루카 17,21)라고 예수님은 말씀하셨습니다. 하느님께 혜택을 받았다고 믿는 사람은 그것을 자랑하지 않고 그 은혜를 다른 사람에게 실천하여, 하느님이 우리 안에 살아 계시게 합니다.

제2차 세계대전 중이던 1944년, 독일 나치 수용소에서 서른아홉의 젊은 나이로 처형당한 독일 신학자가 있습니다. 본회퍼라는 개신교 목사입니다. 그분이 옥중에서 남긴 시가 있습니다. 그는 그 시에서 우리가 하는 일과 하느님이 하시는 일을 설명합니다.

사람들은 비통할 때 하느님을 찾습니다.
그분께 빵과 기쁨을 달라고, 도움을 달라고 부르짖습니다.
병에서, 죄에서, 죽음에서 구해 달라고 기도합니다.
그리스도를 믿는 이도 믿지 않는 이도 모두가 하는 일입니다.

신앙인이든 비신앙인이든 모두가 실천하는 우리의 관행이라는 말입니다. 시는 계속됩니다.

> 사람들은 하느님이 비통할 때 하느님을 찾습니다.
> 가난하고 천하고, 쉴 곳도 먹을 것도 없는 하느님을 봅니다.
> 죄와 연약함과 죽음에 버려진 하느님을 봅니다.
> 하느님이 고통당하시는 동안 그리스도인은 하느님 곁에 있습니다.

그리스도인은 불행한 이웃, 버려진 이웃 안에 계시는 하느님을 본다는 말입니다. 그리고 그 이웃을 돕는 것은 그 안에 계시는 하느님을 알아보고 그분과 함께 있는 것이라는 말입니다. 시는 이렇게 끝맺습니다.

> 하느님은 비통함에 잠긴 모든 사람을 찾아오십니다.
> 하느님은 당신 빵으로 그들의 몸과 마음을 먹이십니다.
> 하느님은 그리스도인과 믿지 않는 이를 위해
> 십자가에서 죽으셨습니다.
> 모든 사람을 용서하기 위한 일이었습니다.

하느님은 비통함에 잠긴 모든 이, 신앙인이든 비신앙인이든 상관없이 모든 이와 함께 계시고, 우리를 통해서 그들을 위해 일하신다는 말입니다.

귀먹은 반벙어리를 고치시다

예수님 안에서 체험하는 해방과 구원

그리고 예수께서는 다시 티로 지역을 떠나 시돈을 거쳐 갈릴래아 호수로, 데카폴리스 지역 한가운데로 가셨다. 사람들이 귀먹은 반벙어리 한 사람을 예수께 데리고 와서 그에게 손을 얹어 주십사고 간청하였다. 그래서 예수께서는 그를 군중 가운데서 따로 데리고 나오시어 당신 손가락을 그의 두 귀에 넣으셨다가 침을 뱉어 그의 혀를 만지셨다. 그러고는 하늘을 우러러보고 한숨을 쉬시며 그에게 "에파타", 즉 "열려라" 하고 말씀하셨다. 그러자 [즉시] 그의 귀가 열리고 그의 굳은 혀도 풀렸으니, 그는 제대로 말을 하였다. 예수께서는 이 일을 누구에게도 말하지 말라고 그들에게 엄명하셨다. 그러나 엄명하실수록 그들은 더욱더 널리 알렸다. 사실 그들은 소스라치게 놀라서 말하기를 "그분은 모든 일을 좋게 하셨구나. 저 귀머거리들은 듣게 하시고 저 벙어리들은 말을 하게 하셨구나" 하였다. (마르 7,31-37)

예수님이 청각장애인 한 사람을 고치십니다. 귀도 들리지 않고, 말도 더듬는 사람 하나를 사람들이 예수님께 데려왔습니다. 예수님은 그 사람의 두 귀에 당신 손가락을 넣었다가 침을 발라 그의 혀에 손을 대고, 하늘을 우러러 한숨을 내쉰 다음 "에파타"라고 말씀하십니다. 그 시대 청각장애인을 치유할 때 사람들이 흔히 하던 동작입니다. 당시는 기름, 술, 침 같은 액체가 치유 효력을 지녔다고 믿었습니다. 손가락을 환부에 대는 것은 기氣를 넣는 행위입니다. 하늘을 우러러 한숨을 내쉬는 것은 하늘에서 기의 힘이 내려오도록 하는 동작입니다.

그 시대 치유자들과 같은 동작을 예수님이 하였다는 말은 예수님이 그 장애인을 치유하였다는 말입니다. 이 복음은 이사야 예언서 (35,5)를 인용하여 사람들이 한 말이라고 전합니다. "그분은 모든 일을 좋게 하셨구나. 저 귀머거리들은 듣게 하시고 저 벙어리들은 말을 하게 하셨구나." 예수님이 예언서가 예고한 구원적인 일을 행하셨다는 말입니다. 초기 신앙 공동체가 예수님에 대해 믿던 바를 예언서의 언어를 빌려 표현한 것입니다.

그리스도 신앙은 예수님으로 말미암아 발생한 삶의 운동입니다. 신앙은 하느님에 대한 신비스러운 이론이 아니고, 하느님의 힘을 빌려 기적을 행하겠다는 야망도 아니며, 사후 내세를 위한 안전 대책도 아닙니다. 신앙은 오늘 우리 삶 안에 하느님을 살아 계시게 합니다. 예수님은 우리와 함께 계시는 하느님을 깊이 깨닫고, 하느님이 하시는 일을 실천하셨습니다. 그리스도 신앙은 예수님에게 배워서 하느님이 우리 삶 안에 살아 계시게 합니다.

예수님을 만나고 체험한 사람들은 그분 사후에, 그분에 대한 이야기들을 남겼습니다. 그들은 예수님에 대한 이야기들을 복음, 곧 기쁜 소식이라 불렀습니다. 그분의 말씀과 실천 안에서 그들이 해방과 구원을 체험하였다는 말입니다. 그분과 접촉하여 그들은 참으로 자유로울 수 있는 삶을 배웠습니다. 그들은 그분의 말씀과 실천에서 자비하신 하느님, 우리와 함께 계시는 하느님을 체험했고 기쁨을 누렸습니다. 그들은 체험한 바를 기록으로 남겼고, 그것이 후에 복음서들을 포함한 신약성서가 되었습니다.

하느님은 우리가 자유로이 살길 원하십니다. 그리스도 신앙은 무엇을 강요하거나 인간을 지배하고 군림하는 하느님을 말하지 않습니다. 그분은 자유를 소중히 생각하십니다. 텔레비전 채널을 마음대로 선택하고 가게에서 원하는 상품을 마음대로 골라 사듯이, 우리 각자는 자기 소신대로 선택하며 자기 인생을 삽니다. 그리스도 신앙인은 초기 신앙인들이 예수님에 대해 남긴 말들을 참조하여 자기 처지에 맞는 실천들을 자유롭게 선택하여 실행하며 삽니다.

예수님이 한 청각장애인을 고친 이야기 안에는 우리의 장애도 고치는 예수님에 대한 초기 신앙인들의 믿음과 체험이 들어 있습니다. 사람은 누구나 듣고 말하는 데 장애를 지닐 수 있습니다. 사람이 자신을 과대평가하면. 이웃의 말을 그대로 알아듣지 못할 수 있습니다. 자기가 아는 것이 많아서, 자기의 신분 서열이 높아서, 남의 말을 들을 필요가 없다고 생각하며 자기도취에 빠질 수 있습니다. 자기도취는 이웃의 말이 들리지 않는 장애 현상입니다. 그런 사람은 스스로를 과시하는 말만 즐겨 하고 다른 사람을 위한 배려는 하지 못합니다. 자기 안에 있는 한(恨)이나 미움을 배설하는 데 급급한 사람도 이웃의 말을 듣지 못하는 장애인입니다. 그런 사람은 이웃에게 해방과 기쁨이 되는 말을 하지 못합니다.

예수님은 우리가 가진 장애들을 하느님의 도움을 받아 극복하는 운동을 일으킨 분입니다. 예수님은 아버지의 뜻을 이루기 위해 살라고 가르치셨습니다. 하느님은 자녀를 키우는 부모와 같이 사랑하고 배려하는 분입니다. 예수님은 그 하느님이 하시는 일을 우리도 배워 실천하자고 가르치셨습니다. 자신만을 소중히 생각하면, 이웃을 있는 그대로 보지 못합니다. 이웃의 말을 듣지도 못합니다. 그리고 이웃에게 기쁨이 되는 말을 하지도 못합니다. 하느님은 우리가 그분의 사랑과 배려를 실천할 때 우리와 함께 계십니다. 하느님을 믿는 신앙인은 그 실천으로 인류 역사 안에 하느님의 뜻이 이루어지도록 노력합니다.

자신에게 이로운 말만 듣고, 이웃을 배려하지 못하고, 자기 말만 하는 장애를 넘어서 하느님의 자녀로 자유롭게 살자는 것이 그리스도 신앙 운동입니다. 그것은 인류 역사 안에 살아 계시는 하느님의 뜻을 이루는 일입니다. 이 복음은 갈릴래아 호숫가에서 예수님이 한 청각장애인을 고친 이야기를 하면서, 예수님으로부터 비롯된 그리스도 신앙은 우리를 새로 듣고 새로 말하게 한다고 알립니다. 예수님은 당신 자신에 도취되어 살지 않았습니다. 예수님은 당신의 죽음을 앞두고도 "제가 원하는 대로 하지 마시고 아버지께서 원하시는 대로 하소서"(마르 14,36)라고 기도하면서 하느님의 자녀 된 사람의 자유가 어떤 것인지 보여 주셨습니다.

예수님은 그 시대 유다교 사회의 관행을 따르지 않았습니다. 예수님은 유다교가 외면하던 죄인들과 어울리면서 그들의 말을 듣고, 그들에게 해방과 기쁨이 되는 말씀을 하셨습니다. 하느님은 죄인들도 포함한 모든 이의 하느님이십니다. 그 하느님의 생명을 살아야 한다는 의미에서, 예수님은 하느님을 아버지라 불렀습니다. 예수님은 "섬기는 사람이 되어야 합니다 … 모든 이의 종이 되어야 합니다"(마르 10,43-44)라고 제자들에게 간곡히 말씀하셨습니다. 섬기는 사람은 자기 말을 강요하지 않고 상대의 말을 듣습니다. 섬기는 사람은 상대가 기뻐할 일을 찾아서 행합니다. 세상 사람들이 이상으로 삼는 것은 자기 말을 남이 듣게 하는 것입니다. 그래서 높은 사람, 재물을 많이 가진 사람이 되고자 합니다. 어찌 보면, 남의 말을 듣지 못하는 장애 상태를 성공이라고 생각하는 세상입니다. 그리스도 신앙인은 세상일을 버리고, 하느님의 일을 실천하겠다고 나선 사람입니다. 복음은 하느님이 "저 귀머거리들은 듣게 하시고, 저 벙어리들은 말을 하게 하셨구나"라고 말합니다. 예수님과 하느님은 이웃의 말을 귀담아들을 수 있게, 이웃에게 기쁨과 구원이 되는 말을 할 수 있게 하시는 분이라는 뜻입니다.

베드로의 메시아 고백

복음 때문에 제 목숨을 소모하는 세계

예수와 당신 제자들은 카이사리아 필리피 근처 촌락으로 떠났다. 그분은 길을 가시며 제자들에게 "사람들이 나를 누구라고 합디까?" 하고 물으셨다. 그러자 제자들은 이렇게 말씀드렸다. "세례자 요한이라고들 합니다만, 다른 이들은 엘리야라고도 하고 또 다른 이들은 예언자들 중의 한 분이라고도 합니다." 이어 예수께서 그들에게 "그러면 여러분은 나를 누구라고 하겠습니까?" 하고 물으시니, 베드로가 대답하여 "선생님은 그리스도이십니다" 하였다. 그러자 예수께서는 그들을 나무라시며 당신에 관해서 아무에게도 말하지 말라고 하셨다. 그리고 예수께서는 제자들을 가르치기 시작하셨으니, 곧 인자는 마땅히 많은 고난을 겪고 원로들과 대제관들과 율사들에게 버림을 받아 죽임을 당했다가 사흘 후에 다시 살아나야 한다는 것이었다. 예수께서는 명백히 이 말씀을 하셨다. 그러자 베드로는 그분을 붙들고 나무라기 시작했다. 이때 예수께서 돌아서서 제자들을 보시고는 베드로를 꾸짖으며 "내 뒤로 물러가라, 사탄아! 하느님의 일은 생각하지 않고 사람들의 일만 생각하는구나" 하셨다. 그러고서 예수께서는 당신 제자들과 군중을 가까이 부르시고 그들에게 이렇게 말씀하셨다. "누가 내 뒤를 따르려면 자기 자신을 버리고 제 십자가를 지고 나를 따라야 합니다. 사실 제 목숨을 구하려는 사람은 목숨을 잃을 것이요, 나 때문에 또한 복음 때문에 제 목숨을 잃는 사람은 목숨을 구할 것입니다." (마르 8,27-35)

예수님은 제자들에게 두 번 질문하십니다. 첫 질문은 '사람들이 나를 누구라고 합디까?' 입니다. 이 질문에 제자들은 세례자 요한이라고도 하고, 엘리야 혹은 예언자 가운데 한 사람이라 말한다고 대답합니다. 이 대답은 예수님이 살아 계실 때 사람들이 그분을 예언자라고 생각하였다는 사실을 반영합니다. 두 번째 질문은 "여러분은 나를 누구라고 하겠습니까?"입니다. 이 질문에 베드로가 대답합니다. "선생님은 그리스도이십니다." 그리스도라는 고백은 예수님이 돌아가시고 부활하신 후, 초기 신앙인들이 그분을 부르던 호칭입니다.

초기 신앙인들이 기록한 복음서들은 예수님의 전기 같지만, 역사적으로 고증된 사실만을 보도하는 현대의 전기가 아니라 그들이 믿고 있던 바를 기록한 것입니다. 이 복음에도 예수님에 대한 초기 제자들의 믿음이 가미된 사실을 볼 수 있습니다. "선생님은 그리스도"라고 베드로는 고백합니다. 이 고백을 들은 예수님은 당신에 대해 아무에게도 말하지 말라고 이르시면서, 당신이 유다인 지도자들의 배척으로 죽임을 당하고 사흘 만에 다시 살아날 것이라고 말씀하십니다. 초기 신앙인들이 예수님을 그리스도라 믿은 것은 그분이 돌아가시고 부활하신 후의 일이었습니다. 이 복음이 베드로의 고백을 아무에게도 말하지 말라고 한 예수님의 금명禁命을 전하는 것은, 부활하신 그리스도는 유다인들이 기다리던 그리스도, 곧 메시아가 아니라는 것입니다. 그 메시아는 이스라엘을 강대국으로 만들고 그들의 소원을 이루어 주는 인물입니다. 예수는 그런 메시아, 곧 그리스도가 아니었습니다.

예수님이 돌아가시고 부활하신다는 말씀에 베드로가 예수님을 붙들고 반박합니다. 배척당하고 무력하게 죽는 메시아는 있을 수 없다는 유다인들의 정서가 반영된 반박입니다. 복음서는 예수님의 격한 반응을 소개합니다. "내 뒤로 물러가라, 사탄아! 하느님의 일은 생각하지 않고 사람들의 일만 생각하는구나." 이 말씀에는 예수님의 죽음에서 하느님의 일을 보아야 한다는 초기 신앙인들의 믿음이 가미되어 있습니다. 그 죽음을 하나의 패배로만 보는 것은 사람이 하는 일입니다. 복음서들이 전하는 수난사를 보면, 유다교 대사제와 율사들은 예수님을 십자가에 달아 놓고 조롱합니다. "이스라엘의 왕 그리스도는 지금 십자가에서 내려와 보시지. 그러면 우리가 보고 믿을 터인데"(마르 15,32). 그들은 실패자로 죽어 가는 예수님 앞에서 자기들의 승리를 뽐내고 있습니다. 무기력하게 죽어 가는 예수는 하느님과 관련이 있을 수 없다는 것이 그들 생각입니다. 그것은 사람들이 늘 하는 생각입니다.

복음은 예수님의 입을 빌려 말합니다. "누가 내 뒤를 따르려면 자기 자신을 버리고 제 십자가를 지고 나를 따라야 합니다. 사실 제 목숨을 구하려는 사람은 목숨을 잃을 것이요, 나 때문에 또한 복음 때문에 제 목숨을 잃는 사람은 목숨을 구할 것입니다." 이것이 초기 신앙인들의 깨달음이고 실천입니다. 십자가로 끝난 예수님의 말씀과 실천을 복음이라 부른 것이, 그분의 죽음과 부활을 겪은 초기 신앙인들이 한 일입니다.

복음은 그 시대 유다인들이 가졌던 메시아상을 근본적으로 수정합니다. 그들이 상상한 메시아는 이스라엘을 해방시키고 강대국으로 만들어 주는 영광스러운 인물입니다. 복음은 그것이 사람들이 받는 유혹이라 지적합니다. 인류는 하느님을 말하면서 자기 욕망의 성취를 항상 꿈꾸었습니다. 인간을 성공시켜 주고 부귀와 영화를 주는 하느님을 상상했습니다. 인류는 비를 내려 달라고 하늘에 빌고, 병들었을 때는 신에게 빌어서 병을 고친다고 믿었습니다.

예수님으로부터 비롯된 그리스도 신앙은 전혀 다른 하느님을 생각하게 합니다. 하느님을 이용하여 내가 잘되겠다는 믿음이 아닙니다. 하느님을 배워서 그분의 일을 실천하겠다는 신앙입니다. 따라서 예수님께 배워 하느님을 믿는 사람은 하느님을 아버지라 부릅니다. 자녀는 아버지의 생명을 살면서 아버지가 하는 일을 배워 실천합니다. 아버지가 자비와 사랑을 실천하는 분이면, 그 자녀도 자비와 사랑

외젠 뷔르낭 「무덤으로 달려가는 베드로와 요한」 1898년, 프랑스 파리 오르세 미술관

을 배워 실천하며 삽니다.

예수님은 율법을 지키고 제물을 바쳐서 하느님으로부터 혜택을 얻는다는 유다교의 가르침을 거부하셨습니다. 그것은 이 세상에서 일어나는 일을 연장하여 상상한 것입니다. 이 세상에서 인간은 높은 사람의 법을 지키고, 높은 사람에게 정성을 바쳐야 잘살 수 있습니다. 복음에서 예수님은 사람의 일만 생각한다고 베드로를 격하게 비난하셨습니다. 예수가 그리스도라면, 당연히 세상의 강자로 군림해야 한다는 베드로의 생각을 예수님이 비난하신 것입니다.

예수님을 그리스도로 믿는 것은, 그분의 죽음을 중심으로 발생한 것입니다. 유다인들에게 메시아는 새 질서의 세계를 여는 존재입니다. 예수가 메시아인 것은, 그분으로 말미암아 하느님을 중심으로 한 새 질서의 세계가 열렸기 때문입니다. "자기 십자가를 지고 예수님을 따르는" 질서의 세계, 곧 예수님 때문에, 또 복음 때문에 제 목숨을 소모하는 세계입니다. 하느님의 일을 실천하는 세계입니다.

예수님 안에서 우리가 발견하는 하느님은 강자도 높은 분도 아닙니다. 예수님 안에서 우리가 보는 하느님의 일은 자기 스스로를 내어 주고 베푸는 데 있습니다. 하느님을 아버지로, 자비롭고 사랑하시는 아버지로 부르는 것은 스스로를 내어 주시는 분임을 뜻합니다. 사람들이 상상하듯이, 하느님은 사람들을 지켜보고, 심판하고, 벌주는 분이 아닙니다. 지켜보고 심판하는 것은 아버지가 아닌 사람들, 곧 높고 강하다는 이 세상의 사람들이 하는 일입니다.

신약성서는 하느님을 자비로우신 분, 사랑하시는 분이라고 말합니다. "우리가 하느님을 사랑했다는 것이 아니라 오히려 그분이 우리를 사랑"(1요한 4,10)하셨음을 의미합니다. 신약성서는 하느님이 우리를 사랑하신다는 사실을 먼저 받아들이라고 말합니다. 그것이 그리스도 신앙의 시작이고, '하느님의 일을 생각하는' 행위입니다. 우리는 사랑을 잘 믿지 못합니다. 내가 사랑한 만큼 상대방이 응답하여 사랑하지 않으면 우리는 불안합니다. 그리고 즉시 사랑을 취소합니다. 우리는 자신을 소중히 생각한 나머지 대가 없이 사랑하지 못합니다. 하느님의 사랑 안에 머물러 대가 없이 베풀고 사랑하는 길을 배워야 합니다. "자기 자신을 버리고 제 십자가를 지고 예수님을 따르면서 …."

영광스러운 변모

돌보고 가엾이 여기시는 분

엿새 후에 예수께서는 베드로와 야고보와 요한을 데리고 나서시어 그들만을 따로 이끌고 높은 산으로 올라가셨다. 그리고 예수께서는 그들 앞에서 모습이 변하셨으니, 그 옷은 이 세상의 어떤 마전장이도 그렇게 희게 할 수 없을 만큼 새하얗게 번쩍였다. 이때 엘리야가 모세와 함께 그들 앞에 나타나서 예수와 이야기를 나누고 있었다. 그러자 베드로가 참견하여 예수께 "라삐, 저희가 여기서 지내면 좋겠습니다. 그러니 저희가 초막 셋을 지어 하나는 라삐께, 하나는 모세에게, 하나는 엘리야에게 드리겠습니다" 하고 말씀드렸다. 사실 베드로는 무슨 말을 해야 할지 몰랐으니, 제자들은 두려움에 짓눌렸던 것이다. 이

마르코복음서

윽고 구름이 일어 그들을 감쌌는데 그 구름에서 이런 소리가 울렸다. "이는 내 사랑하는 아들이니, 너희는 그의 말을 들어라." 그들이 얼른 둘러보았으나 이미 아무도 보이지 않고 그들 곁에는 예수만 계셨다. 그리고 그들이 산에서 내려올 때에 예수께서는 그들에게 엄명하시어, 인자가 죽은 이들 가운데서 다시 살아날 때까지는 그들이 본 바를 아무에게도 이야기하지 말라고 하셨다. 그래서 그들은 이 말씀을 지켰지만 죽은 이들 가운데서 다시 살아난다는 것이 무슨 뜻인지 서로 캐어물었다. (마르 9,2-10)

오늘은 예수님의 모습이 영광스럽게 변했던 사실을 기념하는 축일입니다. 복음은 예수님이 돌아가시고 부활하신 후, 초기 신앙인들이 예수님을 어떻게 이해하였는지를 한 폭의 그림과 같은 이야기 안에 담았습니다. 예수님과 제자들은 높은 산에 올라와 있습니다. 모세와 엘리야가 나타나 그분과 대화합니다. 베드로는 그 자리에 초막 셋을 지어, 예수님, 모세, 엘리야, 세 분을 모시고 살겠다고 제안합니다. 복음은 그 제안이 아무런 의미가 없는 것이었다고 지적합니다. 제자들이 모두 겁에 질려서 베드로가 무슨 말을 해야 할지 몰랐다고 변명도 해 줍니다.

복음서는 이 이야기로 제자들이 예수님에 대해 무엇을 깨달았는지 말하려 합니다. 복음에 나오는 높은 산, 예수님의 모습이 변한 것, 빛나고 흰 옷, 구름 속에서 나는 소리 등은 구약성서가 하느님이 나타나셨다는 사실을 말할 때 사용한 표상들입니다. 이 표상들로 이야기를 꾸미면서, 이 복음은 제자들이 예수님 안에서 하느님의 일을 보았다는 사실을 알리려 합니다.

예수님이 십자가에서 돌아가시고 부활하신 후, 제자들은 예수님에 대해 회상합니다. 그들은 예수님이 모세와 예언자들을 닮았음을 깨닫고, 모세와 엘리야를 등장시켰습니다. 모세는 하느님에 대해 깨달아 이스라엘 신앙의 시조가 된 인물입니다. 엘리야는 하느님에 대해 말한 이스라엘 예언자들의 대표입니다. 그러나 예수님은 모세와 예언자들만으로는 설명이 되지 않는 분이었습니다. 그래서 예수님의 입을 빌려 "인자가 죽은 이들 가운데서 다시 살아날 때까지는 그들이 본 바를 아무에게도 이야기하지 말라"고 합니다. 예수님은 모세와 예언자들을 닮은 분이지만, 그것만으로 예수님을 다 알았다고 말할 수 없고, 그분의 죽음과 부활을 보태어 생각해야 한다는 뜻입니다.

모세는 하느님의 현존에 대해 깨닫고, 사람들을 가르쳤습니다. 그는 이집트에서 태어나 자랐지만, 하느님이 그 시대의 권력자인 파라오와 함께 계시지 않고 천대받는 이스라엘 사람들과 함께 계시다는 사실을 체험했습니다. 그는 함께 계시는 하느님을 믿고 이스라엘 사람들을 지도하여, 이집트 탈출을 감행했습니다. 그 거사의 성공으로 사람들은 하느님이 과연 이스라엘과 함께 계신다는 사실을 확신하게 되었습니다. 함께 계시는 하느님에 대한 믿음은 해방과 구원을 주는 것이었습니다. 하느님은 함께 계실 뿐만 아니라, 사람을 "돌보아 주고 가엾이 여기는 선하신 분"(탈출 33,19)으로 체험되었습니다.

초기 그리스도인들은 예수님이 살아 계실 때 행하신 일들이, 과거 모세가 깨달은 '돌보아 주고 가엾이 여기는 선하신' 하느님의 일이었다는 사실을 알게 되었습니다. 예수님은 사람들의 병을 고쳐 주고, 마귀를 쫓으며, 죄인으로 낙인찍힌 사람들에게 용서를 선포하셨습니다. 그것은 돌보아 주고 가엾이 여기는 선한 일들로, 사람들을 해방시켜 자유롭고 보람 있게 살도록 해 주셨습니다.

예언자들은 과거 이스라엘 역사에서 하느님에 대한 말이 왜곡되었을 때, 그것을 바로잡으려 노력한 인물들입니다. 그들은 함께 계시는 하느님에 대한 원초의 체험으로 돌아가자고 부르짖었습니다. 이스라엘 역사에서 왕과 사제들은 그 사회 기득권자들이었습니다. 그들은 하느님을 빙자하여 치부致富하고 대우받길 원하는 경우가 많았습니다. 예언자들은 그들의 횡포에 맞서 비판하면서, 하느님은 돌보아 주고 가엾이 여기는 분이라는 사실을 선포했고 목숨을 기꺼이 바쳤습니다.

초기 신앙인들은 예수님을 회상하면서 과거 예언자들의 모습을 발견했습니다. 그 시대 유다교 율사와 사제들은 하느님을 빙자하여 사람들 위에 군림하려 하면서, 자비하신 하느님을 은폐했습니다. 그들은 율법을 철저히 지키지 못하고 성전의 제물 봉헌에 충실하지 못한 사람들을 모두 심판하실 무서운 하느님을 가르치면서, 그들 자신이 남을 심판하는 높은 사람이 되었습니다. 예수님은 "무겁고 [힘겨운] 짐들을 묶어 사람들의 어깨에 메우고 자신은 그것을 나르는 데 손가락도 대려 하지 않습니다"(마태 23,4)라며 그들의 자세를 지적하고 비판하셨습니다.

예수님은 모세가 체험하고 가르친 하느님을 깊이 믿으셨습니다. 그리고 과거 이스라엘의 예언자들이 잘못된 신앙을 비판하는 데 목숨을 아끼지 않았듯이, 예수님도 하느님에 대해 가르치고 하느님 나라의 일을 실천하는 데 혼신의 힘을 다하셨습니다. 예수님은 함께 계시는 하느님을 온 마음으로 받아들여, 돌보고 가엾이 여기시는 그분의 일을 온몸으로 실천하셨습니다.

초기 신앙인들은 예수님을 하느님의 아들이라 일컬었습니다. 하늘나라의 호적을 보았거나, 유전자 감식으로 친자 확인을 했다는 뜻은 물론 아닙니다. 예수님을 하느님의 아들이라 일컫는 것은 예수님이 하느님의 생명을 살았다는 고백입니다. 그분은 참으로 하느님의 아들로서, 아버지보다 자기 자신을 더 내세우지 않습니다. 예수님은 군림하려 하지 않고, 섬기는 아들이었습니다. 그분은 당신이 "섬김을 받으러 온 것이 아니라 섬기러 왔다"(마르 10,45)고 제자들에게 말씀하셨습니다. 예수님은 그 말씀대로 사셨습니다.

그리스도 신앙은 우리 자유 안에 하느님의 생명이 살아 계시게 하는 운동입니다. 나 한 사람 잘되기 위한 자유가 아닙니다. 오늘 우리 사회를 혼탁하게 하는 것은 자기 한 사람, 혹은 자기가 속한 집단을 위한 아집입니다. 자기를 위해서는 무엇이든 할 수 있다는 기득권자들의 오만 방자한 횡포가 사회에도 교회 안에도 있습니다. 그리스도인은 예수님 안에서 읽어 낸 자유, 선하신 하느님의 자유를 살기 위해 노력합니다. 하느님을 믿는 것은 이기적 아집을 벗어나, '돌보아 주고 가엾이 여기는' 선하신 하느님의 자유를 배워 실천하는 데 있습니다.

수난과 부활에 대한 두 번째 예고

인간은 사후의 일을 모른다

그들은 거기서 떠나 갈릴래아를 지나갔는데, 예수께서는 누구에게도 알려지는 것을 원치 않으셨다. 사실 예수께서는 당신 제자들을 가르치시며 "인자는 사람들의 손에 넘겨지고 사람들은 그를 죽일 것입니다. 그러나 인자는 죽임을 당했다가 사흘 후에 다시 살아날 것입니다" 하고 말씀하셨던 것이다. 그런데 제자들은 이 말씀을 알아듣지 못했고 그분께 묻는 것조차 두려워하였다. 그들은 카파르나움으로 갔다. 집에 당도하자 예수께서는 제자들에게 "여러분은 길에서 무엇 때문에 수군거렸소?" 하고 물으셨다. 그러나 그들은 잠자코 있었다. 사실 길에서 그들은 자기들 가운데서 누가 제일 큰 사람이냐고 서로 수군거렸던 것이다. 예수께서는 앉으셔서 열두 제자를 불러 놓고 말씀하셨다. "누가 첫째가 되고자 하면 모든 이 가운데서 말째가 되어 모든 이를 섬기는 사람이 되어야 합니다." 그리고 예수께서는 어린이 하나를 데려다가 제자들 가운데에 세우고 껴안으시며 그들에게 말씀하셨다. "내 이름으로 이런 어린이들 가운데 하나를 받아들이는 사람은 나를 받아들이는 것이요, 나를 받아들이는 사람은 나를 받아들이는 것이 아니라 나를 파견하신 분을 받아들이는 것입니다." (마르 9,30-37)

예수님이 제자들에게 따로 가르치신 바가 있었다고 복음은 말합니다. 유다교 전통이 가르치던 것과 다른 가르침이 있었다는 뜻입니다. 예수님은 당신이 죽임을 당하고 부활하실 것이며, "누가 첫째가 되고자 하면 모든 이 가운데서 말째가 되어 모든 이를 섬기는 사람이 되어야 합니다"라고 제자들에게 말씀하셨습니다. 예수님은 어린이 하나를 그들 앞에 세우고 그를 껴안으시며 그들에게 또 말씀하십니다. "내 이름으로 이런 어린이들 가운데 하나를 받아들이는 사람은 나를 받아들이는 것이요, 나를 받아들이는 사람은 나를 받아들이는 것이 아니라 나를 파견하신 분을 받아들이는 것입니다."

복음서들은 모두 예수님이 당신의 죽음과 부활을 세 번 예고하셨다고 말합니다. 이 복음에서도 예수님은 당신의 죽음과 부활을 예고하십니다. 예수님은 하느님의 아들이니까, 당신의 죽음과 부활을 미리 알고 예언하였다고 생각할 수 있습니다. 그러나 그렇게 생각하면, 예수님을 온전한 인간이라고 말하는 그리스도 신앙의 근본을 부인하는 것입니다. 인간은 자기가 겪을 미래의 일을 소상히 알지 못합니다. 그 사회의 권력자나 기득권층을 거슬러 말하면 불이익을 당할 수 있다는 정도는 알아도, 그것이 어떤 형태로 실현될 것인지는 모릅니다.

예수님이 당신의 죽음과 부활을 예고하는 복음서의 말들은, 그분이 살아생전 하신 말씀을 그대로 옮겨 놓은 것이라 생각할 수 없습니다. 예수님이 죽임을 당하고 부활할 것이라는 사실을 미리 아셨다면, 그분의 죽음은 참다운 죽음이 아니라 잠시 죽는 시늉을 한 것에 불과합니다. 인간은 사후의 일을 모릅니다. 신앙인들은 죽어서 하느님에게 간다고만 믿고 죽어 갑니다. 예수님도 하느님의 뜻이 이루어질 것을 빌고, 그분을 부르면서 죽어 가셨습니다. 예수님은 아버지이신 하느님을 향한 시선을 놓치지 않고 돌아가셨습니다. 예수님이 참으로 죽으셨다는 사실을 표현하기 위해 사도신경은 "십자가에 못 박혀 돌아가시고 묻히셨으며 저승에 가셨다"고 말합니다. 유다인들은 사람이 죽으면 죽음의 나라인 저승으로 간다고 믿었습니다. 따라서 이 사도신경 구절은 예수님의 죽음이 여느 인간의 죽음과 같았다는 말입니다.

예수님이 돌아가시자 제자들은 당황했습니다. 제자들이 그분의 부활을 기다린 흔적은 복음서들 안에 전무합니다. 예수님이 부활하여 발현하셨다는 소식을 듣고도 그들은 믿지 않았고(마르 16,14), 실제 나타나셨을 때도 그들 중 "몇몇은 의심을 품었습니다"(마태 28,17). 부활은 제자들이 기대하고 기다렸던 일이 아니었습니다. 복음서들이 예수님 당신이 죽음과 부활을 세 번씩이나 예고하셨다고 기록한 데는 이유가 있었습니다. 초기 신앙인들은 예수님의 죽음이 "당신을 내

루카 시뇨렐리 「채찍질당하는 예수」 1505년경, 이탈리아 베네치아 프란체티 미술관

마르코복음서

어 주고 쏟으신" 결과였다고 결론지었습니다. 그들은 성찬을 거행하면서 그 사실을 깨달았습니다. 복음서들이 기록될 무렵의 대다수 신앙인들은 예수님을 직접 만나지 못한 사람들입니다. 복음서 저자들은 예수님이 우연히 체포되어 돌아가신 것이 아니라, 스스로 당당히 십자가를 향해 가셨다는 사실을 알리고 싶었습니다. 그들은 예수님이 내어 주고 쏟는 사랑의 삶을 사셨고 "사람들을 끝까지 사랑하신" (요한 13,1) 결과가 죽음이었다는 사실을 말하고자 그분이 당신의 죽음을 세 번이나 예고하셨다고 기록했습니다.

이어서 섬기는 사람이 되라는 말씀이 나옵니다. 예수님이 어린이 하나를 안으시면서 어린이를 받아들여 섬기는 사람이 되라고 말씀하십니다. 그 시대 어린이는 보잘것없는 사람을 의미합니다. 우리 세상에도 섬김은 있습니다. 높고 강한 사람에 대한 섬김입니다. 종이 주인을, 병사가 상관을, 약한 자가 강한 자를 섬깁니다. 그것은 약자가 강자의 그늘에서 강자의 권력과 재물의 혜택을 받으며 살기 위한 수단입니다. 그것이 우리가 당연하다고 생각하는 이 세상의 질서입니다.

복음에서 예수님이 권하시는 것은 전혀 다른 질서입니다. "첫째가 되고자 하면 모든 이 가운데서 말째가 되어 모든 이를 섬기는 사람이 되어야" 한다고 말씀하십니다. 예수님은 하느님의 나라를 가르치셨습니다. 하느님은 높은 권좌에서 군림하며 사람들의 섬김을 받는 방식으로 계시지 않습니다. 그것은 이 세상 권력자가 하는 일입니다. 하느님은 자비하십니다. 하느님은 사랑하십니다. 우리가 하느님을 전능하신 분이라고 말하는 것은 자비와 사랑에 전능하시다는 뜻입니다. 우리도 자비로울 수 있고 사랑할 수 있으나, 우리는 자신의 자비와 사랑에 상대방이 보답하길 기대합니다. 하느님은 보답을 기대하지 않으십니다. 그래서 복음은 어린이를 등장시킵니다. "어린이들 가운데 하나를 받아들이는 사람은 나를 받아들이는 것이요 … 나를 파견하신 분을 받아들이는 것입니다." 아무런 보답이 없는 곳에 자비와 사랑을 실천하라는 말씀입니다. 그것이 예수님께 배워서 하느님의 자녀로 사는 길입니다.

교회는 이 섬김과 더불어 발족하였습니다. 사도행전은 성령이 오셔서 교회가 발족하였다고 말합니다. "협조자, 곧 아버지께서 내 이름으로 보내 주실 성령께서 모든 것을 여러분에게 가르쳐 주실 것이고 [내가] 여러분에게 말한 모든 것을 생각나게 해 주실 것입니다"(요한 14,26). 성령은 예수님이 가르친 섬김을 생각나게 하고 실천하게 하신다는 말입니다. 교회는 섬김이나 봉사라는 단어를 많이 사용하지만, 교회 안에는 신분의 서열이 있습니다. 과거 로마제국과 유럽 봉건사회에서 권력과 지배를 상징하던 신분 개념입니다. 그리고 그에 따른 복장과 호칭들도 있습니다. 그런 것이 유령처럼 교회 안에서 살아 움직입니다. 그런 것에 짓눌려 버린 성령은 예수님의 말씀을 교회 안에 살려 내지 못하시는 듯이 보입니다. '말째가 되어' 섬겨야 한다는 말씀이 교회 안에서 실천으로 살아나지 못하고, 창백하게 퇴색된 문자로 성서 안에만 남아 있습니다.

성령은 예수님께서 가르치시고 실천하신 바를 우리 안에 다시 살아나게 하는 하느님의 숨결이십니다. 우리는 세례와 견진에서 성령을 받았습니다. 오늘 우리 안에 '말째가 되어' 섬기겠다는 마음이 있는지 점검해 보아야 합니다. 성령이 우리 욕심에 짓눌려 죽어 버리시

마르코복음서

지 않았는지 반성해야 합니다. 약자 앞에서 무자비하고 이웃에 대한 우월감으로 살고 있다면, 우리는 '말째가 되어' 섬기는 길에서 멀리 떨어져 있습니다. 성령이 우리 안에 살아 계셔야 합니다. "모든 이를 섬기는 사람이 되라"는 예수님의 말씀이 우리의 실천 안에 살아나야 합니다.

이혼 논쟁, 어린이를 사랑하시다

사람을 살리는 하느님의 일

바리사이들이 다가와서는 그분을 시험하려고 "남편이 아내를 버려도 됩니까?" 하고 물었다. 그러자 예수께서는 그들에게 "모세가 여러분에게 어떻게 명했습니까?" 하고 되받아 물으셨다. 그들이 "이혼장을 써 주고 아내를 버리는 것을 모세는 허락했습니다" 하자 예수께서는 이렇게 말씀하셨다. "모세는 여러분의 완고한 마음 때문에 그 계명을 적어 여러분에게 남겼습니다. 그러나 하느님께서는 창조의 시초부터 그들을 남성과 여성으로 만드셨습니다. 이 때문에 사람이 자기 아버지와 어머니를 떠나 [자기 아내와 합하여] 그 둘은 한 몸이 될 것입니다. 따라서 그들은 이미 둘이 아니고 한 몸입니다. 그러므로 하느님이 짝지어 주신 것을 사람이 갈라놓아서는 안 됩니다." 그 후 집에서 제자들이 다시 그 일에 대하여 예수께 물으니 그분은 이렇게 말씀하셨다. "자기 아내를 버리고 다른 여자와 결혼하는 자는 그와 간음하는 것입니다. 또한 아내가 자기 남편을 버리고 다른 남자와 결혼해도 간음하는 것입니다." 그리고 사람들이 어린이들을 예수께 데리고 와서 어루만지시게 하려고 했다. 그러자 제자들이 저들을 나무랐다. 예수께서 보시고는 언짢아하시며 제자들에게 말씀하셨다. "어린이들이 내게 오도록 그대로 두시오. 그들을 가로막지 마시오. 사실 하느님의 나라는 이런 이들의 것입니다. 진실히 여러분에게 이르거니와, 어린이처럼 하느님 나라를 받아들이지 않는 사람은 결코 그곳으로 들어가지 못할 것입니다." 그러고서는 어린이들을 껴안으시고 그들에게 손을 얹어 축복하셨다. (마르 10,2-16)

결혼한 부부에 대한 이야기와 어린이에 대한 이야기 모두 하느님이 어떤 분이신지 우리에게 말해 줍니다. 첫째 이야기는 모세가 허락한 대로 남편이 아내를 버려도 좋으냐는 바리사이의 질문으로 시작합니다. 예수님은 그것이 모세가 남성들에게 준 특권이 아니라, 지켜야 하는 법이었다고 말씀하십니다. 사람들의 마음이 완고하기에 그 사실을 감안해 모세가 그 법을 제정해 주었다는 말씀입니다. 유다인들은 그 법을 남성에게 허락된 특권이라 생각했고, 예수님은 그것이 남성의 학대에서 여성을 구출하는 수단으로 모세가 제정한 법이었다고 말씀하십니다.

인류 역사는 강자가 약자를 학대한 이야기로 꾸며져 있습니다. 인류 역사가 여성의 인권을 생각하기 시작한 것은 아주 최근입니다. 현대에도 여성을 학대하는 문화권이 있습니다. 유엔이 발간한 세계 인권 현황을 보면, 세계 곳곳에서, 특히 중동 이슬람 문화권에서 많은 여성이 여러 학대를 당하고 있습니다. 한 남자에게 아내를 네 명까지 법적으로 허용하는 국가들이 있습니다. 그리고 아버지나 남편 뜻을 거역한 여성을 잔인하게 체벌하는 나라들도 있습니다.

　　복음에서 바리사이가 거론하는 것은 신명기(24,1)가 전하는 법입니다. "아내가 남편의 눈 밖에 나면 남편은 이혼 증서를 써 주고 그 여자를 집에서 내보낼 수 있다"는 법입니다. 당시는 철저한 남존여비에 일부다처 사회였습니다. 여성이 남편 눈 밖에 나면, 그 여성은 학대당하면서 살아야 했습니다. 모세는 그런 여성을 남편의 학대에서 구출하기 위해 집에서 내보내라는 법을 만들었습니다. 남성들은 그 법을 자신에게 주어진 특권으로 해석했지만, 실제 그 법은 남성의 학대에서 여성을 해방시켜 살리는 법이었습니다.

　　예수님은 창세기 2장의 창조 설화를 인용하면서 "하느님이 짝지어 주신 것을 사람이 갈라놓아서는 안 됩니다"라고 말씀하십니다. 예수님은 남편이 아내를 버리게 하여 약자인 여성을 구해 내는 소극적 방법이 아니라, 두 사람 사이에 하느님이 살아 계셔야 한다고 가르치십니다. "하느님이 짝지어 주신" 부부라는 말씀은, 하느님의 자비와 사랑과 은혜로우심을 두 사람이 서로에게 실천하며 살아야 하는 관계라는 뜻입니다.

　　창세기 2장은 하느님이 남자의 갈비뼈에서 여자를 만들었다고 말합니다. 갈비뼈는 심장을 보호하고 심장의 고동이 들리는 뼈입니다. 부부는 서로 심장의 고동을 들으면서 상대를 보호하고 위해 주는 관계라는 말입니다. 창세기는 여성은 남성을 "거들어 줄 짝"이라고도 말합니다. 여기서 '거들어 준다' 혹은 '돕는다'는 말은 보조 역할을 의미하지 않습니다. 성서는 하느님도 인간을 거들어 주고 도와주신다고 말합니다. 그렇다면 부부는 서로 심장의 고동을 들으며, 곧 상대의 뜻을 존중하며 거들고 도와서 상대를 살리는 노력을 하는 관계라는 뜻입니다. 사람이 사람을 돕고 살리는 일은 서로 상대의 존재를 은혜롭게 생각하고 자비롭게 행동하는 데 있습니다. 그것은 하느님이 하시는 일입니다. "하느님이 짝지어 주셨기에" 두 사람 사이에 하느님이 살아 계시게 하라는 뜻입니다. 그러면 두 사람은 헤어질 이유가 없습니다. 자비롭고 선하신 하느님은 인간을 짝지어 주고, 함께 있어 행복하게 하십니다. 그러나 인간의 마음은 완고하여 미워하고 서로 갈라집니다.

둘째 이야기에서는 사람들이 어린이를 데려와서 예수님께 축복해 달라고 청하자, 제자들이 그들을 막았습니다. 예수님은 제자들의 행동을 언짢아하시고 어린이를 받아 안고 축복하시면서 "하느님의 나라는 이런 이들의 것입니다"라고 말씀하시고, "어린이와 같이 하느님의 나라를 받아들여야" 한다고 말씀하십니다. 이 말씀은 어린이와 같이 겸손하라는 교훈이 아닙니다. 사실 어린이는 겸손하지 않습니다. 어린이는 작고 약합니다. 어린이는 자신감을 갖지 못한 채 부모에게 배우고, 베풀어진 것을 받아들입니다. 하느님의 나라를 받아들이는 사람은 그런 자세, 곧 자신감을 갖기보다는, 예수님 안에서 우리가 알아들은 하느님을 배우고 아버지라 부르며 그분과 함께 있기 위해 노력한다는 말씀입니다.

남녀가 부부로 가정을 이루고 살 때, 두 사람은 하느님의 자비와 사랑을 살아야 합니다. 두 사람이 서로 심장의 고동을 듣고, 상대를 거들어 주어 살리고 용서하면, 은혜로우신 하느님의 일이 두 사람 사이에 살아 있습니다. 하느님의 나라를 받아들이는 사람은 어린이와 같이 스스로 자랑하지 않으며, 자신감을 갖지도 않습니다. 사람을 무시하지도, 짓밟아서 불행하게 만들지도 않습니다. 함께 있는 배우자를 은혜로운 존재로 생각합니다.

가톨릭교회에는 이 복음을 근거로 한 '결혼의 불가해소법'이 있습니다. 결혼한 부부는 헤어질 수 없다는 법입니다. 부부가 이혼하고 다른 사람과 재혼하면, 신앙생활에 장애가 있다고 말하는 법입니다. 그러나 그 법은 사람을 살리는 복음 정신에 부합하지 않습니다. 교회는 사람을 살리는 하느님의 일을 실천해야 합니다. 인간 마음이 완고한 것을 감안한 모세는 법을 만들어 남성의 학대에서 여성을 구출하였습니다. 예수님은 먼저 하느님의 일을 생각하십니다. 예수님은 부부를 '하느님이 짝지어 주셨으므로' 하느님을 의식하고 그분의 자비와 은혜로우심을 서로 실천하라고 말씀하십니다. '결혼의 불가해소법'은 부부가 헤어지지 말아야 한다는 원칙에만 충실하고, 자비하신 하느님을 잊었습니다. 하느님이 사라지면, 완고하고 모진 인간의 마음만 남습니다. 혼배조당법도 그 모진 인간 마음의 산물입니다.

그리스도 신앙은 결혼했거나 이혼했거나, 어른이거나 어린이거

장 바티스트 시메옹 샤르댕 「식사 전 기도」 1740년경, 프랑스 파리 루브르 박물관

나 모두에게, 하느님은 사람을 사랑하고 살리는 자비로운 분이라는 사실을 알립니다. 그 자비하신 하느님을 선포하고 그분 일을 실천하는 그리스도 공동체가 되어야 합니다. 많은 상처를 받고 이혼한 사람, 새 배우자를 맞아 행복하게 살려는 사람에게 자비하신 하느님은 살아 계십니다. 교회는 그들을 축복하고 그들 안에도 하느님의 자비와 사랑이 살아 있게 도와야 할 것입니다.

마르코복음서

부자 청년이 떠나가다

무엇이 우리에게 힘을 주는가

예수께서 길을 떠나시는데 한 사람이 달려와서 그분 앞에 무릎을 꿇고 "선하신 선생님, 제가 영원한 생명을 물려받으려면 무엇을 해야 합니까?" 하고 물었다. 그러자 예수께서는 그에게 이렇게 말씀하셨다. "왜 나를 선하다고 합니까? 하느님 한 분 외에는 아무도 선하지 않습니다. 당신은 계명들을 알고 있지요. '살인하지 말라, 간음하지 말라, 도둑질하지 말라, 거짓 증언하지 말라, 손해 끼치지 말라, 너의 아버지와 어머니를 공경하라'고 했습니다." 그러자 그 사람은 예수께 "선생님, 그런 것은 제가 소년 시절부터 다 지켜 왔습니다" 하고 말씀 드렸다. 예수께서는 그를 눈여겨보고 대견하게 여기시며 말씀하셨다. "당신에게 한 가지가 부족합니다. 가서 가진 것을 모두 팔아 가난한 사람들에게 주시오. 그러면 하늘에서 보물을 차지하게 될 것입니다. 그리고 와서 나를 따르시오." 그러나 그는 이 말씀 때문에 슬픔에 잠겨 근심하면서 물러갔다. 사실 그는 많은 재산을 가지고 있었던 것이다. 그러자 예수께서는 주위를 둘러보시면서 제자들에게 "재산을 가진 사람들이 하느님 나라에 들어가기는 참으로 어렵구려!" 하고 말씀하셨다. 제자들은 예수의 말씀을 듣고 놀랐다. 예수께서는 거듭 그들에게 말씀하셨다. "어린 친구들! 하느님 나라에 들어가기란 참으로 어렵구려! 부자가 하느님 나라에 들어가는 것보다는 낙타가 바늘귀로 빠져나가는 것이 더 쉽습니다." 그러자 그들은 더욱 놀라 서로 말하기를 "그렇다면 누가 구원받을 수 있겠는가?" 하였다. 예수께서 그들을 눈여겨보시면서 말씀하셨다. "사람들은 할 수 없으나 하느님은 그렇지 않습니다. 하느님은 무슨 일이나 다 하실 수 있기 때문입니다." 베드로가 예수께 "보시다시피 저희는 모든 것을 버리고 선생님을 따랐습니다" 하고 여쭈었다. 예수께서 말씀하셨다. "진실히 여러분에게 이릅니다. 나 때문에 또한 복음 때문에 집이나 형제나 자매나 어머니나 아버지나 자녀나 토지를 버린 사람으로서 그 백 배를 되받지 못할 사람은 아무도 없습니다. 지금 현세에서는 박해도 당하겠지만 집과 형제와 자매와 어머니와 자녀와 토지를 되받고 또한 내세에서는 영원한 생명을 받을 것입니다." (마르 10,17-30)

부자 청년과 예수님이 나눈 대화가 먼저 나옵니다. 예수님에게 접근한 청년은 "영원한 생명을 받으려면 무엇을 해야 하는지" 물으며, 유다인으로 어려서부터 율법을 잘 지켜 왔다고 말씀드립니다. 예수님은 "그를 대견하게 눈여겨보시며" 말씀하십니다. "가진 것을 모두 팔아 가난한 이들에게 주고 … 그리고 와서 나를 따르시오." 그러나 그는 예수님을 따르지 않습니다. 그 시대 대다수 유다인들의 선택이기도 합니다. 그들이 예수님을 따르려면 너무 많은 것을 잃어야 했습니다. 바오로 사도는 장래가 촉망되던 유다교 바리사이파 율사였습니다. 그가 그리스도 신앙으로 전향한 후, 필리피인들에게 보낸 편지에서 이렇게 회상합니다. "나의 주님이신 그리스도 예수께 대한 고귀한 인식으로 말미암아 모든 것을 해로운 것으로 여깁니다. 그분 때문에 나는 모든 것을 잃었지만 그것을 쓰레기로 여깁니다"(3,8).

복음은 그 청년이 부자였다는 사실을 들어, 재물이 신앙에 큰 장애가 될 수 있다고 말합니다. 가진 것을 팔아 가난한 이들에게 주고 예수님을 따르라는 말씀은 모든 사람에게 하신 명령이 아닙니다. "모든 것을 버리고 스승을 따랐다"는 베드로의 고백을 오늘 복음에 도입하기 위한 말이기도 합니다. 부자 청년과 같이 예수님을 따르지 못한 사람도 있었고, 예수님의 제자들처럼 모든 것을 희생하고 그분을 따른 사람들도 있었다는 사실을 알리는 말씀입니다.

복음서들 안에 재물을 경계해야 한다는 말은 여러 번 나옵니다. 마르코복음서는 말씀의 씨가 뿌려져도 "세상 걱정과 재물의 유혹과 … 욕심이 밀고 들어오자 말씀은 숨이 막혀 열매를 맺지 못합니다"(4,19)라고 말합니다. 마태오복음서는 "하느님과 재물을 함께 섬길 수는 없습니다"(6,24)라고 말합니다. 재물에 대한 애착은 하느님도 이웃도 보지 못하는 경지로 우리를 쉽게 몰고 갑니다. 진지한 모든 종교는 어느 수준의 무소유를 권장합니다. 재물이 발산하는 현란한 빛은 인간을 쉽게 무분별하게 만듭니다. 가진 것이 적으면, 사람이 돋보입니다. 그러나 많은 것이나 값비싼 명품으로 스스로를 치장하면, 한 인간의 존엄성이 훼손되기도 합니다. 자기 스스로 보잘것없는 인간임을 고백하는 것입니다.

그리스도 신앙은 모든 이에게 가진 것 전부를 버리라고 말하지 않습니다. 어느 수준 이상의 부자는 '바늘귀를 빠져나가지 못하는' 낙타와 같이 구원받을 수 없고, 어느 수준 이하의 재물을 가진 사람은 구원받는다고 말하지도 않습니다. 복음은 가졌거나 가지지 않았거나, 재물에 대한 집착을 경계하고 자유로운 사람으로 살라고 권합니다. 자유로운 사람은 자기가 가진 것을 필요로 하는 사람에게 나누어 주기도 합니다. 가진 것을 나누는 마음이 자유로운 마음입니다. 바오로 사도는 필리피인들에게 쓴 편지에서 다음과 같이 고백합니다. "나는 어떤 처지에서도 자족하는 법을 배웠습니다. 나는 궁핍하게 살 줄도 알고 풍족하게 살 줄도 압니다. 배부르거나 배고프거나, 풍부하거나 궁핍하거나 나는 어떤 일, 어떤 경우에도 적응할 수 있는 비결을 가지고 있습니다. 내게 힘을 주시는 분을 통해서 나는 모든 일을 해낼 수 있습니다"(4,11-13). 하느님으로 말미암아 자유를 누린다는 말씀입니다.

우리도 자신에게 힘을 주는 것이 무엇인지 자문해 보아야 합니다. 내가 집착하는 재물이 나에게 힘을 주는지, 혹은 바오로처럼 하느

　마르코복음서

님이 힘을 주시는지 물어보아야 합니다. 그리스도 신앙인은 하느님을 택한다고 약속한 사람입니다. 신앙인은 때때로 하느님 앞에 눈감고 앉아서 반성해 보는 사람입니다. 하느님이 자신을 움직이는 동기가 되도록 삶의 궤도를 수정합니다.

우리를 움직이는 하느님이 어떤 분인지도 생각해 보아야 합니다. 부자 청년은 예수님을 "선하신 선생님"이라 불렀습니다. 예수님은 그 말을 고칩니다. "왜 나를 선하다고 합니까? 하느님 한 분 외에는 아무도 선하지 않습니다." 당신 안에 살아 계신 하느님을 의식한 예수님의 말씀입니다. 하느님은 선하십니다. 우리도 선하기 위해 노력한다면, 우리를 움직이는 것은 하느님이고, 그분으로 말미암은 자유를 누릴 것입니다.

"재산을 가진 사람들이 하느님 나라에 들어가기는 참으로 어렵다"는 예수님의 말씀에 제자들이 놀라며 "그렇다면 누가 구원받을 수 있겠는가?" 서로 묻자, 예수님이 대답하십니다. "사람들은 할 수 없으나 하느님은 그렇지 않습니다. 하느님은 무슨 일이나 다 하실 수 있기 때문입니다." 이것이 예수님이 믿고 계신 하느님이고, 당신 안에 살아 계신 하느님입니다. "예수 믿으면 구원받고 불신하면 지옥 간다"고 직간접으로 말하는 길거리 선교사들이 알리는 하느님과는 전혀 다릅니다. 하느님이 하시는 일과 사람이 하는 일의 차이는 여기에 있습니다. 선하신 하느님은 선한 일을 하십니다. 그러나 선하지 못한 우리는 선하신 하느님에 대한 말도 선하지 않게 합니다.

복음은 율법을 충실히 지키면서 재물과 명예를 얻기 위해 살기보다는, 많은 것을 버리고 잃는 아픔을 겪더라도 예수님을 따르는 제자가 되라고 권합니다. 예수님을 따르는 길은 그분이 보여 준 선하신 하느님의 일을 실천하는 데 있습니다. 굶주린 사람에게 먹을 것을, 목마른 사람에게 마실 것을 주고, 병든 이를 찾아보는 선한 실천입니다. 예수님은 "여러분의 좋은 행실을 보고 하늘에 계신 여러분의 아버지를 찬양하게 하시오"(마태 5,16)라고 분부하십니다. 선하신 하느님을 믿는 사람은 선한 실천을 한다는 말씀입니다.

예수를 따른다는 것

베풂과 섬김의 손길

제베대오의 아들들인 야고보와 요한이 예수께 다가와서 "선생님, 저희가 선생님께 청하는 대로 저희에게 해 주시기 바랍니다" 하고 여쭈었다. 예수께서 그들에게 "내가 당신들에게 무엇을 해 주기 바랍니까?" 하고 물으시니 그들은 이렇게 청했다. "선생님이 영광스럽게 되실 때 저희를 하나는 선생님 오른편에, 또 하나는 왼편에 앉게 해 주십시오." 그러자 예수께서 말씀하셨다. "당신들은 스스로 청하고 있는 것이 무엇인지도 모릅니다. 당신들은 내가 마시는 잔을 마실 수 있으며 내가 받는 세례를 받을 수 있습니까?" 그들은 "할 수 있습니다" 하고 대답했다. 그러자 예수께서 이렇게 말씀하셨다. "당신들도 내가 마시는 잔을 마실 것이고, 내가 받는 세례를 받을 것입니다. 그러나 내 오른편이나 왼편에 앉는 것은 내가 해 줄 수 있는 일이 아니고 그 것은 정해진 사람들에게 돌아갈 것입니다." 그런데 다른 제자 열 사람이 듣고서는 야고보와 요한을 언짢게 여기기 시작했다. 그러자 예수께서 그들을 가까이 부르시고 이렇게 말씀하셨다. "여러분도 알다시피 백성들을 다스린다는 사람들은 엄하게 지배하고 그 높은 사람들은 백성들을 억압합니다. 그러나 여러분 사이에서는 그럴 수 없습니다. 오히려 여러분 가운데서 크게 되고자 하는 사람은 여러분을 섬기는 사람이 되어야 합니다. 또한 여러분 가운데서 첫째가 되고자 하는 사람은 모든 이의 종이 되어야 합니다. 사실 인자도 섬김을 받으러 온 것이 아니라 오히려 섬기고 또한 많은 사람들을 대신해서 속전으로 자기 목숨을 내주러 왔습니다." (마르 10,35-45)

이 복음은 하느님이 하시는 일과 사람이 원하는 바가 얼마나 다른지 보여 줍니다. 제자 두 사람이 그들의 소원을 예수님에게 말씀드립니다. 복음서는 그들이 "제베대오의 두 아들 야고보와 요한"이었다고 말합니다. 그들이 청한 것은 예수님이 "영광스럽게 되실 때" 곧 메시아로 이 세상에 나타나서 통치하실 때, 한 사람은 예수님의 오른편에, 또 다른 한 사람은 왼편에 앉게 해 달라는 것입니다. 예수님이 통치하시는 영광스러운 메시아의 나라에서 두 형제가 모두 높은 자리에 앉아 세도를 부리게 해 달라고 청한 것입니다.

예수님은 당신이 마실 잔을 제자들도 마시고, 당신이 받을 세례를 제자들도 받을 것이라고 말씀하십니다. 여기서 당신의 잔을 마신다, 혹은 당신의 세례를 받는다는 말은 예수님과 같이 십자가를 진다는 뜻입니다. 그리고 이 세상의 통치자들은 백성 위에 군림하고 세도를 부리지만, 예수님을 따르는 제자는 사람들을 섬겨야 한다고 말씀하십니다. "여러분 가운데서 크게 되고자 하는 사람은 여러분을 섬기는 사람이 되어야 합니다. 또한 여러분 가운데서 첫째가 되고자 하는 사람은 모든 이의 종이 되어야 합니다. 사실 인자도 섬김을 받으러 온 것이 아니라 오히려 섬기러 왔다"는 말씀입니다.

예수님은 그들의 염원을 근본적으로 수정하십니다. 예수님을 따르는 일은 입신출세하는 길이 아니라, 하느님의 자녀로서 하느님의 생명이 하시는 일을 실천하는 것이고, 그 일은 종과 같이 사람들을 섬기는 데 있다고 말씀하십니다. 예수님은 더 설명하십니다. 첫째가 되는 길은 모든 이의 종이 되어 섬김을 실천하는 것이며, 예수님 자신도 섬김을 받으러 온 것이 아니라 섬기러 왔다고 말씀하십니다. 예수님은 십자가에 처형되기 전날, 제자들과 마지막 만찬을 하시면서 유언으로 성찬을 남기셨습니다. 그 성찬의 중심을 이루는 말씀은 "너희를 위해 내어 주는 몸", "너희를 위해 쏟는 피"입니다. 예수님의 생애를 요약하는 말씀입니다. 스스로를 내어 주고 쏟아서 사람들을 섬긴 삶이었습니다.

흔히 우리는 하느님을 믿어서 그분의 축복을 받아 나 혼자 혹은 내 가족이 잘되는 것이 신앙이라고 생각합니다. 두 제자가 예수님에게 청한 것도 그런 맥락에 있습니다. 우리의 소원을 이루기 위한 그리스도 신앙이라면, 하느님은 우리의 민원을 해결해 주는 해결사에 지

카스파르 다비트 프리드리히 「해변의 수도승」 1808/1810년, 독일 베를린 구 국립 미술관

나지 않습니다. 그렇다면 우리가 하느님을 아버지라 부르고, 그분 뜻이 이루어지길 비는 것은 다른 의도를 감춘 처세술입니다. 거기에는 얄팍한 이해타산이 숨겨져 있습니다. 하느님에게 아부하여, 우리가 원하는 것을 받아 내겠다는 것입니다.

예수님은 당신의 죽음을 앞두고 이렇게 기도하셨습니다. "아빠 아버지, 아버지께서는 어떤 일이든 하실 수 있사오니, 이 잔을 저에게서 거두어 주소서. 그러나 제가 원하는 대로 하지 마시고 아버지께서 원하시는 대로 하소서"(마르 14,36). 예수님이 하느님을 아버지라 부른 것은 그분을 기분 좋게 해 드려서 자기 소원을 이루려는 수작이 아니었습니다. 예수님은 당신 생명이 위협받는 순간에도 하느님의 뜻을 따라 살겠다고 기도하셨습니다. 예수님은 당신 몸을 내어 주고 피를 쏟아 죽으면서까지 하느님의 뜻을 소중히 생각하셨습니다.

우리는 각자 자기 자신을 대단히 소중히 생각하며 삽니다. 그것이 세상에서 현명하게 사는 길입니다. 내가 입신양명해야 하고, 내가 부귀영화를 누려야 합니다. 우리는 그런 목적에 손상을 주는 일은 피하고, 발전하기 위해 최선을 다하며 삽니다. 이웃을 위해 하는 것도 대부분 어떤 보상을 얻기 위한 것입니다. 그리고 그것이 당연하다고 생각합니다.

예수님은 제자들에게 섬기는 사람이 되라고 말씀하셨고, 이를 기초로 교회 안에 봉사 직무를 교계제도로 조직했습니다. 교계제도라는 신분 계급으로 포장된 것은 교회가 철저한 신분 사회였던 로마제국과 중세 봉건사회를 거치면서 받은 영향 때문입니다. 그 시대에는 신분에 따라 인간의 실효성이나 사회에 미치는 기여가 달랐기에, 신분 서열을 포함시킨 교계제도로 조직했던 것입니다.

오늘 우리가 사는 세상에는 신분 서열이 없습니다. 인간의 실효성도 신분과 비례하지 않습니다. 오늘과 같이 평등한 사회에서는 인간 각자가 행하는 실천의 실효성이 중요합니다. 사람의 신분을 묻지 않고, 사람의 실천이 어떤지를 봅니다. 그런 현대 세계에서 신분 서열과 동일시된 교회의 봉사 직무는 섬김을 은폐합니다. 서품敍品이라는 말이 인간의 품위品位를 구별하는 듯, 사람들을 착각하게 만듭니다. 예수님은 메시아로 군림하지 않았는데, 사람들은 신분 서열로 군림하겠다고 착각합니다. 오늘의 사회에서 신분을 강조하는 인간 집단의 실효성은 저하됩니다. 오늘날은 인간의 효율성이 신분에서 나오는 것이 아니라, 사람을 존중하고 겸손하게 남의 말을 듣고 솔직히 토의하는 데서 나오기 때문입니다. 로마제국도 사라지고, 중세 봉건사회도 없어졌습니다. 섬김을 위한 봉사 직무라면, 섬김이 돋보이게 교회 직무를 재편하고, 섬김이라는 하느님의 뜻이 실현되도록 복음화되어야 합니다.

이 세상에는 베풂과 섬김이 많이 있습니다. 어떤 시인은 이렇게 노래하였습니다. "한 송이의 국화꽃을 피우기 위해 / 봄부터 소쩍새는 / 그렇게 울었나 보다." 한 송이의 국화꽃도 우연한 것이 아니라, 섬김이 있어 피었다는 말입니다. 우리의 생존을 위해 많은 베풂과 섬김의 손길들이 있었습니다. 그리스도 신앙인은 그 안에서 하느님의 일하심을 보고 자신도 그 섬김에 합류하는 사람입니다.

예리코의 소경을 고치시다

하느님의 자비를 부르는 사람

일행은 예리코로 갔다. 예수께서 당신 제자들과 그리고 많은 군중과 함께 예리코에서 다시 떠나가실 때에 티매오의 아들 바르티매오라는 소경 걸인이 길가에 앉아 있었다. 나자렛 사람 예수다 하는 말을 소경이 듣고는 "다윗의 아들 예수님, 저를 불쌍히 여기소서" 하고 외치기 시작했다. 그래서 많은 사람들이 그를 꾸짖어 잠자코 있으라고 했으나 그는 더욱 크게 외쳐 "다윗의 아들이시여, 저를 불쌍히 여기소서" 하였다. 그러자 예수께서 멈추어 서시어 "그를 부르시오" 하고 이르셨다. 사람들이 소경을 부르면서 그에게 "힘을 내시오, 어서 일어나시오, 그분이 당신을 부르십니다" 하였다. 그러니 소경은 자기 곁

옷을 내던지고 벌떡 일어나 예수께로 왔다. 예수께서는 그를 맞으며 "내가 당신에게 무엇을 해 주기 바랍니까?" 하고 물으셨다. 그러니까 소경이 "선생님, 제가 다시 볼 수 있게 해 주십시오" 하고 여쭈었다. 이에 예수께서는 그에게 "가시오, 당신의 믿음이 당신을 구원했습니다" 하고 말씀하셨다. 그러자 즉시 그는 다시 보게 되었다. 그리고 예수를 따라 길을 나섰다. (마르 10,46-52)

예수님이 예리코에서 소경 한 사람을 눈 뜨게 하신 이야기입니다. 복음서들이 기적 이야기를 하는 것은 우리도 기적을 찾아 나서라는 뜻이 아닙니다. 초기 신앙인들이 기적 이야기를 하고, 그것을 복음서에 기록으로 남긴 것은 그들이 예수님 안에서 놀라운 은혜로움을 체험하였다고 말하는 것입니다.

이야기의 주인공, 바르티매오라는 눈먼 걸인은 예수님이 지나가신다는 것을 듣고, "다윗의 아들 예수님, 저를 불쌍히 여기소서" 하고 외칩니다. 다윗의 아들이라는 말은 초기 그리스도인들이 부활하신 예수님을 부르던 호칭이고, "저를 불쌍히 여기소서"라는 말은 초기 신앙인들이 바치던 기도이기도 합니다. 루카복음서는 "바리사이와 세리가 성전에서 기도한"(18,9-14) 이야기를 하면서, 바리사이는 자기가 지키고 바친 일들을 나열했지만 세리는 하느님의 자비를 빌었다고 말합니다. 그 이야기는 세리의 기도가 참된 것이었다는 예수님의 말씀으로 끝납니다. 그리스도 신앙인은 하느님의 자비를 비는 사람이라는 말입니다.

유다교는 율법 준수만이 하느님 앞에서 인간이 할 일이라고 믿었으나, 예수님은 하느님의 자비가 우리 안에 흘러들어 실천해야 한다고 가르쳤습니다. 그래서 그리스도 신앙인은 하느님의 자비가 자기 안에 흘러들도록 기도합니다. "많은 사람들이 그를 꾸짖어 잠자코 있으라고 했으나 그는 더욱 크게 외쳐 '다윗의 아들이시여, 저를 불쌍히 여기소서' 하였다." 유다인들은 하느님의 자비를 모르고, 자비를 비는 그리스도인을 꾸짖지만, 그리스도인들은 하느님의 자비를 큰 소리로 외치는 사람이라는 것입니다.

복음에서 예수님은 소경에게 말씀하십니다. "가시오, 당신의 믿음이 당신을 구원했습니다." 그가 간절히 간청해서 고쳐 주었다는 말이 아닙니다. "당신의 믿음이 당신을 구원했습니다"라는 말은 예수님이 자주 사용하신 표현입니다. 여기서 믿음은 하느님이 자비롭고, 고치시고, 용서하심을 믿는다는 것입니다. 그리스도 신앙인은 자비롭고, 고치시고, 용서하시는 하느님이 자신 안에서 일하시게 합니다. 하느님의 자비와 용서가 우리 안에서 살아 움직이게 한다는 말입니다.

하느님은 현세에도 내세에도 우리와 함께 계십니다. 함께 계시는 하느님을 믿는 사람은 자기 한 사람만을 소중하게 생각하지 않습니다. 자기만 소중한 나머지, 하느님으로 말미암아 우리 앞에 열리는 넓은 세상을 보지 못하는 사람은 소경과 같습니다. 하느님을 믿는 사람은 함께 계시는 하느님을 중심으로 열리는 넓은 세계를 바라봅니다. 복음에 나오는 소경은 예수님에게 자비를 간청하여 시력을 회복하였습니다. 그 자비를 바탕으로 넓고 새로운 세계의 지평이 그 사람 앞에 열렸다는 말입니다.

자비의 눈으로 주변을 보고, 행동하는 것은 쉽지 않습니다. 자비는 하느님의 것입니다. 인간은 자비롭지 못합니다. 소경은 사람들이 제지하는데도 불구하고, 큰 소리로 자비를 외쳤습니다. 자비를 제지하는 소리는 우리 삶에도 많이 들립니다. 우리 안에서 혹은 밖에서 그 소리는 들립니다. "자비는 어리석은 일이다." "그런 사람에게는 따끔한 맛을 보여 주어야 한다." "자비를 실천하면 손해만 본다." 우리를 자비롭지 못하게 단속하는 소리들입니다. 신앙은 자비로우신 하느님을 믿는 데 있습니다. 그 자비가 우리 안에 흘러들어 새로운 세계가 열리고, 우리도 하느님의 자비를 실천하며 사는 데 신앙이 있습니다.

우리 인간은 모든 이에게 언제나 자비로울 수 없습니다. 그것이 하느님과 우리의 차이입니다. 하느님으로 말미암은 자비가 우리 안에 살아 움직이면, 우리에게 십자가가 다가옵니다. 하느님과 우리의 지평이 다르기 때문입니다. 그래서 자비는 우리에게 힘든 일입니다. 우리는 복음의 소경과 같이, 많은 저항에도 불구하고 하느님의 자비를 불러야 합니다. 그 자비를 부르고 실천하면, "당신의 믿음이 당신을 구원했습니다"라는 예수님의 말씀을 우리도 듣게 될 것입니다.

가난한 과부의 헌금

생명의 원천이신 분이 우리 안에 살아 계시려면

예수께서는 가르치시는 가운데 이렇게 말씀하셨다. "율사들을 조심하시오. 그들이 바라는 것은 기다란 예복을 입고 나다니는 것, 장터에서 인사받는 것이며 또한 회당에서는 높은 좌석을, 잔치에서는 윗자리를 차지하는 것입니다. 과부들의 가산을 등쳐먹고 또한 겉꾸며 길게 기도하는 이런 사람들이야말로 더욱 엄한 심판을 받을 것입니다." 예수께서 헌금함 맞은편에 앉아서 사람들이 헌금함에 동전을 넣는 모양을 바라보고 계셨다. 여러 부자들이 많은 돈을 넣고 있었다. 그런데 가난한 과부 한 사람이 와서는 렙톤 두 닢을 넣었다. 이것은 콰드란스 한 닢인 셈이다. 예수께서 당신 제자들을 가까이 부르시고 그들에게 말씀하셨다. "진실히 여러분에게 이르거니와, 헌금함에 돈을 넣은 어느 누구보다도 이 가난한 과부는 더 많이 넣었습니다. 사실 모두 풍족한 가운데서 얼마씩을 넣었지만, 이 과부는 궁핍한 가운데서 가진 것을 모두, 곧 그의 생활비를 몽땅 던져 넣었기 때문입니다." (마르 12,38-44)

복음은 율사와 가난한 과부 한 사람을 대조해 보입니다. 율사는 거짓 신앙인의 표본이고, 과부는 참신앙인의 귀감으로 나타납니다. 율사는 남과 다른 복장을 하고, 사람들로부터 인사받기를 좋아하며, 모임에서 윗자리를 차지합니다. 그들은 과부, 곧 약자들의 가산을 등쳐먹고, 남에게 보이려고 길게 기도합니다. 율사는 하느님을 빙자하여 사람들로부터 대우받으며, 자기 재물을 늘리는 그 시대의 기득권자입니다. 그러나 예수님이 주목하신 가난한 과부는 렙톤 두 닢, 그 시대 통용되던 화폐의 최소 단위 동전 두 닢을 헌금한 사람입니다. 예수님은 "이 가난한 과부는 … 궁핍한 가운데서 가진 것을 모두, 곧 그의 생활비를 몽땅 던져 넣었다"고 말씀하십니다. 그 시대 과부는 노동력을 지닌 남편이 없는 경제적으로 궁핍한 사람입니다. 그런 과부가 하느님을 생각하며 가진 것을 모두 헌금함에 넣었습니다. 그가 믿는 하느님은 관대하신 분이기에, 자기도 관대하게 행동하였습니다.

율사는 하느님을 찾고 하느님에 대해 가르치는 사람이지만, 실제로는 자기 자신이 가장 소중합니다. 자기가 대우를 받아야 하고 자기가 많이 가져야 합니다. 율사는 사람들로부터 존경받기 위해 처신합니다. 입으로는 하느님을 말하지만, 그 마음은 인간의 욕망을 넘어서지 못합니다. 반면에 과부는 받을 존경도, 가진 재물도 없습니다. 그러나 그는 자신만을 생각하는 경지를 넘어섰습니다. 그에게 가장 소중한 것은 하느님입니다. 하느님이 은혜롭고 관대하신 분이라, 본인도 은혜롭고 관대하게 처신하려 합니다.

하느님은 계시고, 우리는 생애가 끝나면 그분 앞에서 우리 삶을 정산하리라는 것을 압니다. 그러나 그것이 하느님에 대해 우리가 아는 전부라면, 하느님은 현재 우리 삶에는 계시지 않습니다. 그 하느님은 우리가 죽어 저승에 가서나 만날 분입니다. 그러나 예수님은 현재에도 하느님이 우리와 함께 계신다고 가르쳤고, 하느님의 나라를 살라고 선포하셨습니다. 히브리서는 "보이지 않는 분을 마치 보는 것처럼"(11,27) 사는 사람이 그리스도 신앙인이라고 설명합니다. 하느님은 보이지 않지만, 우리 삶의 원천으로 우리 안에 살아 계십니다. 우리는 그분이 하시는 일을 배워 실천하며 그분의 자녀가 되어 삽니다. 그분은 자비롭고 사랑하시는 분이기에, 우리가 그 자비와 사랑을 실천할 때 우리 생명의 원천이자 아버지로서 우리 안에 살아 계십니다.

가진 것을 모두 헌금함에 넣은 과부의 이야기를 교회에 헌금을 많이 바치라는 뜻으로 왜곡하지 말아야 합니다. 예수님은 유다교 회당의 헌금 수입에 전혀 무관심했습니다. 오히려 예수님은 유다교 당국이 성전이나 회당에서 헌금을 강요하는 것을 비판하셨습니다. 사람은 재물을 모아서 자기 힘으로 자기의 미래를 보장하며 삽니다. 현대인은 이를 위해 저축도 하고 보험에도 가입합니다. 이 세상을 살아가는 사람으로 당연한 일입니다. 그러나 오늘 복음에서 예수님이 칭찬하신 것은 자기 돈으로 자신의 미래를 보장하려 들지 않고, 하느님을 생각하며 자기 손안에 있는 것마저 선뜻 내어놓는 관대한 여인의 마음입니다. 예수님은 그 관대함 안에서 하느님의 일을 보았습니다.

그리스도 신앙인은 모든 것을 하느님께 맡기고, 자기의 생계를 위해 노력하지 않는 사람이 아닙니다. 바오로 사도는 "제 할 일을 하는 것 그리고 제 손으로 일하는 것을 자랑으로 여기시오"(1테살 4,10-11)라고 권고합니다. "누구든지 일하기 싫으면 먹지도 말라고 종종 명했습니다"(2테살 3,10). 하느님을 믿는다고, 인간으로서 자기가 할 일을 소홀히 하는 사람에 대한 경고입니다. 신앙인은 생활인으로 자기가 할 일을 당연히 다 합니다. 신앙인은 자기가 처한 여건에서 더 나은 세상을 만들고, 자신과 이웃의 생활 여건을 개선하기 위해 노력합니다. 신앙인은 하느님만 생각하면서 인간으로서 자기가 할 일을 소홀히 하지는 않습니다.

더 나은 인간 세상과 더 나은 생활 여건을 위한 우리의 노력은 창조하시는 하느님의 일을 실천하는 것입니다. 창세기는 하느님이 인간을 "당신의 모습대로 창조하셨다"(1,27)고 말합니다. 인간은 자신의 창의력을 살려 더 나은 세상을 위해 일하도록 창조되었습니다. 우리의 그런 노력은 인류와 이웃을 위한 사랑이기도 합니다. 우리가 우리 욕망에만 집착하면, 자신을 벗어나지 못하는 소인小人이 됩니다. 대의大義를 살려 일하는 사람은 모든 사람에게 도움이 되도록 노력합니다. 복음에서 예수님이 비난하시는 율사는 자기만 생각하는 소인입니다. 그는 하느님과 인류를 보지 못하고 자기가 누리는 것에만 골몰합니다.

돈과 명예가 나빠서가 아닙니다. 그런 것에 대한 집착이 인간을 자유롭지 못하게 합니다. 곧 하느님의 자녀로서 자기 이웃을 위해 할 일을 다 하지 못하게 만들기 때문입니다. 하느님을 아버지라 부르는 그리스도 신앙인은 재물과 명예에 대한 집착에서 벗어나 하느님의 자유를 살기 위해 노력합니다. 하느님의 사랑과 자비를 실천하는 사람이 자유로운 사람입니다. 요한복음서 8장에는 간음하다 잡힌 여인의 이야기가 있습니다. 율법의 이름으로 그 여인을 돌로 치려 하는 유다인들의 무자비한 손아귀에서 그를 구출한 예수님은 말씀하십니다. "진리는 당신들을 자유롭게 할 것입니다"(8,32). 이웃을 살리고 돕는 마음에 진리가 있고, 그 마음이 참으로 자유로운 하느님 자녀의 마음이라는 말씀입니다.

그리스도 신앙인은 하느님을 자기 삶의 원천으로 삼고, 그분의 진리를 배우는 사람입니다. 하느님은 자비롭고 사랑하십니다. 그것이 진리입니다. 예수님은 그 자비와 사랑을 사셨습니다. 병든 이를 고쳐 주고, 죄인에게 용서를 선포하면서, 예수님은 자비와 사랑을 실천하셨습니다. 그 실천 때문에 그분은 그 시대 유다교 기득권자들에게 죄인으로 단죄받고 십자가에서 처형되었습니다.

예수님은 과부의 헌금을 칭찬하셨고, 그 여인의 작은 실천에서 하느님의 자비와 사랑을 읽었습니다. 그 여인은 베푸시는 하느님을 따라 그분의 관대하심을 실천하였습니다. 하느님이 관대하셔서 예수님도 관대하게 행동하셨습니다. 신앙은 하느님을 빙자하여 사람들로부터 대우받고 치부하며 사는 길이 아닙니다. 하느님을 가르친다면서 인간이 행세하지 않습니다. 그것은 소인배들이 꿈꾸는 신앙입니

마르코복음서

로히어르 판 데어 베이던 「책을 읽는 막달라 마리아」 1438년 이전, 영국 런던 국립 미술관

다. 하느님을 찾고 배우는 사람은 그런 소인배가 아닙니다. 하느님의 자비와 사랑을 실천하는 것이 그리스도 신앙입니다. 하느님은 그 자유로운 마음 안에서 자유의 원천으로 살아 계십니다.

무화과나무 비유

조금 더 선한 시선과 몸짓으로

"그러나 그 무렵, 그 환난에 뒤이어 해는 어두워지고 달은 제 빛을 내지 않으며 별들이 하늘에서 떨어지고 하늘에 있는 권세들이 흔들릴 것입니다. 그때에 사람들은 인자가 구름에 싸여 큰 권능과 영광을 갖추고 오는 것을 보게 될 것입니다. 그때에 인자는 천사들을 파견하여, 땅 끝에서 하늘 끝까지 사방에서 [자기] 선민들을 모을 것입니다."
"여러분은 무화과나무에서 비유를 배우시오. 어느덧 그 가지가 연해지고 잎이 돋으면 여러분은 여름이 다가온 줄 압니다. 이처럼 여러분도 이런 일들이 일어나는 것을 보거든 종말이 문 앞에 다가온 줄 아시오. 진실히 여러분에게 이르거니와, 이 모든 일이 일어나기까지 이 세대는 결코 사라지지 않을 것입니다. 하늘과 땅은 사라질지라도 내 말은 결코 사라지지 않을 것입니다. 그러나 그 날과 시간에 대해서는 아무도 모릅니다. 아버지 외에는 하늘에 있는 천사들이나 아들조차 도 모릅니다."(마르 13,24-32)

교회 전례 주기는 12월 초의 대림 첫 주일에 시작하여, 이듬해 11월 말인 그리스도 왕 대축일로 끝납니다. 전례주년이 끝나 가는 시기의 미사 때는, 복음으로 세상 종말에 대한 이야기를 듣습니다. 복음서 기록자들은 유다인으로, 세상 종말에 대해 생각할 때면 당연히 유다교 묵시문학의 언어를 상기합니다. 묵시문학은 기원전 2세기 유다인들이 만든 문서입니다. 초기 그리스도 신앙인들은 그 문헌에 익숙했습니다. 따라서 그들이 세상 종말을 말할 필요가 있을 때면 그 문헌의 언어를 사용했습니다. 세상의 종말에 큰 재난이 있을 것이라는 복음 말씀은 묵시문학의 영향을 받은 결과입니다. 성전의 파괴, 전쟁과 반란, 기근, 전염병, 하늘의 징조, 박해 등이 모두 유다교 묵시문학의 주제들로, 하느님의 미래가 가깝다는 사실을 말합니다.

그리스도 신앙은 돌아가시고 부활하신 예수 그리스도 안에서 하느님의 일을 봅니다. 신앙은 세상의 미래에 대한 정보를 주지 않습니다. 예수님도 세상 종말의 '시와 때'에 대해서는 모른다고 말씀하셨습니다. 기원후 66년, 유다인들은 로마제국의 지배를 벗어나기 위해 전쟁을 일으켰고, 4년 후에 유다인들의 완패로 끝났습니다. 그들의 수도 예루살렘은 폐허로 변했고, 예루살렘 성전도 처참하게 파괴되었

마르코복음서

습니다. 유다교 당국에게 박해를 받던 초기 그리스도 신앙인들은 유다인들의 참패와 예루살렘 및 성전의 파괴를 겪으면서 그것이 세상의 종말일 수 있다고 생각하였습니다. 이 복음은 예수님의 입을 빌려, 하느님이 주시는 새 미래를 보자고 말합니다.

우리는 우리 힘으로 자신의 미래를 보장하려 합니다. 경제적으로 여유 있는 미래를 위해 저축하고, 건강한 미래를 위해 운동하며 건강식품과 보약을 먹습니다. 사람들로부터 대우받는 미래를 얻기 위해 학생들은 열심히 공부합니다. 사람은 모두 자기의 지혜와 노력으로 자기 미래를 보장하려 합니다. 그것을 잘하는 사람을 우리는 슬기로운 사람, 성공한 사람이라 말합니다.

신앙은 하느님의 미래를 살자는 운동입니다. 하느님이 주시는 미래만이 참다운 미래라고 신앙은 말합니다. 예수님은 당신 힘으로 당신의 미래를 보장하려 하지 않으셨습니다. 예수님은 입신양명하여 재물과 권력을 얻어 당신의 미래를 보장하지 않으셨습니다. 그분은 죽음이 다가올 때도 "제가 원하는 대로 하지 마시고 아버지께서 원하시는 대로 하소서"(마르 14,36)라고 기도하며, 하느님이 원하시는 미래가 당신 안에 이루어지길 빌었습니다.

하느님은 우리에게 초능력을 주지 않으십니다. 하느님은 우리가 사용할 수 있는 "열려라, 참깨!"가 아닙니다. 하느님은 사람들의 불행을 퇴치하고 인간 생명을 소중히 생각하는 우리의 실천 안에 살아 계십니다. 예수님의 죽음은 하느님의 일만 실천하며 살았던 생명이 겪는 종말이었습니다. 이 세상에서 잘살기 위해, 곧 자기의 현세적 미래를 보장하기 위해 스스로 노력하지 않는 사람을 이 세상은 오래 살려

두지 않습니다. 예수님이 죽어서 부활하셨다는 그리스도 신앙은, 인간의 참다운 미래가 하느님 안에 있다고 말합니다.

하느님의 일만이 세상과 시간을 넘어 존속할 것입니다. 푸르던 대자연에 아름다운 단풍이 들더니 어느덧 낙엽이 되어 떨어지고 우리의 발에 밟힙니다. 우리 삶도 늘 푸르지만은 않습니다. 단풍도 들고 낙엽으로 떨어지기도 합니다. 소중히 생각하던 우리의 자존심, 명예, 지위, 재물은 우리의 미래를 보장하지 못하는 잠시의 푸름입니다. 우리는 그 사실을 알지만, 그런 것에서 자유로워지지 못하고 삽니다. 하느님이 우리 안에 자리 잡으신 그만큼 우리는 자유로울 수 있습니다. 우리 자신을 지키고 명예를 얻는 것이 인생의 최대 과업이나 보람이 될 수 없습니다. 하느님이 우리 안에 살아 계셔서 비로소 우리는 참으로 자유로울 수 있습니다. 조금 더 선한 시선과 몸짓, 조금 더 관대하고 자비롭고 사람을 살리는 몸짓이 참으로 자유로운 인간의 모습입니다.

우리는 하느님을 볼 수도 없고, 하느님에 대해 논할 수도 없습니다. 하느님은 우리의 관찰 대상이 아니기 때문입니다. 우리가 관찰하고 논할 수 있는 것은 하느님으로 말미암아 변한 우리의 삶입니다. 그것이 예수님이 가르친 하느님의 나라입니다. 하느님이 동기가 되어 우리 삶에 변화가 일어날 때, 하느님은 우리와 함께 계십니다. 나만을 위해 사는 내 나라에는 하느님이 계시지 않습니다. 내가 구상하고 내가 실현하는 내 미래만이 내 인생의 최대 보람이라면, 하느님으로 말미암은 미래는 나에게 오지 않을 것입니다. 하느님은 내가 계획하고 내가 실현하는 내 미래를 축복이나 하시는 분이 아닙니다.

신앙은 하느님의 축복을 받아 내어 우리 미래를 보장하는 수단이 아닙니다. 그리스도 신앙은 우리의 미래를 우리 힘으로 보장하겠다는 환상을 버리고, 하느님이 주시는 하느님의 미래를 찾아 나서라고 권합니다. 그것은 나 한 사람을 소중히 생각하고, 나 한 사람을 치장하는 데에 있지 않습니다. 우리 삶에는 예행연습이 없습니다. 한 번 주어진 삶이고, 한 번 하는 모험입니다. 남녀가 만나 부부가 되는 것도, 자녀를 낳고 키우는 것도, 모두 예행연습이 없는 모험입니다. 인간이 하는 소중한 일들은 모두 이렇게 연습 없이, 준비된 대사 없이, 보장된 것 없이 감행해야 하는 모험들입니다. 한 가지 확실한 것은 자신만을 소중히 생각하며 자신만을 위해 살면, 헛되고 헛되다는 것입니다. 그리스도 신앙인으로 사는 일도 하나의 모험입니다. 우리가 보고 확인할 수도 없는 하느님과 함께하는 모험입니다. 예수님이 이미 하신 모험입니다. 그리고 그분의 부활은 그 모험의 결말이 어떤 것인지 말해 줍니다.

하느님이 주실 미래를 택하는 사람은 현재의 자신 안에 하느님이 살아 계시게 합니다. 그렇게 사는 사람은 선하고 자비로우신 하느님의 시선으로 자기 주변을 보고, 하느님이 하실 자비로운 일을 실천합니다. 신앙인은 '아버지의 뜻이 이루어질 것'을 빕니다. 우리 뜻이 아니라 우리가 아버지라 부르는 하느님의 뜻이 이루어지길 빌기에, 어려움인 십자가가 있다는 사실도 그리스도 신앙인인 우리는 압니다. 그것이 자녀인 우리가 하느님의 자유를 사는 길이고, 하느님의 미래를 우리 안에 영접하는 길입니다.

깨어 지키시오

이해타산을 벗어나

"여러분은 조심하고 깨어 지키시오. 사실 여러분은 그때가 언제 올는지 모르기 때문입니다. 그것은 자기 집을 두고 여행을 떠나면서 자기 종들에게 권한을 주어 각자 할 일을 맡긴 사람의 경우와 같습니다. 그는 문지기에게 깨어 있으라고 명령했습니다. 그러니 깨어 있으시오. 사실 그 집의 주인이 언제 올는지, 그때가 저녁일지, 한밤중일지, 닭이 울 때일지 혹은 새벽일지 모르기 때문입니다. 그가 갑자기 돌아와서 여러분이 잠자고 있는 것을 발견하는 일이 없도록 하시오. 내가 여러분에게 하는 이 말은 모든 사람에게 하는 말입니다. 깨어 있으시오." (마르 13,33-37)

대림절이 시작되는 날입니다. 한 해가 기울고, 또 새로운 한 해의 시작이 가까웠다는 사실을 예고하는 계절입니다. 대림절은 글자 그대로 임할 것을 기다리는 계절입니다. 예수님이 이 세상에 오신 것을 기념하는 성탄 축일이 가까워 옵니다. 또 멀리는 우리 삶의 종말도 다가오고 있다는 사실을 생각하게 하는 계절입니다. 산과 들에 푸르던 생명이 죽어 가는 것을 보면서, 우리 생명도 종말이 있다는 사실을 상기하는 계절입니다. 하느님이 우리를 위해 하실 은혜로운 일을 희망하는 계절이기도 합니다.

"여러분은 조심하고 깨어 지키시오 … 집의 주인이 언제 올는지 모르기 때문입니다"라고 복음은 말합니다. 우리 삶의 종말이 언제 올지 모른다는 말입니다. 또한 그 종말에 우리가 하느님을 대면할 것이라고도 말합니다. 신약성서에는 세상의 종말에 대한 언급들이 여러 번 나옵니다. 예수님 시대 유다인들은 세상의 종말이 멀지 않았다고 생각했습니다. 특히 기원전 2세기부터 유행한 유다인의 묵시문학 작품들은 가까운 미래에 닥칠 종말에 대해 많은 상상을 했고, 신약성서에도 적지 않게 흘러들어 왔습니다. "해와 달이 어두워지고 별이 떨어진다." "인자가 구름을 타고 온다." "죽은 이들을 부활시켜서 심판하신다." 신약성서 곳곳에 나타나는 이 표현들이 그 예입니다.

예수님은 "그 날과 시간에 대해서는 아무도 모른다"(마르 13,32)고 말씀하셨습니다. 그러나 그분도 그 시대 유다인의 한 사람으로서, 세상의 종말이 멀지 않은 장래에 올 것이라고 믿으셨습니다. 그 시대 유다인들은 모두 그렇게 믿었습니다. 수백 년 동안 이민족의 지배를 받았던 유다 민족은 강대국의 지배를 받으면서 처절하게 체험한 억압과 고통에서 해방되고, 하느님으로 말미암아 열리는 새로운 미래를 대망하고 있었습니다.

그리스도 신앙은 인류 역사의 미래에 대한 정보를 주지 않습니다. 그리스도인은 비 그리스도인보다 인류의 미래에 대해 더 많이 알고 있지 않습니다. 그리스도인은 예수님으로부터 시작된 하느님에 대한 신앙언어를 진지하게 받아들이고, 하느님을 자기 삶 안에 모셔들여 살겠다는 사람입니다. 그 언어는 예수님 안에 하느님이 살아 계셨다고 말합니다. 예수님은 먹고 마시며 즐기고, 재산을 불리거나 출세하여 다른 사람들을 지배하는 것보다, 더 고귀한 것이 인생에 있다고 생각하셨습니다. "여러분은 무엇을 먹을까 혹은 무엇을 마실까 혹은 무엇을 입을까 하면서 걱정하지 마시오 … 먼저 [하느님의] 나라와 그분의 의로움을 찾으시오"(마태 6,31-33). 먹고 마셔서 행복할 수 있는 삶이 아니라, 찾아야 하는 하느님의 나라와 하느님의 의로움이 있다는 말씀입니다.

"하느님의 나라와 그분의 의로움"은 자비하신 하느님을 우리 안에 영접하여, 그분이 하시는 일, 곧 인간 생명을 보살피고 살리는 일을 실천할 때 우리 안에 실현됩니다. 하느님이 베푸신 우리 생명과 이 세상입니다. 그분이 베푸셨듯이, 우리도 주변의 생명들에게 베풀고 보살펴서, "하느님의 나라와 그분의 의로움"을 우리 안에 실현하며 살라고 예수님은 말씀하셨습니다. 부모를 비롯한 고마운 어른들이 자비를 실천하여, 우리의 생명이 살아 있고 성장하였습니다. 자비는 인간 생명을 존재하고 성장하게 하는 힘으로 인류 안에 숨겨져 있습니다. 그러나 우리는 그 자비를 좀처럼 우리 실천의 동기로 삼지 않습니다. 우리는 우리를 중심으로 하는 이해타산에 얽매여 삽니다. 자비는 이해관계를 따지는 우리에게 도움이 아니라 손해를 끼칩니다.

그러나 우리가 이해타산을 벗어나 생각해 보면, 자비는 우리를 참으로 자유롭게 해 줍니다. 우리를 미워하는 사람을 우리도 미워하면, 미움의 악순환에 사로잡혀 자유롭지 못한 사람이 됩니다. 그 악순환에 한 번 빠지면, 우리는 이성과 자유를 잃고 오로지 미움만 배설합니다. 그 악순환은 주변 생명들뿐 아니라 우리 생명도 위축시키고, 결국은 병들게 합니다. 미운 사람을 용서하고 배려하는 행위는 미움의 악순환에서 벗어나 참으로 자유로운 사람이 되게 합니다. "조심하고 깨어 지키시오"라는 말은 그 악순환에 빠져서 살지 말고, 자비와 배려를 찾아 자유롭게 실천하는 일에 깨어 있으라는 말씀입니다. 그것을 위해 힘을 다하라는 말씀입니다.

'하느님의 의로움'을, 우리가 생각하는 정의와 혼동하지 말아야 합니다. 우리는 인과응보 원리를 중시하는 질서 안에 삽니다. "콩 심은 데 콩 나고, 팥 심은 데 팥 난다"고도 말합니다. 그 질서에는, 죄가 있는 곳에 당연히 비난과 벌이 있습니다. 그러나 하느님은 그런 질서 안에 계시지 않고, 자비의 질서 안에 계십니다. 우리가 하느님을 아버지라 부르는 것은 그분이 사시는 질서 안에 우리도 살겠다는 결의를 담은 고백입니다. 바오로 사도는 그 질서를 요약하여 "죄가 많아진 곳에 은총은 넘쳐흘렀습니다"(로마 5,20)라고 말합니다.

이 세상에는 약육강식이 당연한 질서로 보입니다. 큰 나무 아래 있는 작은 나무는 햇볕과 영양을 빼앗기고, 결국 살아남지 못합니다. 맹수 가까이 있는 초식동물들은 맹수 먹이로 생명을 빼앗깁니다. 폭

압적인 독재자와 지도자는 약자를 착취하여, 자기 스스로를 풍요롭게 하였습니다. 약육강식의 질서는 인간 상호 간, 기업체 간, 국가 간에 오늘도 존재합니다. 약자는 항상 강자에게 빼앗기고 생존을 위협받습니다.

그리스도 신앙인이 찾아야 하는 하느님의 나라는 그런 질서 안에 있지 않습니다. 예수님은 하느님을 아버지라 부르면서 병든 이를 고쳐 주고, 죄인에게 용서를 선포하셨습니다. 하느님의 자비와 그 의로움은 우리의 섬김으로 실현된다고 예수님은 말씀하셨습니다. "여러분 가운데서 크게 되고자 하는 사람은 여러분의 봉사자가 되어야 합니다"(마태 20,26). 유다교 기득권자들은 그것을 이해하지 못하였습니다. 그들은 하느님이 인과응보의 질서 안에 계신다고 믿었고, 병고와 불행은 인간의 죄에 대해 하느님이 주시는 벌이라고 믿었습니다. 우리도 세월 따라 흐르면서 하느님을 생각합니다. 우리가 종말에 대면할 하느님은 자비와 용서와 섬김의 하느님이십니다. 그 하느님을 아버지라 부르는 우리는 그분의 질서 안에 살려고 노력합니다. 자비와 용서와 섬김을 실천하는 질서입니다.

마르코복음서

최후 만찬

내어 주고 쏟는 사람

무교절 첫날, 곧 해방절 양을 잡는 날, 제자들이 예수께 "선생님이 해방절 음식을 드시도록 저희가 가서 준비하려는데 어디가 좋겠습니까?" 하고 여쭈었다. 그러자 예수께서는 제자 둘을 보내시면서 그들에게 말씀하셨다. "성안으로 가시오. 어떤 사람이 물 항아리를 지고 당신들에게 마주 올 것이니, 그를 따라가시오. 그리고 그가 들어가는 곳을 보아 그 집주인에게 말하시오. '선생님께서, '내 제자들과 함께 해방절 음식을 먹을 내 방이 어디 있소' 하십니다.' 그러면 그 사람은 자리를 깔아 준비한 큰 이층방을 당신들에게 보여 줄 것입니다. 거기에 우리를 위해 음식 준비를 하시오." 제자들이 떠나 성안으로 가서 보니 예수께서 말씀하신 대로였다. 그리하여 해방절을 준비하였다. 그리고 그들이 먹고 있을 때에 예수께서 빵을 드시고 축복하신 다음 떼시어 그들에게 주시며 말씀하셨다. "받으시오. 이는 내 몸입니다." 또한 잔을 드시고 감사기도를 드리신 다음 그들에게 주시니 모두 그 것을 돌려 마셨다. 이때 예수께서 그들에게 말씀하셨다. "이는 내 계약의 피로서 많은 사람을 위하여 쏟는 것입니다. 진실히 여러분에게 이르거니와, 내가 하느님 나라에서 새로운 것을 마실 그날까지, 포도 나무 열매로 빚은 것을 결코 더 이상 마시지 않겠습니다." 그리고 그들은 찬송가를 부른 다음 올리브산으로 떠나갔다. (마르 14,12-16.22-26)

그리스도의 성체와 성혈 축일 복음입니다. 예수님은 수난 전날 저녁, 제자들과 함께 해방절 식사를 하셨습니다. 그것은 그들과 이별의 최후 만찬이 되었습니다. 해방절은 이스라엘이 역사 초기에 이집트의 종살이에서 해방된 사실을 기억하고 하느님께 감사드리는 축일이었습니다. 이스라엘인들에게 기억은 과거에 일어난 일을 회상만 하는 것이 아닙니다. 그것은 과거 사건이 지닌 의미를 오늘의 삶 안에 되살려 내는 일입니다. 우리가 조상 제사에서 하는 일과 비슷합니다. 우리는 제사 때 돌아가신 어른들을 기억하며, 그분들 덕분에 오늘의 우리가 있음을 생각하고, 우리가 그분들이 아끼고 사랑한 후손들이라는 사실을 마음에 새깁니다. 참석자들은 제사 후에 음복을 하면서 우리가 기억한 조상들의 시선으로 형제자매들을 바라보고, 그들에 대한 우리의 사랑을 새롭게 합니다. 이처럼 제사를 통해 우리 곁을 떠나 과거의 존재가 된 분들을 오늘 우리 삶 안에 살아 계시게 합니다.

해방절에 이스라엘 백성이 기억하고 삶 안에 되살려 내는 것은, 하느님이 함께 계신다는 사실과, 그 함께 계심이 이집트 종살이에서의 해방처럼 은혜로운 일이었다는 사실입니다. 예수님이 제자들과 함께하신 최후 만찬이 해방절 식사였던 것은, 하느님이 우리와 함께 계시는 사실을 예수님이 우리 삶에 되살려 냈고, 그분으로 말미암아 제자들이 하느님이 주시는 해방과 은혜로움을 깨달았다는 의미입니다. 예수님은 식탁에서 빵을 들고 찬미를 드리신 다음, "받아라, 이는 내 몸이다"라고 말씀하십니다. 포도주 잔을 들고 감사를 드리신 후, "이는 많은 사람을 위하여 흘리는 내 계약의 피다"라고 말씀하시면서 제자들에게 주셨습니다. 그 빵을 받아 먹고 포도주를 받아 마셔서 제자들도 예수님과 같은 몸과 같은 피가 되게 살라는 말씀입니다.

예수님은 "내 계약의 피"라고 말씀하셨습니다. 우리 일상에서 계약은 계약하는 쌍방이 미래의 행동 방식을 약속하는 행위입니다. 예수님은 제자들에게 당신의 몸이라고 말씀하신 빵을 먹게 하고 당신의 피라고 말씀하신 포도주를 마시게 하면서, 쌍방의 미래 행동 방식을 정하십니다. 그 빵을 먹고, 그 포도주를 마시는 사람 안에 예수님이 몸과 피로 살아 계셔서 당신의 삶이 그들 안에 발생하도록 하신다는 약속입니다. 유다인들에게 몸이라는 단어는 인간관계를, 피는 생명을 의미합니다. 그 빵을 먹고 그 포도주를 마시는 사람은 예수님이 맺었던 인간관계와 그분의 생명을 살겠다고 약속하는 것입니다. 예수님은 하느님을 아버지라 부르면서, 모든 사람을 형제자매로 생각하셨습니다. "많은 사람을 위해 흘리는 피"라는 말씀이 그 사실을 요

레오나르도 다빈치 「최후의 만찬」 1495~1498년, 이탈리아 밀라노 산타 마리아 델레 그라치에 성당

마르코복음서

약합니다. 자비와 사랑을 위해 스스로를 내어 주신 생명을 우리도 살겠다는 약속이 성체성사에 담겨 있습니다.

예수님은 말씀하셨습니다. "나는 의인들을 부르러 온 것이 아니라 죄인들을 부르러 왔습니다"(마르 2,17). "크게 되고자 하는 사람은 섬기는 사람이 되어야 합니다 … 인자도 섬김을 받으러 온 것이 아니라 섬기러 왔습니다"(마르 10,43.45). 하느님은 사람들이 자유롭게 스스로를 내어 주고 쏟을 것을 원하십니다. 예수님은 사람들을 사랑하시는 하느님을 가르쳤습니다. 사랑하는 사람은 상대방이 자유롭게 사랑으로 응답할 것을 기대합니다.

예수님은 유다교 당국이 죄인이라 낙인찍은 사람들과 어울리면서 하느님은 그들을 버리지 않으신다는 사실을 당신의 몸짓으로 보여 주셨습니다. 그것은 그 시대의 유다교 기득권층으로부터 죄인으로 낙인찍힐 위험이 다분한 일이었습니다. 자기 자신을 소중히 생각하는 사람은 그렇게 처신하지 않습니다. 예수님은 그런 일에 구애받지 않으셨습니다. 복음서들은 예수님이 죄인과 세리와 어울리시기에 사람들로부터 비난받았다고 말합니다.

성찬에 참여하여 예수님의 몸이라는 빵을 먹고, 그분의 피라는 포도주를 마시는 것은 우리의 인간관계와 우리의 삶에 변화를 일으킵니다. 성찬에서 변하는 것은 빵과 포도주만이 아닙니다. 우리 자신을 보는 우리의 시선도 달라집니다. 빵이 예수님의 몸이 되고, 포도주가 그분의 피가 되었듯이, 우리 자신도 내어 주고 쏟는 사람이 됩니다. 이 변화는 한 순간에 기적적으로 실현되지 않습니다. 생명은 시간과 함께 서서히 성장하고, 서서히 무엇을 습득합니다. 우리는 성찬에 정기적으로 참여하면서 시간과 더불어 이 변화가 우리 안에도 일어나길 빕니다. 자신만을 생각하는 마음에서 벗어나, 스스로를 내어 주고 쏟으신 예수님의 삶이 우리 안에 서서히 실현되게 하는 성찬입니다. 성찬은 빵도, 포도주도, 우리 자신도 모두 변하게 하는 하느님의 일, 성사聖事입니다.

예수, 십자가에 달리시다

하느님의 생명이 발생시킨 삶

빌라도가 예수께 "당신이 유다인들의 왕이오?" 하고 묻자, 그분은
"당신이 그렇게 말합니다" 하고 대답하셨다. 그러자 대제관들은 번
다스럽게 그분을 고발하였다. 빌라도는 다시 그분께 물었다. "당신
이 아무런 대답도 하지 않소? 저들이 얼마나 번다스럽게 당신을 고발
하는지 보시오." 그러나 예수께서 더 이상 아무런 대답도 하지 않으
시니 빌라도는 이상하게 여겼다. 축제 때마다 그는 사람들이 요청하
는 죄수 하나를 풀어 주곤 했다. 마침, 폭동 중에 살인을 한 폭도들과
함께 바라빠라 하는 자가 구속되어 있었다. 이윽고 군중이 빌라도에
게 올라가서 그가 자기들에게 해 온 관례대로 해 주기를 청하기 시작

하였다. 그러자 빌라도는 그들에게 대답하여 "내가 유다인들의 왕을 여러분에게 풀어 주기를 원하오?" 하였다. 사실 그는 대제관들이 예수를 시기하여 그분을 넘겨주었음을 알고 있었던 것이다. 그러나 대제관들은 군중을 선동하여, 차라리 바라빠를 자기들에게 풀어 달라고 청하게 하였다. 빌라도는 다시 되받아 "그렇다면 [여러분이 말하는] 유다인들의 왕은 내가 어떻게 하기를 [원하오]?" 하고 물었다. 그러니 그들은 거듭 "그를 십자가형에 처하시오" 하고 외쳤다. 이에 빌라도가 그들에게 "그가 무슨 나쁜 짓을 했단 말입니까?" 하니, 그들은 더욱더 "그를 십자가형에 처하시오" 하고 외쳤다. 그리하여 빌라도는 군중의 비위를 맞추기로 작정하여 그들에게 바라빠를 풀어 주고, 예수는 채찍으로 매질한 다음 십자가형에 처하라고 넘겨주었다. 군인들이 예수를 총독 관저인 궁전 뜰 안으로 끌고 가서 전 부대를 불러 모았다. 그러고는 그분께 자색 옷을 입히고 가시관을 엮어서 씌웠다. 그리고 "유다인들의 왕, 만세!" 하며 짐짓 인사를 했다. 또한 갈대로 그분의 머리를 치고 침을 뱉으며 무릎을 꿇어 절하는 것이었다. 그렇게 그분을 조롱하고 나서 자색 옷을 벗기고 그분의 겉옷을 입혔다. 그리고 그분을 십자가형에 처하기 위해 데리고 나갔다. 이윽고 그들은 지나가는 어떤 사람을 강요하여 예수의 십자가를 지게 하였다. 그는 키레네 사람 시몬으로서 알렉산드로스와 루포스의 아버지인데 들에서 오는 길이었다. 그들은 예수를 골고타라는 곳으로 데리고 갔으니, 이는 번역하면 해골터라는 말이다. 그리고 몰약을 탄 포도주를 예수께 드렸으나 그분은 받아 마시지 않으셨다. 그들은 그분을 십자가에 달고는 그분의 겉옷을 나누었는데 각자 차지할 몫을 놓고 주사위

를 던졌다. 때는 아홉 시였고, 그들은 그분을 십자가형에 처했다. (마르 15,2-25)

마르코복음서가 전하는 수난사에서 예수님이 죽음에 이르는 과정입니다. 그분의 죽음은 그분이 하신 모든 일이 허무로 끝나는 순간이었습니다. 예수님의 생애가 하나의 패배로 끝나고, 그분을 따랐던 제자들의 기대가 절망으로 변하는 순간이었습니다.

　예수님은 유다교 당국에 체포되어 두 번의 재판을 받으셨습니다. 유다 최고 의회의 심문과 로마 총독 빌라도의 재판입니다. 유다 최고 의회는 로마제국이 식민지에 허락한 자치 기구였습니다. 그 최고 의회는 지방 유지들인 원로들, 대사제와 중견 사제들, 율사 대표들로 구성된 전체 71명의 의결기관입니다. 이 회의에서 예수님은 '거짓 예언자'라는 선고를 받으셨습니다. 그 최고 의회에서 사람들이 예수님을 조롱한 이야기가 '거짓 예언자'로 단죄된 사실을 입증합니다. 그들은 그분의 얼굴을 가리고 때리면서, 누가 했는지 알아맞혀 보라고 놀렸습니다. 그 시대 '유다 최고 의회'는 사람을 사형에 처할 권한을 갖지 못했습니다. 그래서 그들은 예수님을 로마 총독 빌라도에게 호송하여, 그의 법정에서 재판을 받게 하였습니다.

　최고 의회가 그분에게 내린 '거짓 예언자'라는 죄명은 로마 총독의 관심을 끌 수 없었기에, 예수님을 정치범으로 둔갑시킵니다. 그들은 예수님이 유다인의 왕으로 행세했다고 고발합니다. 그 사실은 총독 관저에서 군인들이 예수님을 조롱한 장면이 입증합니다. 그들은 예수님에게 자주색 옷을 입히고 가시관을 엮어 머리에 씌운 다음, 그 앞에서 경례하며 "유다인의 왕 만세"라고 외칩니다. 식민지에서 왕으로 자처한 인물이 점령군 군사들에게 받는 조롱입니다.

예수님은 하느님에 대해 유다교 지도자들과는 근본적으로 다른 의견을 가지셨습니다. 그 시대 유다교는 하느님이 죄인들을 엄하게 벌하신다고 믿었습니다. 유다교가 믿던 하느님은 자비하지도 용서하지도 않는 분이었습니다. 무자비한 인간이 상상해 낸 무자비한 하느님이었습니다. 최고 의회는 그들이 단죄하면 하느님도 당연히 단죄하고 벌하신다고 믿었습니다.

유다교 당국이 예수님을 제거하기로 한 것은 하느님에 대한 예수님의 생각과 가르침이 불온하다고 판단했기 때문입니다. 예수님은 유다교 지도자들이 죄인으로 낙인찍고 소외시킨 사람들과 어울리면서, 하느님이 그들을 버리지 않으실 뿐 아니라 그들을 사랑하시는 아버지라고 가르치셨습니다. 하느님이 과연 죄인도 사랑하신다면, 유다교 지도자들이 가르쳐 온 것은 모두 거짓이었습니다. 그들은 예수님을 제거하여 그들의 권위를 보장하고자 하였습니다. 예나 오늘이나 종교 집단 혹은 비종교 집단을 막론하고 한 집단의 기득권자들은 자기네 권익을 옹호하기 위해 사람을 희생시킵니다. 그들은 자기네 기득권을 위협하며 도전하는 이들을 무자비하게 제거합니다.

그 시대 유다 사회 실세들의 눈에 예수님은 중요 인물이 아니었습니다. 예수님은 갈릴래아 시골의 목수 아들입니다. 종교적 신분은 평신도이며 재산과 지위도 없었습니다. 예수님은 율법과 안식일을 잘 지키지 않을 뿐 아니라, "안식일이 사람을 위해서 생겼지, 사람

귀스타브 모로 「올리브 정원의 그리스도」 1885년경, 프랑스 파리 귀스타브 모로 미술관

이 안식일을 위해서 생기지는 않았습니다"(마르 2,27)라고 공언하셨습니다. 예수님은 대사제와 백성의 원로들을 별로 존경하지 않으셨습니다. "세리들과 창녀들이 여러분보다 먼저 하느님의 나라에 들어갑니다"(마태 21,31)라는 폭언까지 하셨습니다. 유다교 지도자들이 보기에 예수님은 이스라엘이 율법과 더불어 누려 온 질서를 혼란에 빠뜨리는 인물이었습니다. 요한복음서는 대사제 카야파의 말을 전합니다. "한 사람이 이 백성을 위해서 죽고 온 민족이 멸망하지 않는 것이 당신들에게 더 이롭다는 것도 헤아리지 못하는군요"(11,50). 대사제의 결론은 자기들이 만든 질서와 기득권을 보존하기 위해 예수님을 제거하는 것이 이롭다는 것이었습니다.

예수님은 그 사회에서 그렇게 제거되셨습니다. 유다 최고 의회는 예수님을 제거하기 위해 그들이 평소 적대시하던 로마 총독의 협조마저 얻었습니다. 그들은 동족인 예수님을 로마제국을 거슬러 음모한 정치범으로 몰아 고발했습니다. 그것은 인간이 흔히 쓰는 편법입니다. 가까이 있는 친구를 제거하려고 멀리 있는 원수의 협조를 받는 편법입니다. 미움은 사람의 판단을 흐리게 만듭니다.

로마 총독 빌라도는 진리에 관심이 없고, 식민지 유다를 무난히 통치하려는 인물입니다. 통치자인 그에게 식민지 청년 한 사람의 생명은 그리 중요하지 않았습니다. 복음은 "빌라도가 군중의 비위를 맞추기로 작정하여" 예수님을 죽이기로 결정하였다고 말합니다. 빌라도에게는 식민지 군중과 우호적 관계를 가질 수 있는 모처럼의 좋은 기회였습니다.

그리스도 신앙은 "우리 죄 때문에 예수님이 돌아가셨다"고 고백합니다. 유다 최고 의회가 예수님을 죽이기로 결정한 데에는 그들의 권위주의와 옹졸함이 있었습니다. 빌라도가 예수님을 처형한 것은, 그가 진리에 관심이 없고 인간 생명을 소홀히 생각했기 때문입니다. 권위주의, 옹졸함, 생명 경시 등의 죄는 인류가 항상 범하는 것입니다. 우리도 그런 죄와 무관하다고 주장할 수 없기에, 그리스도 신앙은 "우리 죄 때문에 돌아가신" 예수님이라고 고백합니다.

그리스도 신앙은 "우리를 위해 예수님이 돌아가셨다"고도 고백합니다. 인간이 자신을 위해 살지 않고 대의를 위해 투신하면, 생존은 보장되지 못합니다. 그 대의가 신앙이면 순교, 국가면 순국, 직장이면 순직이 됩니다. 자기 일신의 안일을 생각하지 않고, 온몸을 바쳐 대의를 추구하다 목숨을 잃는 경우들입니다. 예수님의 죽음은 인간이 자기 목숨보다 하느님의 일을 찾고 실천해야 한다는 가르침을 역사 안에 남겼습니다. "우리를 위해 예수님이 돌아가셨다"는 신앙고백은 하느님의 일을 실천하는 사람은 자기 목숨을 아끼지 않는다는 가르침을 예수님이 우리에게 남기셨다는 뜻입니다.

예수님의 최후를 지켜본 백인대장은 고백합니다. "참으로 이 사람은 하느님의 아들이었다." 예수님이 하느님의 생명을 사셨다는 신앙고백입니다. 그리스도 신앙은 하느님의 생명이 발생시키는 삶이 어떤 것인지 예수님의 삶에서 읽어 내어 그것을 실천하라고 가르칩니다. 신앙은 자기 혼자 잘살겠다고 열심히 비는 소인의 길이 아닙니다. 하느님은 자비하시고 사랑하십니다. 그 자비와 사랑이 우리가 실천해야 할 대의입니다.

예수, 부활하시다

생명의 순리

안식일이 지나자 마리아 막달레나와 야고보의 어머니 마리아와 살로
메는 무덤에 가서 예수께 발라 드리려고 향료를 샀다. 그들은 주간 첫
날 이른 새벽, 해가 떠오를 무렵에 무덤으로 갔다. 그들은 서로 말하
기를 "누가 우리를 위해 무덤 입구에서 돌을 굴려 내어 줄까요?" 하
였다. 그러면서 눈을 들어 바라보니 돌은 이미 굴러나 있었다. 사실
그 돌은 매우 컸던 것이다. 그들이 무덤으로 들어가 보니 웬 젊은이가
흰 예복을 입고 오른편에 앉아 있었다. 그들은 몹시 놀랐다. 그러자
젊은이는 그들에게 이렇게 말했다. "너무 놀라지 마시오. 여러분은
십자가에 처형되신 나자렛 사람 예수를 찾고 있지만, 그분은 부활하

시어 여기에 계시지 않습니다. 보시오, 그분을 안장했던 곳입니다. 그러니 가서 그분의 제자들과 베드로에게 '예수께서는 여러분에게 말씀하신 대로 여러분에 앞서 갈릴래아로 가실 것이니, 여러분은 거기서 그분을 뵙게 될 것입니다' 하고 말하시오." (마르 16,1-7)

어두운 밤에 촛불을 밝혀 들고, 우리는 '부활하신 그리스도, 우리의 빛'이라고 고백하였습니다. "그분 안에 생명이 있었으니 그 생명은 사람들의 빛이었다"(요한 1,4). 그 생명의 빛을 따라 살겠다고 우리는 고백합니다. 연약한 촛불이지만, 예수 그리스도가 우리의 어둠을 밝히는 확실한 빛이라는 사실을 고백한 것입니다.

부활은 예수님이 돌아가셨지만 그분 안에 하느님이 살아 계셨고, 하느님은 살리시는 분이라는 사실을 말합니다. 사람들은 미움이라는 어둠의 힘을 발동하여, 예수님을 십자가에 못 박아 죽였습니다. 그러나 그분이 사신 생명은 하느님의 것이기에, 하느님은 그분을 당신 안에 거두어 살리셨습니다. 그 사실을 기억하고 고백하는 날이 부활 대축일입니다. 하느님은 생명, 살리시는 생명이십니다. 이 세상의 억압, 지배, 미움 등은 생명을 위축시키고 죽이지만, 하느님은 자비하시고, 살리시고, 사랑하시는 분입니다. 그 자비와 사랑이 우리의 행보를 밝히는 빛이라는 사실을 우리는 고백합니다.

예수님의 부활은 하나의 기적이 일어났다는 뜻이 아닙니다. 부활은 하느님 생명의 순리입니다. 자녀 없이 자유롭던 사람들이 그 자유에서 죽어 자녀를 사랑하는 부모가 됩니다. 부모는 자녀를 사랑하는 더 발전된 형태의 생명 안에 태어납니다. 나비는 애벌레의 삶에서 죽어 나비로 태어납니다. "밀알이 땅에 떨어져 … 죽으면 많은 열매를 맺습니다"(요한 12,24)라는 말씀이 있습니다. 예수님도 이 세상의 삶에 죽어서 살리시는 하느님 안에 새롭게 태어나셨습니다. 예수님은 하느님의 생명이 하시는 일을 실천하며 사셨고, 이제 하느님 안에 새로운 형태로 태어나신 것입니다. 그래서 필리피서는 모두가 "무릎을 꿇고 … 예수 그리스도는 주님이시라고 고백한다"(2,10-11)고 노래합니다. 부활은 예수라는 한 생명이 죽어서 그리스도인이라는 많은 생명을 태어나게 한 일이기도 합니다. 우리가 세례 때 했던 서약을 갱신하는 것은, 그분의 부활과 더불어 그리스도 신앙인으로 태어난다는 사실을 고백하는 것입니다.

우리는 부활 성야 때 촛불 하나를 밝혀 들고, 예수 그리스도의 빛을 따라 살겠다고 약속합니다. 세례 때도, 우리에게 하나의 촛불이 주어졌습니다. 장차 우리가 죽으면, 사람들이 촛불 하나를 우리 앞에 또 밝혀 줄 것입니다. 우리는 지상의 인간 조건을 외면하지 못하고 삽니다. 먹고 마시는 일에 얽매이고, 재물과 명예를 탐하면서 삽니다. 울고 웃으며, 사람을 좋아도 하고 미워도 하면서 삽니다. 그러나 부활 성야 때 촛불 하나를 밝혀 들고, 우리는 그리스도께서 우리 빛이심을 고백합니다.

예수님은 "죄인들을 맞아들이고 그들과 함께 음식을 먹는구나"(루카 15,2)라는 비난을 받았습니다. 그것은 경건한 유다인이 해서는 안 되는 일입니다. 여인 한 명을 단죄하고 율법의 이름으로 돌로 치려는 사람들의 손에서, 예수님은 그 여인을 구하시고 말씀하십니다.

마르코복음서

"나도 당신을 단죄하지 않습니다"(요한 8,11). 하느님은 사람을 용서하고 살리십니다. 고을에서 죄인으로 소문난 여자(루카 7,37)에게도, 유다교 지도자들이 죄인이라고 외면하던 중풍병자(마르 2,9)에게도 예수님은 용서를 선언하셨습니다. 용서하는 생명이 우리의 빛입니다.

예수님은 사람들이 겪는 불행의 원인을 논하지 않으셨습니다. 그 시대 유다교 지도자들은 모든 불행을 하느님이 주신 벌이라고 가르쳤습니다. 우리가 선하지 못하기에, 하느님도 선하지 않은 분으로 그들은 상상하였습니다. 그러나 예수님이 "하느님의 일"(요한 9,3)이라고 말씀하실 때는 사람들을 불행에서 해방시키는 일이었습니다. 예수님은 사람들의 병을 고치고 마귀를 쫓으면서, 그것이 하느님의 일이라고 말씀하셨습니다. 하느님이 인간 불행의 원인일 수 없습니다. 예수님은 선한 일이 하느님의 일이라고 믿고, 선한 일을 실천하셨습니다. 그 생명이 우리의 빛입니다.

예수님은 사람들을 측은히 여기셨다고 복음서들은 말합니다. 그분은 특별한 지혜를 가르치지 않았고, 대단한 권위를 과시하지도 않았습니다. 그분은 기적을 행하는 기교를 가르치지도 않으셨습니다. 우리는 기회만 있으면 스스로를 과시하고자 합니다. 성령이 오시면, 이상한 소리를 내는 특권이라도 주어진다고 믿습니다. 하느님이 주신 권위라 말하면서 인간의 저속한 지배욕을 충족시킵니다. 예수님은 섬기는 사람으로 오셨다고 말씀하시면서, 가련히 여기는 마음으로 사람들을 섬기셨습니다. 그 생명이 우리의 빛입니다.

예수님은 죽은 이들 가운데에서 부활하셔서 우리의 빛으로 계십니다. 이제 죽음은 어둠도 절망도 아닙니다. 하느님의 생명 안에서 새롭고 충만하게 태어나는 일입니다. 사람들이 나를 외면하고 미워해도, 혼자 버려져 고독해도, 하던 일이 실패해도 이제 우리는 어둠 속을 헤매지 않습니다. 우리에게는 그리스도의 빛이 있습니다. 죽음의 어둠을 넘어서 하느님 안에 새 생명으로 태어나는 사실을 보여 주는 빛입니다. 그 빛은 이웃을 측은히 여기고, 용서하고, 대가 없이 사랑하라고 말합니다. 그 생명이 우리의 빛입니다.

빛 앞에 어둠은 물러납니다. 빛이 있어 어둠 속에서도 우리는 주변을 봅니다. 우리 주변에는 함께 걸어가야 할 형제자매들이 있습니다. 우리의 자비와 섬김을 필요로 하는 이들이 많이 있습니다. 우리가 욕심의 어둠 속에 있을 때는 보이지 않던 이웃입니다. 우리가 손에 든 빛은 휘황찬란하지 않고 연약하지만, 그 빛을 밝혀 든 이에게는 많은 것을 보여 주는 빛입니다. 부활은 빛의 잔치이고, 생명의 잔치입니다. 하나의 빛이 비쳐서 이웃을, 또 우리 생명이 해야 할 바를 새롭게 보게 하는 기쁨의 축일입니다.

어두운 인류 역사 안에 예수 그리스도가 우리의 빛이심을 고백합니다. 이 빛이 있는 곳에는 어둠이 사라지고 새 삶이 생겨납니다. 미움이 사라지고 사랑이 생겨납니다. 자기만 소중하게 생각하던 마음이 사라지고 불쌍히 여기는 마음이 생겨납니다. 실패는 새로운 도약을 위한 발판이 되고, 고독은 아버지 하느님이 함께 계시는 사랑의 순간이 됩니다. 예수 그리스도의 빛이 우리 삶에 스며들고, 그 빛으로 실천들이 나타나며 보이는 새로움입니다.

지금부터 우리는 촛불을 밝혀 들고 세례 때 한 서약을 갱신합니다. 하느님이 아니면서 우리를 지배하는 온갖 어둠을 끊어 버리고, 예수 그리스도가 우리의 빛으로 계시기에 하느님 아버지의 자녀로서, 숨결이신 성령의 새 생명으로서 살 것을 고백합니다.

예수, 하느님 오른편에 앉으시다

함께 계시는 분이 여는 새로운 지평

예수께서는 그들에게 이렇게 말씀하셨다. "온 세상으로 가서 모든 사람에게 복음을 선포하시오. 믿고 세례를 받는 사람은 구원받겠지만 믿지 않는 사람은 단죄받을 것입니다. 믿는 사람들에게는 이런 표징들이 따를 것입니다. 곧 내 이름으로 귀신들을 쫓아내고 새로운 언어들을 말하며, 손으로 뱀을 잡거나 죽을 독을 마실지라도 그들은 아무런 해를 입지 않을 것이고, 병자들에게 손을 얹으면 낫게 될 것입니다." 그리하여 주 예수께서는 제자들에게 말씀하신 다음 하늘로 맞아들여져 하느님 오른편에 앉으셨다. 그리고 제자들은 떠나가서 사방에 복음을 선포하였는데, 주님께서 함께 일하시며 표징들이 따르게

하심으로써 말씀을 굳건히 뒷받침하셨다. (마르 16,15-20)

예수님이 하느님에게로 가신 사실을 기념하는 날입니다. 예수님이 부활하셨다는 것은 그분이 죽음으로 끝나지 않고, 하느님 안에 계속 살아 계신다는 뜻입니다. 사실 부활과 승천은 별개의 두 사건이 아니었습니다. 부활과 승천을 분리해서 기억하는 것은 과거의 우주관에서 비롯된 일입니다. 그 시대 사람들은 우주가 세 층으로 되어 있다고 생각했습니다. 하느님이 계시는 하늘, 우리가 사는 세상, 죽은 이들이 가는 땅속 죽음의 나라, 이렇게 우주가 세 층으로 되었다고 생각했습니다. 이를 전제로 사도신경은 예수님이 돌아가셔서 땅속 "저승에 가시어 사흘날에 부활하시고 하늘에 올라 전능하신 천주 성부 오른편에 앉으셨다"고 말합니다.

복음서들은 예수님이 부활하고 곧 승천하셨다고 말합니다. 그러나 사도행전 1장은 예수님이 부활하셔서 40일 동안 제자들을 가르치다가 승천하셨다고 보도합니다. 루카복음서 저자가 그 후편으로 사도행전을 집필하였습니다. 저자는 루카복음서 말미에서 예수님이 부활하여 제자들에게 발현하시고, 베타니아로 데리고 나가서 그들이 보는 앞에서 승천하셨다고 말합니다. 그러나 사도행전에는 부활 40일 후에 예루살렘에서 승천하셨다고 기록되어 있습니다. 같은 저자가 같은 사실을 이렇게 달리 기록했을 때는 승천의 일시와 장소가 전혀 중요하지 않다는 말입니다.

예수님이 사흘날에 부활하셨다는 말은, 돌아가시고 72시간 후에

엘 그레코 「성령강림」 1600년경, 스페인 마드리드 프라도 미술관

부활하셨다는 뜻이 아닙니다. 그 시대 유다인들에게 사흘은 결정적인 날을 의미합니다. 하느님이 정하신 결정적인 날에 부활하셨다는 뜻입니다. 성서에서 40일은 사람이 자세를 바꾸는 데 필요한 세월입니다. 그렇다면 예수님이 부활해서 40일 동안 제자들과 함께 계시면서 그들을 가르치셨다는 사도행전의 말은, 그 뜻하는 바가 따로 있습니다. 예수님의 죽음 앞에서 도망쳤던 제자들이 전향하여, 그분이 하느님 안에 살아 계시다는 사실을 믿고, 그분의 부활을 선포하기까지 어떤 기간을 필요로 했다는 뜻입니다.

마르코복음서는 부활하신 예수님이 제자들에게 발현하여, "온 세상으로 가서 모든 사람에게 복음을 선포하시오"라고 말씀하신 다음, "하늘로 맞아들여져 하느님 오른편에 앉으셨다"고 전합니다. 이 말씀은 부활하신 예수님이 하느님과 함께 계시다고 믿는 제자들의 믿음을 표현한 것입니다. 예수님의 승천을 기념하는 것은, 예수님으로 말미암아 생겨난 이야기들 안에서 하느님이 어떤 분인지 알아듣는다는 우리의 믿음을 고백하는 것입니다.

인류는 하늘과 더불어 살아왔습니다. 하늘에 빌고, 하늘을 우러러 반성하고, 푸르고 넓은 하늘을 보면서 답답한 가슴을 달래며 살았습니다. 대도시에 사는 우리는 일상의 쳇바퀴에 갇혀서 삽니다. 넓고 푸른 하늘, 밤이면 별이 쏟아지는 하늘이 우리 삶에서 사라진 그만큼, 하느님에 대한 감수성도 사라졌습니다. 우리 삶에 숙연함을 주는 체험이 사라졌습니다. 넘쳐 나는 인간의 생산품에 시선을 빼앗기고, 정보 매체들이 전하는 정보의 홍수에 빠져서, 우리는 분주하고 고달프게 삽니다. 하늘을 우러러 생각할 겨를이 없고, 이웃을 있는 그대로 바라볼 여유도 없습니다.

　그리스도 신앙은 그런 삶이 인간 본연의 것이 아니라고 말합니다. 승천 축일은 하늘이 우리 삶에 의미하는 바가 있듯이, 우리가 묻혀 사는 일상적 일들보다 더 소중한 것이 있다고 말합니다. 넓고 푸른 하늘, 우리의 마음을 숙연하게 하는 하늘, 답답한 가슴을 시원하게 뚫어 주는 하늘입니다. 그런 하늘이 우리 삶에 있듯이, 예수 그리스도의 이야기도 우리에게 넓고 신선한 새 지평을 열어 줍니다. 예수님은 절망과 실의에 빠진 병자들을 고쳐서 삶의 현장으로 되돌려 보내셨습니다. 그분은 죄인으로 낙인찍히고 버려진 이들에게 용서를 선포하여, 그들이 하느님의 자비를 체험하게 하셨습니다. 그들은 모두 장애를 넘어 새롭게 살았습니다. 우리를 지배하는 재물, 명예, 권력을 향한 욕망이 우리를 실의에 빠지게 할 수 있습니다. 예수님은 "하늘을 나는 새와 들의 백합꽃을 보고", 그런 욕망에 허덕이지 말고 넓은 시야 안에서 살라고 말씀하셨습니다.

　예수님을 재판하고 사형 언도를 내린 유다인 최고 의회 의원들과, 형을 집행한 총독 빌라도는 이 세상의 승리자들이었습니다. 예수님은 패배자로 죽어 가셨습니다. 하늘을 우러러 사는 사람은 사람들 위에 군림하지 않고, 사람들의 박수갈채를 탐하지 않습니다. 하느님은 우리가 겪는 실패 안에서도 일하십니다. 예수님 이야기는 무덤에서 끝나지 않고, 하늘을 우러러 사는 신앙인들 안에서 부활하셨습니다. 예수님의 사랑과 섬김은 그분의 죽음으로 세상에서 사라진 것 같았지만, 신앙인들의 삶 안에 살아났습니다.

　"누가 그리스도 안에 있으면 그는 새로운 창조물입니다. 묵은 것은 지나갔습니다. 보시오, 새것이 되었습니다"(2코린 5,17). 예수 그리스도 안에서 새로움을 체험한 바오로 사도의 외침입니다. 그리스도 신앙인은 예수님 안에서 새로운 하느님을 체험합니다. 하느님 앞에서 지키고 바쳐 자기 혼자 잘되어 보겠다던, 우리의 '묵은 것'은 지나갔습니다. "아버지께서 나를 사랑하신 것처럼 나도 여러분을 사랑했습니다. 여러분은 내 사랑 안에 머무시오"(요한 15,9). 사랑을 실천하여 부활하신 예수님의 삶이 우리 안에 살아 있게 하라는 말씀입니다. 신앙인들은 지금 가난하고 울어도, 하늘을 우러르는 마음으로 예수님의 사랑을 배우고 실천합니다. 승천은 예수님이 높은 데로 가셨다는 말이 아닙니다. 하늘을 우러르는 마음으로 예수님이 보여 주신 사랑을 우리 안에 살아 있게 하라는 말씀입니다.

　예수님의 말씀과 삶을 하느님의 것으로 받아들이고 실천하는 사람 안에 그분은 살아 계십니다. 그분이 살아 계시는 마음속에 하느님이 함께 계십니다. 예수님은 성당 안에만 계시지 않고, 예수님과 하느님을 빙자하여 높은 사람으로 행세하는 이들 안에 계시지 않습니다. 푸르고 넓은 하늘 아래, 예수님의 말씀을 듣고 배우는 사람들 안에 그분은 살아 계십니다. 그분의 무덤은 비어 있습니다. 우리 삶의 허무를 넘어, 그분은 우리와 함께 계십니다. 예수님의 승천을 기념하는 우리에게 하늘과 예수님은 겹쳐 보입니다. 이제 우리는 하늘에 빌듯이 예수님에게 빌고, 하늘을 우러러보듯이 예수님을 우러러봅니다. 예수님은 우리 가슴을 시원하고 새롭게 해 주는 분으로 살아 계십니다.

마태오복음서

29쪽 렘브란트Rembrandt van Rijn(1606~1669) 「이집트 피신」1627년, 유채, 27.5×24.7cm, 프랑스 투르, 투르 미술관

34쪽 자코포 틴토레토Jacopo Tintoretto(1518~1594) 「그리스도의 세례」16세기 중엽, 유채, 137×105cm, 스페인 마드리드 프라도 미술관

46쪽 케테 콜비츠Käthe Kollwitz(1867~1945) 「직조공들의 행진」1897년, 동판, 21.4×29.7cm, 독일 쾰른 케테 콜비츠 미술관

59쪽 조르주 드 라 투르Georges de La Tour(1593~1652) 「참회하는 막달라 마리아」1640~1644년경, 유채, 156×122cm, 프랑스 파리 루브르 박물관

80쪽 미켈란젤로Michelangelo di Lodovico Buonarroti Simoni(1475~1564) 「아담의 창조」(부분) 1508~1512년, 프레스코, 480×230cm, 바티칸 시스티나 성당 천장화

92쪽 렘브란트Rembrandt van Rijn(1606~1669) 「십계명 판을 치켜든 모세」 1625~1669년경, 유채, 168.5×136.5cm, 독일 베를린 국립 회화관

100쪽 「주중직심도」主中直心圖(124위 복자화) 2015년, 340×200cm, 유채, 고덕동성당

113쪽 얀 스텐Jan Steen(1625/1626~1679) 「생일 축하」1664년, 유채, 89×109cm, 영국 런던 월리스 컬렉션

124쪽 장 프랑수아 밀레Jean-François Millet(1814~1875) 「씨 뿌리는 사람」1850년, 유채, 101.6×82.6cm, 미국 보스턴, 보스턴 미술관

141쪽 빈센트 반 고흐Vincent Willem van Gogh(1853~1890) 「감자 먹는 사람들」1885년, 유채, 81.5× 114.5cm, 네덜란드 암스테르담 반 고흐 미술관

152쪽 윌리엄 블레이크William Blake(1757~1827) 「연민」 1795년경, 릴리프 에칭, 펜과 수채화로 마무리한 컬러 인쇄물, 42.2×52.7cm, 미국 뉴욕 메트로폴리탄 미술관

168쪽 「리지외의 성녀 데레사」(스테인드글라스, 부분) 2015년, 173.3×260.7cm, 미국 오하이오 밀러스버그 성 베드로 성당

179쪽 움베르토 보초니Umberto Boccioni(1882~1916) 「동시적 투시」 1911~1912년경, 유채, 60.5×60.5cm, 독일 부퍼탈 폰 데어 호이트 미술관

192쪽 장 프랑수아 밀레Jean-François Millet(1814~1875) 「만종」 1857~1859년, 유채, 55.5×66cm, 프랑스 파리 오르세 미술관

203쪽 프랑수아 오귀스트 비아르François-Auguste Biard(1799~1882) 「노예 무역」 1833년경, 유채, 162.5×228.6cm, 영국 헐 윌버포스 하우스 박물관

216쪽 에드바르 뭉크Edvard Munk(1863~1944) 「카를 요한의 저녁」 1892년, 유채, 84.5×121cm, 노르웨이 베르겐, 베르겐 국립 미술관

227쪽 조셉 말로드 윌리엄 터너Joseph Mallord William Turner(1775~1851) 「소돔의 파괴」 1805년, 146×237.5cm, 영국 런던 테이트 모던 미술관

234쪽 에른스트 루트비히 키르히너Ernst Ludwig Kirchner(1880~1938) 「다섯 명의 거리의 여인」 1913년, 유채, 120×90cm, 독일 쾰른 루트비히 미술관

247쪽 빈센트 반 고흐Vincent Willem van Gogh(1853~1890) 「한 켤레의 구두」 1886년, 유채, 37.5×45cm, 네덜란드 암스테르담 반 고흐 미술관

263쪽 히에로니무스 보쉬Hieronybus Bosch(1450?~1516) 「십자가를 지신 예수」 1510~1535년경, 유채, 76.7×83.5cm, 벨기에 겐트, 겐트 미술관

마르코복음서

281쪽 조반니 디 파올로Giovanni di Paolo(1403~1482) 「사막으로 물러나는 세례자 요한」 1454년경, 템페라, 31×39cm, 영국 런던 국립 미술관

292쪽 카라바조Michelangelo Merisi da Caravaggio(1571~1610) 「성 바오로의 회심」 1601년, 유채, 230×175cm, 이탈리아 로마 산타 마리아 델 포폴로 성당

303쪽 파울 클레Paul Klee(1879~1940) 「야인」 1922년, 58.6×38.8cm, 독일 뮌헨 렌바하 하우스 미술관

315쪽 케테 콜비츠Käthe Kollwitz(1867~1945) 「죽은 아이를 안고 있는 어머니」 1903년, 에칭, 17×19cm, 미국 워싱턴 국립 미술관

334쪽 조셉 말로드 윌리엄 터너Joseph Mallord William Turner(1775~1851) 「눈보라 속의 증기선」 1842년 경, 유채, 91×122cm, 영국 런던 테이트 모던 미술관

341쪽 빈센트 반 고흐Vincent Willem van Gogh(1853~1890) 「슬픔」 1882년, 드로잉, 44.5cm×27cm, 영국 월솔 뉴 아트 미술관

358쪽 폴 시냐크Paul Victor Jules Signac(1863~1935) 「아비뇽 교황청」 1909년, 유채, 73.3×91.9cm, 프랑스 파리 오르세 미술관

371쪽 외젠 뷔르낭Eugene Burnand(1850~1921) 「무덤으로 달려가는 베드로와 요한」 1898년, 유채, 82×134cm, 프랑스 파리 오르세 미술관

382쪽 루카 시뇨렐리Luca Signorelli(1450?~1523) 「채찍질당하는 예수」 1505년경, 패널, 42×34cm, 이탈리아 베네치아 프란체티 미술관

391쪽 장 바티스트 시메옹 샤르댕Jean-Baptiste Siméon Chardin(1699~1779) 「식사 전 기도」 1740년경, 유채, 49.5×41cm, 프랑스 파리 루브르 박물관

402쪽 카스파르 다비트 프리드리히Caspar David Friedrich(1744~1840) 「해변의 수도승」 1808/1810년, 유채, 171.5×110cm, 독일 베를린 구 국립 미술관

415쪽 로히어르 판 데어 베이던Rogier van der Weyden(1399/1400~1464) 「책을 읽는 막달라 마리아」 1438년 이전, 유채, 62.2×54.4cm, 영국 런던 국립 미술관

430쪽 레오나르도 다빈치Leonardo da Vinci(1452~1519) 「최후의 만찬」 1495~1498년, 템페라, 460×880cm, 이탈리아 밀라노 산타 마리아 델레 그라치에 성당

437쪽 귀스타브 모로Gustave Moreau(1826~1898) 「올리브 정원의 그리스도」 1885년경, 수채, 19.7×15cm, 프랑스 파리 귀스타브 모로 미술관

448쪽 엘 그레코El Greco(1541~1614) 「성령강림」 1600년경, 유채, 275×127cm, 스페인 마드리드 프라도 미술관

헌신적 원로 신학자가 전하는 하느님과 예수님

단독 저자의 글에 편집부에서 후기를 덧붙이는 일은 흔치 않습니다. 후기가 필요하다면 마땅히 저자가 쓰는 게 당연한 일이겠습니다. 그럼에도 여기에 사족을 덧붙이는 이유는 『하느님의 생명』과 『예수님의 숨결』이 사목자로서 그리고 신학자로서 헌신적으로 활동해 온 서공석 신부님의 마지막 저술일 가능성이 크기 때문입니다. 질병과 노환으로 신부님이 겪어 온 고통의 시간은 결코 짧다고 할 수 없는 세월입니다.

　『하느님의 생명』과 『예수님의 숨결』은 수십 년 동안 복음서를 묵상하며 매주 신앙인들을 위해 준비했던 신부님의 강론 중에서 추린 글들입니다. 신부님의 글을 접한 분들이 이미 오래전부터 책으로 내달라는 요청을 해 왔지만 주위 분들의 도움으로 이제야 출판할 수 있게 되었습니다.

　『새로워져야 합니다』『신앙언어』『한국 가톨릭교회 이대로 좋은가?』『종교신학연구』 등을 비롯해 신부님이 쓰거나 엮은 책들은 한국 가톨릭교회의 신학사에서 아주 중요한 책들로 평가됩니다. 때로는 우리 교회의 현실을 날카롭게 비판하지만 책을 읽은 독자들이라면 그 비판의 바탕에 깔려 있는 복음을 향한 뜨거운 애정을 어렵지 않게 느낄 수 있을 것입니다. 지금까지 펴낸 책들이 다소 이론적이며 사색적인 신학 서적들이라면, 『하느님의 생명』과 『예수님의 숨결』은 더욱 명쾌하고 간결한 언어로 쓰인 묵상서라는 점에서 신앙인들에게 더욱 쉽게 다가갈 수 있으리라고 기대합니다. 본서만으로도 복음의 핵심을 이해하는 데 부족함이 없을 것입니다.

신부님의 글에는 '헌신', '베풂', '자비', '주는 몸 쏟는 피', '자녀', '아버지', '실천', '약자', '숨결', '생명', '용서'와 같은 단어들이 자주 등장하며 또 중요하게 사용됩니다. 신부님의 묵상을 관통하는 용어들이며 복음의 핵심을 전달해 주는 언어입니다.

한국 교회를 위한 신부님의 마지막 기여일 수 있는 본서를 많은 분들이 접할 수 있기 바라며, 본문에 나오는 신부님의 표현을 빌려 후기를 맺습니다.

"우리와 함께 살다 먼저 가신 분들이 가난하고 슬퍼도 의로움을 찾고 자비를 실천하며 사셨듯이, 우리도 하느님을 향한 우리의 행보를 포기하지 말아야 합니다. 하느님은 우리와 더불어 참으로 자유롭고 성숙한 우리의 인생을 만들어 나가십니다. 그래서 우리는 그분을 아버지라 부릅니다."(『하느님의 생명』 55쪽)

분도출판사 편집부